高等职业教育规划教材

公路工程文档管理实务

李云峰　　编著
王　彤　　主审

人民交通出版社
China Communications Press

内 容 提 要

本书在介绍档案基本知识的基础上，依据原交通部颁布的《公路工程竣工验收办法》(2004 年 9 月)、《公路工程竣工文件材料立卷归档管理办法》(2001 年 6 月)和《公路工程质量检验评定标准》(JTG F80/1—2004)，从公路工程项目信息管理的角度出发，系统地阐述了公路工程施工文档的标准化；工程文档数量的预估与预立卷；工程文档质量的管理与控制；工程文档的收集管理、整理、立卷、编号与移交现代公路工程文档管理技术等内容。

本书结合工程实例，提出了基于公路工程施工全过程的文档管理方法，不仅具有一定的理论高度，而且具有较强的操作性和实用性。本书可作为交通土建院校学生的教材，也可供公路工程技术人员培训和参考使用。

图书在版编目(CIP)数据

公路工程文档管理实务／李云峰编著．—北京：人民交通出版社，2008.7

ISBN 978-7-114-07211-6

Ⅰ.公… Ⅱ.李… Ⅲ.道路工程—技术档案—档案管理 Ⅳ.G275.3

中国版本图书馆 CIP 数据核字(2008)第 081255 号

书　　名：公路工程文档管理实务
著 作 者：李云峰
责任编辑：韩亚楠
出版发行：人民交通出版社
地　　址：(100011)北京市朝阳区安定门外外馆斜街 3 号
网　　址：http://www.ccpress.com.cn
销售电话：(010)59757973
总 经 销：人民交通出版社发行部
经　　销：各地新华书店
印　　刷：北京盈盛恒通印刷有限公司
开　　本：787×1092　1/16
印　　张：11.25
字　　数：283 千
版　　次：2008 年 7 月第 1 版
印　　次：2014 年 7 月第 2 次印刷
书　　号：ISBN 978-7-114-07211-6
印　　数：3001-4000 册
定　　价：25.00 元

前言

QIANYAN

无论是在传统的还是现代的管理模式下，公路工程管理始终是基于信息的管理，公路工程项目管理者根据大量瞬息万变的工程信息来作出各种决策，从而实现对工程项目的管理，而文档恰恰是信息的载体。在公路工程项目施工中，对任何一道工序来说，其内业资料的转序签认，才标志着该工序真正意义的结束；对任何一个工程项目来说，其竣工资料编制完成并移交档案部门，才意味该工程项目真正意义的竣工。因此，从这个意义上说，公路工程项目管理是基于文档（信息）的管理，工程文档管理是工程项目管理的基础。

长期以来，工程界一直存在着“重外轻内”的思想，而档案界通常重视的是档案在档案馆内的管理，往往忽视了对工程文档产生过程的控制和管理，在公路工程项目施工文档管理方面一直缺乏深入的研究，造成了工程文件管理和工程档案管理的严重脱节。工程文档的“一次性”和不可恢复性特征，客观上对文档管理人员的素质提出了更高的要求：一方面，要熟悉档案管理业务，另一方面又要掌握专业知识和技能。只有这样才能熟练地对工程文件材料进行生成质量控制、收集、整理和归档。

目前，工程文档的生成者、保管者和检查者几乎都是工程技术人员，他们都有较高的学历，但无论是在学校还是在工作中，却很少接受过系统的工程文档管理培训，这正是目前公路工程内业管理较为混乱的症结所在。因此，工程技术人员与在校学生学习和掌握文档管理知识对加强现代公路工程项目管理具有重要的意义。

本书在介绍工程档案基础知识和开发利用方法的基础上，依据原交通部颁布的《公路工程竣工验收办法》（2004 年 9 月）、《公路工程竣工文件材料立卷归档管理办法》（2001 年 6 月）、《公路工程质量检验评定标准》（JTG F80/1—2004）各种公路施工技术规范，从工作过程的角度出发，系统地阐述了公路工程施工过程中各个阶段的文档管理工作方法。书中重点介绍了施工准备阶段的工程项目的分解（单位、分部及分项工程和工序的划分）、工程文档的标准化和数量预估与预立卷方法；施工实施阶段工程文档的生成质量控制、工程文档的收集与整理方法；工程竣工阶段工程文档的收集、整理与编目、移交工作内容和方法。本书具有较强的操作性和实用性。按照书中介绍的方法可以实现工程施工文档的标准化与计划性管理、文档生成质量的有效控制，以及工程文档收集、整理、立卷和移交工作的规范化。

本书共分 10 章，其中第 1 章、第 2 章、第 3 章、第 4 章（第 1、2、3、5、6 节）、第 5 章、第 6 章、第 7 章、第 9 章、第 10 章由辽宁省交通高等专科学校李云峰副教授执笔，第 8 章、第 4 章（第 4 节）由大连永兴公路工程有限公司刘丽新工程师执笔，本书由辽宁省交通高等专科学校李云峰主编，由辽宁交通高等专科学校王彤主审。

由于编写者水平有限，疏漏和错误在所难免，恳请业内专家和广大读者给予批评指正。

编　者

2008 年 4 月

目 录

MULU

第一章　档案基础知识

第一节　档案的定义与种类

一、档案的概念

社会活动产生文件和档案是一种普遍现象。在现代生活中,人们对"档案"一词并不陌生。随着社会物质文明和精神文明水平的提高,档案信息和载体形式日益丰富,档案的涉及面和社会作用逐渐扩大,人们对档案的认识也不断深化。但人们对档案的认识常常有所不同,档案的定义也多种多样。

1987年公布的《中华人民共和国档案法》(1996年进行了修正)中第二条,对档案的叙述为:"本法所称的档案,是指过去和现在的国家机构、社会组织以及个人从事政治、军事、经济、科学、技术、文化、宗教等活动直接形成的对国家和社会有保存价值的各种文字、图表、声像等不同形式的历史记录。"

中华人民共和国国家标准《情报与文献工作词汇基本术语》对档案的定义为:"国家机构、社会组织和个人从事政治、经济、科学、文化等社会实践活动直接形成的文字、图表、声像等形式的历史记录"。

中华人民共和国行业标准《档案工作基本术语》(2000年)中对档案的解释为:"国家机构、社会组织或个人在社会活动中直接形成的有价值的各种形式的历史记录。"

因此,档案也可以简述为:档案是原始的历史记录。

档案是一种社会组织或个人在社会实践中直接形成的具有清晰的、确定的原始记录作用的固化信息,是一种重要的信息资源。

二、档案定义的特性

通过以上定义的档案概念可知,档案具有以下四个基本特性。

1. 社会实践性

即档案是人类在社会实践中直接形成的原始记录,而不是自然界形成的原始记录。尽管自然界也存在着大量的对自然现象及其演变过程具有原始记录的东西,如动物的化石、树的年轮、河床、岩石等,但都不能称为档案。

2. 历史性

即从时态上讲,档案是过去已经形成的,而不是正在形成或尚未形成的东西。也正因为如此,这种以往社会实践的原始记录,就可以把过去带到现在和未来,也就是所谓"让过去告诉现在","让历史告诉未来",从而将过去、现在和未来联结在一起,维系人类社会的时空统一性与整体连续性。所以人们一般由此将档案看作是一种历史文化遗产。

3. 确定性

即档案内容信息的清晰、确定性和其载体的固化、恒定性。换句话说:档案所记录的内容是清晰明确的;而这些清晰、确定的信息内容,又是以固化的物质载体形式存在的,二者缺一不可。这是档案区别于文物的根本所在。没有固化载体形式的原始性信息(如人的口语)就不能成为档案。"空口无凭,立字为证"是档案的最生动的写照。

4. 原始记录性

档案是人们在社会实践中直接形成的原始性信息记录,对以往社会实践具有直接的原始记录作用。所以,"原始记录性"是档案的本质特性,是档案区别于其他事物的独一无二的本质所在,同时也从根本上决定着其管理方法的基本取向。即对档案的管理方法无论怎样简便、有效,均不能以伤害档案的本质特性为代价,而只能以充分实现其对以往历史事实的原始记录价值为轴心,这也是所有档案管理活动的基本定律之一:管理方法必须维护被管理对象的本质特性。因此,当今世界各国均以"来源原则"作为档案管理的基本方法。

三、档案的实存形态及分类

档案的实存形态是指档案在现实中的具体存在形式,具有多样性。即档案的实存形态是多种多样的,在人类社会发展过程中,先后出现了多种载体形式的档案,如甲骨档案、金石档案、简牍档案、缣帛档案、纸质档案、音像档案和电子文件(电子档案)。目前,纸质档案、音像档案和电子文件(电子档案)是普遍使用的档案形式,而其他形式的档案已经退出了历史舞台。随着计算机技术的发展,纸质档案和以磁带和录像带为载体的音像档案将逐步被电子文件所取代。但目前纸质文件仍是档案中的主体,为了提高检索和查询的效率,纸质档案的数字化是世界各国档案管理部门面临的一项重要的课题。

四、档案与相关事物的关系

档案在社会现实中,不仅实存形态广泛多样,而且与诸多事物有着较为复杂的关系,使人们往往难分彼此。因此,在明确档案本质特性的基础上,有必要理清档案与相关事物的关系。现实中与档案密切相关且容易混淆的主要有信息、文件、资料、图书等。

1. 档案与信息

信息是代表物质某一状态的的资料,如音信、消息、情报、指令、密码等,具有中介性,可替代性、可传输性、可分享性等。信息对人类社会的作用日益重要,但实际生活中人们往往是在特定的意义上使用信息概念,把握和处理信息。目前,人们已达成默契性共识,档案(主要是档案的内容)是一种信息,是信息大家族中的一个重要成员。

档案在信息大家族中的角色、地位,是由档案的本质特性即档案在社会生活中的根本价值和作用决定的,同时也是在档案与其他信息的区别中表现出来的。

从信息理论的角度来说,档案是一种最重要的信息,是信息之根——确定性与可靠性的最高体现形式和实存形态。

2. 档案与文件

文件是国家机构、社会组织或个人在履行其法定职责或处理事务中形成的各种形式的信息记录。档案与文件的关系前文已有所述及,两者之间的联系主要是实存形态上的直接转化关系。文件的定稿因具有较强的原始记录性,所以可直接转化为档案,成为档案的实存形态之一,且在档案大家族中占据主导地位。但二者之间有明显的区别:第一,档案的实存形态绝不仅仅是过去的文件,还包括大量非文件类的原始性记录物。过去的文件也并非都能转化为档案,只有原始记录性强,查考价值高,且文件处理程序完毕的一部分文件才能转化为档案,大量的文件并不转化为档案。第二,二者的概念内涵,尤其是本质不同。文件虽有原始记录性,但原始记录性并非文件的本质所在,也不是人们制作使用文件的根本目的与追求。文件本质上是人们处理、解决现时性具体事务、问题的信息传递工具。它主要在空间上传播交流且具有相当程度的强制性(如公务文书)。而档案的本质则是已往社会实践的原始记录物,主要是在时间上传递,让过去告诉现在,让现在告诉未来,是人们追求、维系时间上的连续性、统一性的产物。从逻辑上讲,二者内涵不同,外延有大面积交叉。

3. 档案与文献

文献也是一个外延很宽泛的概念,且与档案的关系较为紧密、复杂。文献一般是指前人留下来的历史文化价值较高,内容较系统完整的信息记录。其实存形态有文书、文章、著作(图书)、日记、信函、笔记、照片、音像制品等。档案与文献的逻辑关系是内涵不同,外延有大面积交叉重合。二者之间的区别:一是本质即核心含义不同,档案是社会实践的原始记录,是第一手的原生信息;文献则不仅是原始记录,非原始记录也可成为文献,这是二者的根本区别。二是文献注重历史文化价值,档案则既注重历史文化价值,又注重现实性的查考、实用价值。三是文献内容一般较系统、完整,而档案则包括大量的片段性零星记录在内,如测试记录、发票、账单、登记表单、签名等。可见那种以文献作为属概念来定义档案的观点虽不无道理,但也有明显的偏颇之处。

4. 档案与图书

档案与图书的区别十分明显。第一,二者的本质不同。档案本质上是人们在社会实践中直接形成的原始记录。图书本质上是系统知识的结晶,是人类对自然及社会现象进行系统认识研究的结果。图书的内容虽涉及社会实践,但却不是对社会实践的直接记录,而是经过加工、提炼、总结后的观念性、系统性产品。第二,二者的社会功能不同。档案与图书的不同社会功能是由其各自不同的本质决定的。档案是历史的原始记录,可供人们查考史实、解决实际问题、研究历史时用。换句话说,人们查档案是为了解决现实中的实际问题,为了了解研究历史事实;人们看书则是为了学习系统知识,为了陶冶性情。第三,二者内容上的交叉重合部分,其特点也明显不同。即档案内容中虽也有知识,但这些知识是不系统的知识片段;图书内容中虽也有对历史事实的记载,但这种记载却不是直接的原始记录,而是经过加工提炼后的系统性知识。

5. 档案与资料

资料是现实中最接近档案,与档案关系最为密切的概念(事物)。人们在现实生活中常常将档案称作资料。从逻辑上讲,这两个概念的外延有大面积重合,且资料的外延一般说来要大于档案。但其内涵上的区别经认真分析后还是比较明显的。资料是一个相对性、动态性极强的概念,其外延极为宽泛。一般说来,凡是对人们研究、解决某一问题有一定价值的所有相关信息均可称之为资料,而无论其具体是什么——文书、档案、图书、报刊、文章、录音录像乃至文物等,只要对于人们研究解决某一问题有信息支持价值,都可看成是资料;也无论其处于何种状态——是被集中保存在某处,还是散存于各处有待人们去搜集、整理。而档案则没有资料的那种相对性与动态性。

所以档案可以被人们作为资料看待并使用,但资料却不能作为档案看待并使用。档案部门所保存的资料也具有相对性,是围绕其档案所形成的对了解档案内容及立档单位历史有价值的相关信息，如内部出版物、报刊、文件汇编（图书）等。

6. 档案与文物

文物是与档案在内涵上最为接近的概念（事物），但若认真分析后其区别也较为明显。文物是有文化价值的历史遗留物，其形态主要是过去人们直接使用的实用性物品，如器具、衣服、建筑物等，当然也包括重要的历史文件。这些有历史文化价值的东西必然会有相当程度的原始记录作用。可见，从逻辑上讲，档案与文物在内涵上有部分交叉重合。档案，尤其是重要的档案，因其既有原始记录作用又有突出的历史文化作用，可看作是文物，并作为文物被收藏。但绝大部分文物却不能成为档案。因为文物的大部分是实用性物品，其所记录的历史事实的内容信息是不清晰、不明确的。而档案则是指内容信息清晰、确定、可明确说明某一历史事实的原始记录，其主导性实存形态目前仍是文件。所以，内容信息的清晰性与确定性与否是二者之间的根本区别。

五、信息、文件和档案的关系

由信息、文件和档案的概念可知：文件是信息的记录，档案是保存备查的文件，是一种历史信息记录的载体。因此，文件和档案都是信息的载体。我们也可以简单地这样理解：在工作中形成的并正在使用的各种载体的信息记录（如文字、图表、音像等）我们称之为文件。文件一旦停止流通而被作为有价值的原始记录保存起来备查后，就成为了档案。如仅作为信息的临时记录，往往被销毁而未被保存，则只能成为文件，不能被称为档案。因此我们可以认为，信息是文件的源头，文件是档案的前身，档案是文件的归宿和精华。当档案被查阅时，又作为信息传递出去，被管理时又产生新的信息，形成新的文件。信息、文件和档案的关系请参见图1-1。

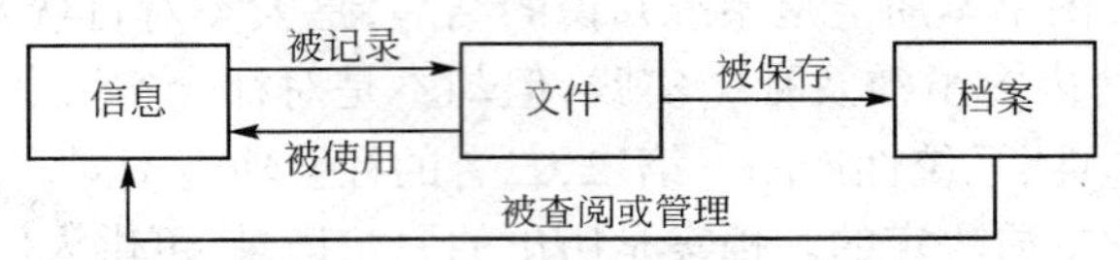

图1-1　信息、文件和档案的关系图

档案是由文件转化而来的历史信息记录，但并不是所有的文件都能转化为档案。文件被使用和办理完毕之后，一部分随着记述、办事等现行功能的结束，失去其社会价值而被淘汰；另一部分由于对日后仍有查考价值，则被选择保存下来成为档案。档案与文件既有联系又有区别：文件是档案的前身，档案是文件的归宿和精华。因此，档案是一种重要的信息资源。

第二节　档案的价值与作用

一、档案价值与作用概述

作为一种文献信息系统，档案在人类文明社会中总是绵延不断地存在和发展着。档案生命力的根基，就在于档案自身所特有的价值和作用。

档案的价值，是指档案对国家、社会组织或个人的有用性。档案价值关系在社会活动中的具体体现就是档案的作用。档案的作用通常是指档案对人们所从事的社会实践活动的影响。但值得注意的是，档案价值一般是指其所发挥的积极作用，而作用则可以包括正、负两个方面。因此，尽管档案的价值和作用有着极为密切的联系，但二者也是有差异的。

二、档案价值形态

档案价值形态，就是指档案价值的具体表现形式。从不同的角度剖析和划分，档案价值具有不同的表现形式。

(一)凭证价值和情报价值

根据档案价值实现领域和效果的不同，可分为凭证价值和情报价值。

1. 档案的凭证价值

档案是历史的真凭实据，它的这种可资为凭的特性，构成了档案的基本价值之一，即凭证价值。这是档案不同于和优于其他各种资料的最基本的特点。档案是确凿的原始材料和历史记录，它可以成为查考、研究、争辩和处理问题的依据，认定法律权利、义务与责任的证据以及政治斗争、外交斗争和教育人民的工具。

档案所以有凭证价值，是由档案形成过程及其结果的内容和形式特点决定的。

首先，从档案的内容看，它是从当时当事直接使用的文件转化而来的，并非事后为使用而另行编制的，因此它客观地记录了以往的历史情况，是令人信服的历史证据。

其次，从档案的形式特征看，文件上保留着真切的历史标记。有些文件材料的全文，原是当事人的亲笔手稿；不少文件上留有负责人和有关人员的亲笔签署或批示；很多文件上盖有机关或个人的印信；还有一些是原来形象的照片、录像和原声的录音。电子文件的形式特征有的可以存在于文件之中，如将手写签名嵌入文件；有的则以元数据的方式记录下来，如文件起草者、修改者、发件人、收件人等。这些原始标记和原始数据成为档案原始性、真实性的印记，都具有充分的说服力。

2. 档案的情报价值

档案是事实、知识和经验的记录，它的这种可靠的广泛的可资参考的特征，构成了档案的又一基本价值——情报价值。

档案记录了历史活动的事实和经过，也记录了人们在各种活动中的思维过程，所以它能给人以互有联系的系统的广泛的情报信息。档案和报纸、杂志、书籍、文章等，都可作为情报资料来参考，其情报价值和参考作用各有所长。而档案作为一种情报资源，其主要特点在于它的原始性和可靠性。

由于档案是历史的凭证和原始的情报材料，所以人们把档案称作真实的历史记录。这是从大量的实践中得出的理性认识。同时，也应该辩证地理解档案的真实性和可靠性。

一方面，因为档案是由在历史上执行特有任务时，作为表达工具所使用的文件转化来的，所以档案信息在反映历史活动的客观过程方面是真实的；在反映事实内容方面，一般也比其他资料较为可靠。另一方面，由于生成档案时特定的历史背景、档案形成者认识的局限或其他原因，档案所记述的信息内容有的是真实的，也有的是不真实的或不完全真实的。但是，即使档案内容有虚假部分以至完全违背事实，它还是反映了当时的历史情况，反映了档案形成者的认识水平和本来的意图，留下了当事人行为的痕迹。就此而言，档案仍不失为其形成者活动的真实的历史记录。

因此，档案工作者和档案利用者对待档案既不能毫无分析地一律信用，也不能因为某些档案内容有问题，就简单地视为无用和有害。也不可把有错误内容的历史档案，随意“改造”成为反映现实观点的档案，这样势必破坏档案的真实性，降低其利用价值。对于内容失实的档案，必要时应以卷内备考表或其他形式另外加以说明。在日常管理中，特别是在提供利用方面应审慎从事，适当加以控制，同时应加强咨询工作，以合理地发挥档案的作用。

(二)现实价值和长远价值

根据档案价值实现时间的不同，可分为现实价值和长远价值。

档案的现实价值又可以称为现行价值，是指档案对现实的社会实践活动所具有的有用性。档案现实价值的主体包括档案形成单位和其他单位，社会实践活动包括生产建设、行政管理、文化艺术、外交军事、科学研究等。档案的长远价值，是指档案价值的时效性可以扩展到遥远的未来，在相当长的时间中能够满足社会各方面利用者需要的性质。无论是现实价值还是长远价值，都包括凭证价值和情报价值两种不同形态。对于具体的档案而言，有的具有现实价值与长远价值的统一性，有的则侧重于或仅有其中的某一方面。如有些档案只在现实工作中具有行政有效性和法律凭证性，时过境迁就会失效；有些档案现实作用并不显著，却可能在未来成为重要的史料。

因此，记录机构职能或生产活动的档案可以反映该机构的主要历史面貌，不仅可以与现实的需求构成档案现实价值，也易于满足未来利用者的档案需求，从而构成档案的长远价值。认识档案现实价值和长远价值的联系和区别，有利于我们全面把握档案的价值，不以一时或短期的利用率论价值，树立为子孙后代保存档案财富，保留社会记忆的历史责任感。

(三)第一价值和第二价值

根据档案价值主体的不同，可分为第一价值和第二价值。

文件的双重价值学说是由美国著名档案学家谢伦伯格提出来的，他认为，文件的第一价值是文件对其形成机关的价值，它是文件的原始价值，包括行政管理价值、法律价值、财务价值和执行价值；文件的第二价值是文件对其他机关和个人利用者的价值，又称从属价值或档案价值，包括证据价值和情报价值。

所谓档案的第一价值，是指对于其形成者所具有的价值，其价值主体是档案形成者；第二价值，是指档案对社会即除档案形成者之外的其他利用者所具有的价值，其价值主体是非档案形成者。第一价值和第二价值的划分体现了档案具有对机关的作用和对社会的作用的双重性及过渡性。不同种类的档案由第一价值向第二价值的过渡具有不同的特点。如科技档案的价值的时效性很强，第一价值向第二价值的转化时间往往比文书档案要短，因此科技档案必须及时得到应用，否则它的第二价值可能就会消失殆尽。

三、档案的作用

档案之所以伴随着人类社会的产生而产生，不断积累至今并将流传后世，就是因为档案具有独特的、其他事物不可替代的作用。档案具有广泛的社会作用，主要表现在行政、业务、文化、法律、教育等几个方面。

(一)行政作用

档案是各级机构、社会组织行使职能、从事管理活动的真实记录，这些记录对于该机构、地区乃至国家工作人员察往知来，保持政策、体制、秩序、工作方法的连续性、有效性，以及决策的科学性，具有无可替代的凭证和参考作用，这种作用可以称为资治作用或行政作用。

档案是一个政府借以完成其工作的基本行政工具，它是政府机构赖以建立的基础。这是因为档案中包含机关、企事业单位行使职能的法律依据，处理事物的结果，重要事实的记录和大量的工作经验，各级机构需要借助于这些依据和经验去制定政策、处理社会、法律以及组织、程序等方面的问题。没有这些记录，任何机构都难以保证其决策、管理上的连续性和科学性。

在机关、企事业单位的决策和管理活动中，通过对档案的利用和分析，有助于对现实工作和未来发展作出准确的判断，实现对人、财、物、信息等资源的有效管理，从而达到优化资源配置的目的。充分发挥档案的作用，有助于计划和决策的科学化，有利于提高工作效率和管理水平。

（二）业务作用

档案作为历史的记录，就其宏观而言，纵观古今许多历史阶段，横穿自然和社会的各个领域。就其微观而言，它记述了人们改造客观世界和主观世界的实践过程，涉及生产经营、金融贸易、工程设计、教育卫生、文学艺术、军事外交等诸多方面。档案在每一个业务领域中都发挥了重要的凭证和参考作用，成为业务活动的信息支持和保障。

档案记载了各行各业运营、发展的有关情况、成果、经验和教训，是以往业务活动的记录和继续开展业务活动的条件。在各项业务活动中形成的档案不仅可以维持业务活动的正常进行，有时还可以产生明显的社会效益和经济效益。如浙江省建筑设计院利用茅以升同志保存下来的钱塘江大桥档案，掌握了该桥附近地下水文情况，节约了 15 万元钻探费，加快了设计速度。

（三）文化作用

档案的文化作用主要是指档案是人类所创造的一种宝贵的精神文化财富，以及对于人类社会文化的积累、传播、发展与进步所发挥的各种功能。档案与文化紧密相连，档案是人类文明的产物、是历史文化遗产中必不可少的组成部分。社会文化的发展是具有历史连续性的，社会物质生产发展的连续性是文化发展历史连续性的基础，而档案的存在和发展是文化发展连续性的重要条件之一。

档案是民族文化的集中体现。档案是一个民族、一个国家历史的真实记录，内容广泛而丰富，既包括朝政国法、军事经济，也含有风土民情、自然景观，在某种意义上，档案是民族文化的“根”和民族文化心理的情感寄托。越是民族的越是世界的，各民族文化的精华成为世界文化宝库的源泉。

档案是历史文化的积累。档案中记录了人类的思想和活动的成果，这些知识和经验使得人类社会走向文明。档案与人类文化活动同生同在，是人类文化活动的伴生物与副产品。

档案是历史文化传承的手段。档案中凝聚了历史经验，蕴涵着社会和事物的发展规律，档案的保存和流传实质是人类文化的延续。我国的许多史学名著，如《史记》、《汉书》等都是利用档案才写成的。这些名著在社会上引起了极大的反响，对于弘扬主旋律，传播先进文化具有显著的效果。

档案是文化创新的基础。这不仅表现在人们可以从档案中吸取历史文化的精髓，作用于社会意识形态，形成新的文化价值判断，也表现为人类可以在借鉴已有文化成果的基础上创造新的文化。如一些档案具有较高的文学艺术价值，可供欣赏和收藏；一些档案资料为文艺作品的创作提供了生动可信的素材和生活原型，被直接或间接引用到作品中。如北京京剧院在创作京剧《风雨同仁堂》时，就利用了大量的档案，同仁堂和其他许多老字号的原始档案资料都成为编剧、导演构思剧本的基础。

（四）法律作用

档案的法律作用是指档案在解决争端、处理案件等活动中所发挥的证据作用。法律作用是档案凭证价值的集中体现。从档案的形成来看，它是当时、当地、当事人在业务活动中形成的原始记录，真实性、可靠性强，是令人信服的真凭实据。

在政治斗争、军事斗争、经济斗争、外交斗争、解决领土争端等方面，档案的法律作用表现得十分突出。为此,从古至今,各国政府都把档案作为一种斗争的武器。

(五)教育作用

档案是一种重要的教育资源,它以第一手原始材料见长,翔实地记录了人们创造历史的曲折历程和奋斗足迹,形象生动地反映了社会生活的方方面面,其真实性不容置疑,因而具有不可抗拒的说服力和感染力,档案如果能够得到有效的开发,就能在发展民族心理的过程中,在促进人们了解其自身发展及其与外部世界的联系方面,发挥无法估量的作用。在社会教育的诸多素材中,档案以其独特的历史性、直观性和原始性,成为宣传教育的重要材料。

第三节　案卷构成及质量要求

一、案卷的构成

(一)案卷的定义

案卷是由互相联系的若干文件材料组成的一种档案保存单位。

(二)案卷的构成

一个完整的案卷由案卷封面与卷脊、借卷守则、卷内目录、卷内文件、卷内备考表和案卷封底等几部分组成,并装在档案盒中。

(三)案卷的构成顺序

案卷内各部分内容的排列顺序为:案卷封面—卷内文件目录—文件材料—卷内备考表—案卷封底,如图 1-2 所示。

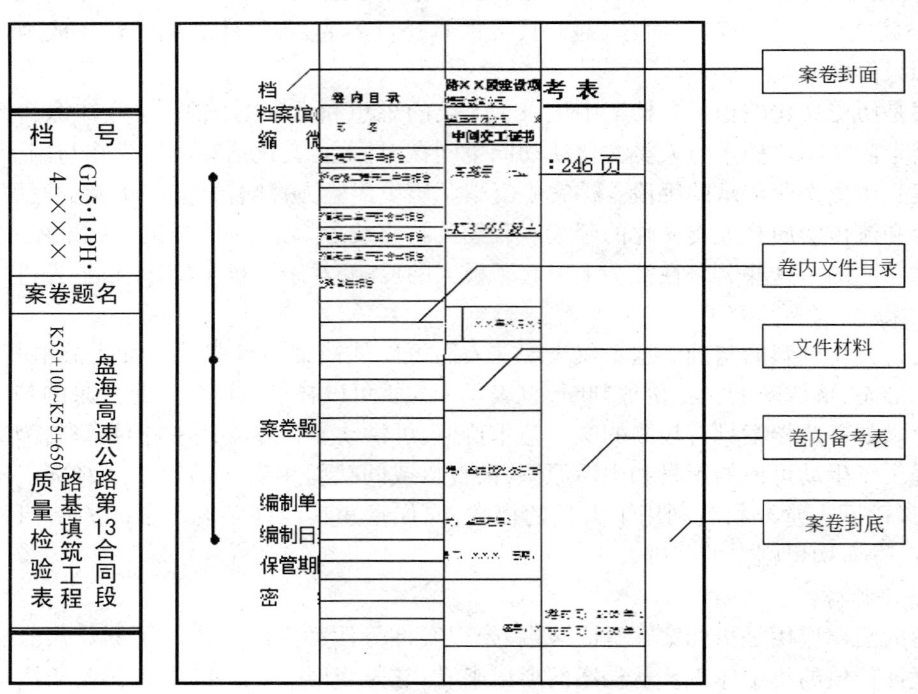

图 1-2　案卷的构成顺序

二、案卷封皮

（一）案卷封面形式

案卷封皮采用外封面形式，外封面印制在卷盒的正表面。一般由档案馆统一印制，使用时可以从档案馆直接购买，式样见图1-3。

（二）案卷封面的编写

案卷封面上需要填写档号、档案馆（室）号、缩微号、案卷题名、编制单位、编制日期、保管期限、密级等几项内容。其中档号、档案馆（室）号、缩微号一般由档案馆统一编写。在工地整理时暂时不填写。

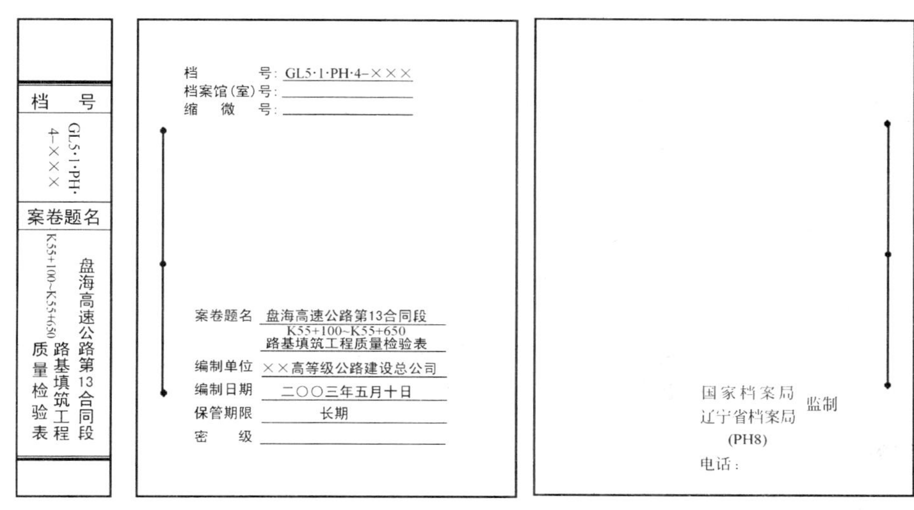

图1-3　案卷封面形式

1. 案卷题名

案卷题名应简明、准确揭示卷内文件材料的内容。每一案卷题名应包括建设项目名称、起讫里程、单位工程（含分部、分项）名称及文件名称。若属桥梁、隧道等工程项目，还应同时标明结构、部位的名称。案卷题名的形式如下。

（1）项目技术文件案卷题名的表示形式：

××高速公路××段××桩号××工程××结构××文件名称。技术文件案卷题名示例：

①盘锦至海城高速公路第13合同段K55+100~K55+650路基填筑工程质量检验表。

②盘锦至海城高速公路第13合同段K63+124劳动河大桥钻孔桩基础施工检验表。

（2）管理性文件案卷题名的表示形式：

建设项目名称+责任者+问题+文件名称。例：盘锦至海城高速公路总监办关于加强安全生产管理的通知、函。

2. 编制单位

编制单位指案卷形成单位，填写形成单位的全称。如：沈阳高等级公路建设总公司、辽宁省路桥建设总公司。

3. 编制时间

编制日期是指案卷形成日期。一般写成如“二○○一年六月十六日”，而不写“2001年6

月16日”。

4. 保管期限

保管期限是指对档案划定的存留年限。文件材料的保管期限分为永久、长期(16至50年左右)和短期(15年以下,含15年)三种。具体参考本书附录《关于印发(公路工程竣工文件材料立卷归档管理办法)的通知》(交办发[2001]390号)的规定执行。

5. 密级

档案文件保密程度的等级即密级分为“绝密”、“机密”和“秘密”三级,参见《中华人民共和国保守国家秘密法》和《中华人民共和国保守国家秘密法实施办法》。文件材料的密级应在文件发放前按交通主管部门有关保密规定划定,若文件材料上有密级就填上,没有就空着。

(三)卷脊的编制

案卷脊背的项目有档号和案卷题名,格式如图1-3所示。档号内容用4号宋体字分两行横排打印。例:第一行填写“GL5·1·PH·”,第二行填写“4—×××”。×××表示案卷顺序号,在工地整理时可用铅笔填写。

卷脊“案卷题名”内容填写,用3号宋体字自右至左竖写,首行空两字。档号打印,要求“字头向右,躺着打”。案卷题名的前段工程项目名称不能省略。

卷脊内容统一打印在与卷盒颜色相近的牛皮纸上,再粘贴在卷脊对应位置。或打印在蜡纸上,印刷在相应位置。贴纸要求比脊背宽度窄2mm,以防取放档案时把纸边拉卷。

目前有的档案馆(室)要求案卷封面用手写。

三、借卷守则

“借卷守则”要求印刷在卷盒封面的背面上,其中“借卷守则”用小初加粗宋体;余均用1号加粗宋体。内容为严守国家机密;禁止涂改抽拆;切勿私自携出;不得转借散失;妥善保护案卷;用毕即刻归还。

四、卷内目录

(一)卷内目录的定义

卷内目录是指案卷内登记文件材料及其排列次序的目录。

(二)卷内目录的编制

(1)件号:用阿拉伯数字从1起依次标注,不编虚位(即“1”不编为“001”)。

(2)文件编号:发文机关文书部门的发文号或图样的图号。若文件材料上有则填上,没有就空着。

(3)责任者:填写文件材料的直接形成部门或主要责任者,可采取通用的标准简称。

(4)文件材料题名:

①原文上有标题的,可以照录下来。

②原文上的标题太简单或者没有,应重新拟写一个符合文件材料内容的标题,外加“[ ]”号。

③填写文件材料的标题时开头空两字,一横格内不能超过三行字。

(5)日期:填写文件的形成时间,填写时间时可省略“年、月、日”字样,单月单日可用零补充,如2003年6月6日可填写为“2003. 06. 06”。

(6)页号:填写每份文件的首页上标注的页号,末件注起止号。页号的编号方法是在有文字或图样材料的正面的右下角、反面的左下角填写页号。如所归档文件属符合要求的成本成册的材料,已经编有页号的只需在卷内文件目录页次中填写册数。

(7)备注:留待对卷内文件变化时作说明用(如果有与卷内文件材料内容相关的特殊载体的档案,要求在此标注具体载体的档号)。

(8)卷内目录:排列在卷内文件材料首页之前。"卷内目录"用2号加粗宋体,其余的用3号加粗仿宋体,边框用粗实线,表内用细实线。如表1-1所示。

卷 内 目 录 表1-1

序号	文号	责任者	题 名	日期	页号	备注
1		养护处	铁四线路面维修工程开工申请报告	2003.05.02	1	
2		养护处	K157+086通道桥维修工程开工申请报告	2003.05.19	46	
3		养护处	施工组织设计	2003.04.22	80	
4		养护处	LAC—25I型沥青混凝土生产配合比报告	2003.05.30	106	
5		养护处	LAC—20I型沥青混凝土生产配合比报告	2003.05.30	136	
6		养护处	LAC—16I型沥青混凝土生产配合比报告	2003.05.30	174	
7		养护处	沥青混凝土试验路总结报告	2003.06.06	207 232	

(三)卷内文件的排列

(1)管理性文件按问题、重要程度排列。

(2)项目技术文件材料按本书有关章节的要求排列。

(3)设备文件按依据性、设备开箱验收、随机图样、设备安装调试和运行维修等材料的顺序排列。

(4)竣工图按里程、专业、图号排列。

(5)卷内文件一般文字材料在前,图样在后。

五、卷内备考表

(一)卷内备考表的定义

备考表是说明案卷内文件材料状况的表格,排列在卷内文件材料尾页之后。其内容应标明卷内文件材料的件数、页数以及立卷和案卷使用过程中需要说明的问题。

(二)卷内备考表编制

1. 卷内备考表的内容

(1)标明案卷内文件材料的件数、页数以及在立卷和案卷使用过程中需要说明的问题。页数要求填写卷内每件文件页数相加之总和。

(2)立卷人:由责任立卷者签名,即谁立卷谁签名。

(3)审核人:由案卷质量审查人签名,即合同的技术负责人签名。

(4)立卷时间:填写完成立卷的日期。

(5)审核时间:填写审核完成的日期。

2. 卷内备考表范例(表1-2)

卷内备考表　　表1-2

说明： 件数：11件　　　　总页数：246页   立卷人：×××　立卷时间：2003年10月15日 审核人：×××　审核时间：2003年10月19日

(三)立卷及书写要求

(1)公路工程竣工文件材料归档前，均需按要求由文件材料形成单位分别进行整理立卷。立卷应遵循文件材料的自然形成规律和成套性原则，分类科学，便于查找利用。

(2)案卷内文件材料所反映的工程项目情况和有关管理活动内容，必须做到完整、准确、系统。

(3)案卷内文件材料书写要工整，字迹、线条要清楚。

(4)案卷内文件材料的制作和书写材料，必须有利长期保存。书写材料必须用碳素墨水，禁止使用蓝墨水、圆珠笔和铅笔。凡由易褪色书写材料制成的文件(如复写、传真件)应复印保存。

(5)资料文件用纸统一采用A4型纸(210mm×297mm)，图纸规格除外。

(6)案卷内不应有重份文件，件内不应有重页文件，但卷与卷之间相互有关联的文件，在归档过程中允许有一定数量的重复。

六、案卷的质量标准

(一)案卷的装订

1. 案卷内容的排序

案卷采用不装订形式，文件材料以件为单位放在卷内。案卷内各部分内容的排列顺序为：卷内目录—文件材料—备考表。

2. 件内目录编制方法

项目技术文件应根据立卷要求，以件为单位进行装订。并编制统一的件封面、件内目录。件内目录编制方法如下：

(1)“文件材料题名”应详细具体，便于检索，例如：路基工程土石方填筑可按填筑层次拟写目录；

(2)“页次”填写每份文件首页上标注的页号，最终件注起止号。其他栏目编写参照“卷内目录”编写要求。

3. 管理性文件的装订

管理性文件以每份文件作为一件，不加件封面。文件阅办单放在原文之后，与原文作为一件装订。

4. 案卷的装订要求

(1)文件在装订前取掉金属物，采用三孔一线方法，用白色档案专用线装订，孔距80mm，装订线距左纸边10mm；薄件用缝纫机扎。

(2)装订时靠装订边和下边取齐，表头要求在上或在左，左侧装订。

(3)原件有破碎或小页纸的，要求粘贴在 A4 纸上。

(4)装订线压住文件内容的必须粘贴补宽。

(5)纸张规格大于 A4 型号的，要求按 297mm×210mm 折叠成手风琴式。

(二)档案盒的尺寸

卷盒如图 1-4 所示，其外表尺寸为 305mm×220mm；厚度尺寸为 20mm、30mm、40mm、50mm、60mm。

(三)编写案卷页号

(1)案卷内文件材料中有书写内容的页面均要编写页号。

(2)页号的位置：单面书写的文件材料，在右下角编写页号；双面书写的文件材料，正面在右下角，背面在左下角编写页号。

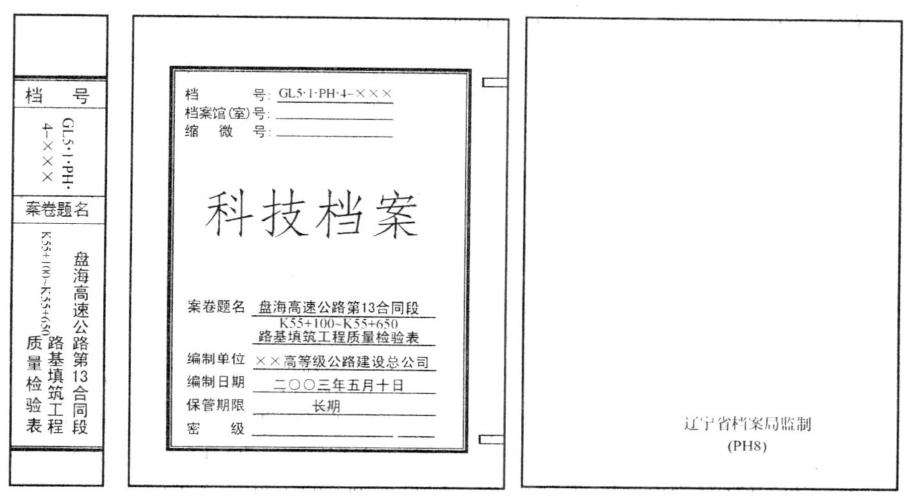

图 1-4 档案盒的外观

(3)卷内目录、备考表不编页号。

(4)案卷的页号，要求以件为单位编写小流水号。

(5)页号暂用铅笔编写。

(四)案卷质量标准

为了便于利用和保管，归档的案卷质量必须符合下列十条标准。

(1)归档文件，齐全完整；

(2)分类清楚，保持联系；

(3)题名确切，容易查找；

(4)卷内排列，系统条理；

(5)保管期限准确；

(6)密级划分恰当；

(7)蓝图折叠，符合要求；

(8)卷皮书写，正楷整洁；

(9)案卷装订，整齐美观；

(10)声像资料，清楚清晰。

第二章　公路工程文档管理工作内容

第一节　公路工程文档的定义与作用

一、定义

(一)公路工程文件的定义

公路工程文件是指新建和改建公路项目自建设项目立项开始至竣工验收以及使用维修过程中所形成的各种形式和载体的记录。

(二)公路工程档案的定义

公路工程档案是指新建和改建(包括独立的公路桥梁、公路隧道和公路渡口)公路项目自建设项目立项开始至竣工验收以及使用维修过程中所形成的具有保存、查考利用价值的各种形式和载体的历史记录,属于科学技术档案的范畴。

公路工程档案主要包括可行性研究文件、设计文件、工程管理文件、施工文件、监理文件、竣工文件、科研文件、养护管理文件等几方面的内容。

(三)公路工程施工文档的定义

公路工程施工文档是指新建和改建(包括独立的公路桥梁、公路隧道和公路渡口)公路项目施工(从开工至竣工验收)过程中所形成的各种形式和载体的工程文件资料的总称。

在工程实际中,人们通常将公路工程施工文档习惯地称为“内业资料”。

二、公路工程档案的特点

1. 专业性

公路工程档案是在公路工程科研、设计、施工过程中产生的科技文件材料,记录了公路工程科研、设计、施工的整个活动过程,是公路工程专业技术活动的产物,集中反映了公路工程专业的技术内容及相关方法和手段,因而具有鲜明的专业特点。

2. 唯一性

每一条道路、每一座桥梁都是根据当地的地形地貌、水文地质、自然气候、人文环境和使用标准进行设计和施工的,世界上不存在完全相同的公路和桥梁。它不同于工业产品,可采用相同的设计、材料、程序生产出从外形到内容都毫无二致的产品。可以说,每个工程项目从设计到施工都不尽相同,具有唯一性,其形成的档案也具有唯一性,一旦丢失就难以弥补。因此要认真负责地做好公路工程档案的收集整理和保管工作,确保齐全完整。

3. 成套性

以一个工程项目为中心,会自然地形成一整套工程文件材料,它们之间紧密联系、互相制约,共同反映了这个工程项目的全貌,即成套性的由来。就一个公路工程项目而言,整个过程应包括工程立项、项目可行性研究、工程初步设计、工程施工图设计、工程施工、使用养护及工程改、扩建等阶段，上述各阶段所产生的全部技术文件材料经过分类、整理、立卷就形成了该项目的全套工程档案。但在实际工作中，由于不同阶段的承包单位不同，工程档案又可分为设计档案、施工档案、使用养护及改、扩建档案，因在不同单位形成而分别保管、独立成套。如设计档案由工程可行性研究、初步设计、技术方案论证、变更设计、施工图设计等技术文件材料构成，若缺少上述某项内容，则该设计档案不完整成套。在了解公路工程档案成套性的同时，还要注意其成套性的形成是一个漫长的过程，需要不断地充实、完善。无论是公路或桥梁，都要长期使用。在使用过程中，免不了要维护、保养、加固或改、扩建，由此产生的一系列新的补充技术文件仍属于该工程的技术档案。因此，了解公路工程档案的成套性对保证工程档案的齐全完整有着重要意义。

4. 重复使用性

公路工程档案整体虽然具有唯一性，但在很多技术细节上却又有重复使用性。尤其是在设计单位，这种特点更为明显，设计院承担设计项目所利用的设计档案，一般可占总设计文件材料的30%～40%，诸如大跨径悬索桥、斜拉桥设计，国道网规划，国家颁布的标准化通用图设计等均可重复参考使用，极大地节省了设计工时，缩短了设计周期。

三、公路工程文档的作用

公路工程文档之所以需要长期或永久地保存，是因为它具有重要的凭证价值和情报价值，并在公路工程建设和运营管理中发挥重要作用。

（一）公路工程文档的凭证作用

1. 工程项目交工与竣工验收的重要凭证

改革开放以来，我国公路工程建设实行了工程监理制，程序化和规范化是监理管理模式的重要特征。公路工程施工有着严格的管理程序，在这个程序的执行过程中，文件材料的凭证作用得到了充分体现。在工程质量合格的情况下，能否进行转序、交工和竣工验收，完全取决于是否有齐全的文件材料作为凭证。

一项工程的开工，必须有经监理签字认可的开工申请批复单为凭据。

一道工序完工后，承包人在申请转序时，提交的内业资料成为承包人已经自检且质量合格的凭据，经监理工程师签字认可后成为可以转序的凭证。

对单位、分部和分项工程来说，承包人如不能提供齐全的符合要求的自检资料作为工程质量合格的凭据，监理工程师将拒绝验收和签署中间交工证书。

对整个项目来说，即使工程已按施工合同和设计文件要求建成，并具有了独立使用价值，也必须是在承包人按要求编制完成竣工文件，设计、施工、监理等单位已准备好总结报告材料，质量监督部门已完成工程质量检测、检验并编写完成了工程质量鉴定书的条件下，才能进行交工验收。

而公路工程竣工验收则要求：经过交工验收各标段均达到合格以上的工程；对未完工程或交工验收时提出的修复、补救工程已处理完毕，并经监理工程师和质量监督部门检验合格；承包人按要求编制完成竣工文件；竣工决算已编制完成；施工、监理、设计、建设和监督等单位已编写完成汇报材料；必须满足所有这些条件才能进行竣工验收。

由此可见，在整个公路工程施工过程中，文件材料始终是转序、交工和竣工验收的重要凭证，而这些文件材料一旦经签字认可，则标志着一个工序或工程项目真正意义上的结束。

2. 工程计量与支付和竣工决算的重要凭证

工程计量与支付是对工程实施控制、保证合同双方认真履行工程施工合同的核心手段。

承包人在提出工程计量与支付请求时，必须提供齐全的文件材料证明其已经完成了一个分项、分部、单位工程或整个工程项目的施工，且质量满足合同规范要求。《公路工程施工监理规范》(JTG G10—2006)中明确规定，在工程的中间计量与支付和最终支付时，均须承包人提供齐全的证明文件和材料，否则，监理工程师将不予签发《中期支付证书》和《最终支付证书》，可见公路工程文档在计量与支付方面也起到了重要的凭证作用。

3. 有力的法律凭证

公路工程文档以文字、图表和音像等形式，如实地记录了公路工程建设过程中的各种事实，因此它能够反映当事的一个部门、一个单位或个人应有的合法权益和责任。如各种合同、协议、文件、报告、书信、记录和批件等，这些原始文件有的规定了各种社会关系和经济关系，有的记载了有关事件的过程、各方面承担的权利和义务。在这些方面发生疑问、争执和纠纷时，公路工程档案最能有力地说明权益的归属，成为权威性的法律凭证，并有一定的物证作用。例如，在公路工程建设阶段，设计、施工、监理和管理单位的工作活动都详细地记录于公路工程档案中，每个参与者都通过签字和签署意见的方式明确了各自的职责和义务，那么一旦项目出现了工程事故，工程档案将为分析质量事故，判断事故严重程度，查找事故发生的根源，确定造成事故的责任人提供可靠真实的依据；而征迁占地方面档案包括了征用土地批准文件及红线图、公路建设用地呈报表、征地数量明细表和拆迁、补偿协议书等，这些档案在保护公路用地和路产，避免重复征地，解决土地纠纷等方面将成为有力证据。

（二）公路工程项目文档的情报作用

1. 工程施工质量控制管理的依据

从工程开始到结束，内业资料的生成始终贯穿于施工的全过程，全面记录并反映了工程质量信息。项目的开工报告、原材料与混合料的试验报告、工程实体的质量检验报告、中间计量支付资料等，不仅记录了工程施工与管理的信息，同时也在参与工程施工的各方和各级人员间传递着工程信息，成为工程施工质量控制与管理的依据，使工程施工和管理更加程序化、规范化和科学化，从而实现对整个工程施工的管控。

2. 总结企业管理业绩的参考资料

工程项目竣工验收报告、质量评优资料、业主对工程质量的评价等资料，直接反映了施工企业的施工质量，体现了施工企业的技术水平和施工实力，是施工企业的重要档案。这些档案客观地反映出了施工企业的工程业绩，为全方位拓展建筑市场提供了良好的信誉，提高了施工企业的社会地位和投标竞争力。

3. 企业投标报价的重要依据

公路工程文档中记录了设计、施工、试验等大量的数据。目前许多设计单位合理利用以前设计图纸的电子文档，大大缩短了设计周期。施工日记通常记载了施工过程每天的天气情况，完成的工程项目和工程数量，人工、材料和机械的消耗等大量的数据，施工企业可以对这些数据进行整理分析，编制本企业的施工定额和预算定额；同时通过对某一地区气候、水文地质资料、建筑材料、人力资源和运输市场资料的整理，可以为以后在该地区的工程投标报价提供重要的依据。

4. 借鉴、总结和学习企业管理经验的参考资料

“施工总结”、“技术总结”是施工企业在施工管理过程中关于管理经验和施工技术工艺方面的技术总结。在外省或其他地区中标后，如果是第一次在该地区施工，在对该地区进行实地考察的同时，通过查阅本单位或其他单位在该地区施工所形成的工程档案，对合理地组织施工

和管理具有很好的借鉴意义。

而对于刚走上工作岗位的毕业生来说，工程文档更是宝贵的学习资料，通过查阅技术档案，不仅可以熟悉本企业的管理方式及工程项目的管理程序和方法，更可以快速掌握本企业的管理经验和提高施工管理技能。值得提出的是，在学习期间，特别是实习期间就应注意查阅和收集一些工程管理与施工方面的文档，特别是比较好的施工组织设计、开工报告、质量评定等，熟悉各管理阶段和施工工序中产生的文件内容。因为刚上岗时，领导可能会安排做一些工作，就不可避免地涉及一些文字方面的内容，而各种文件通常都有一定的格式。因此，上岗前就掌握这方面的知识，在走上工作岗位后，就能够迅速进入工作状态，胜任各类工作。

5. 公路运营养护管理、改扩建和科学研究的可靠资料

在工程使用过程中，管养单位可以通过工程文档全面了解工程的结构、工程项目实施的全过程、所用的材料、质量控制数据、施工质量状况等，为正常养护、可能产生的病害、缺陷处理等提供第一手资料；另外，还可以为工程的改建、扩建工作提供地质、环境等各方面的重要资料；工程文档中记录了设计、施工、科研、试验等大量的数据，这些数据对公路工程方面的科学研究十分重要，合理地利用这些数据，可以降低科研开支和缩短科研开发周期。

第二节　公路工程文档管理的内容

文档管理是公路工程建设项目管理中一项重要的工作内容，有效的文档管理不仅能使工程项目管理更加标准化和规范化，为项目参与者决策提供可靠的信息，而且在很大程度上体现了一个企业或部门的工程项目管理水平，对企业或部门的发展能起到重要的促进作用。

一、公路工程文档管理工作的内容

文档管理是指对作为工程信息载体的文件材料的生成进行有效控制，并及时收集、整理、编目和存档，对工程信息进行归纳、统计和分析，为项目管理者和参与者提供快速而有效的信息服务的过程。因此，文档管理工作主要内容如图 2-1 所示。

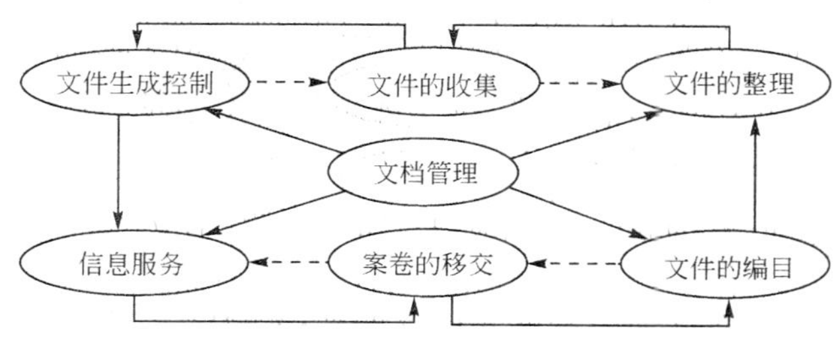

图 2-1　文档管理工作的内容

——管理工作流；⋯⋯反馈信息流

（一）文件的生成控制

工程文件具有量大类繁、产生源多的特点。由于生成的质量和进度参差不齐，如果不能做到有效的控制，工程文件的内在质量得不到保证，不仅会降低工程文件保存的价值，而且会给文件使用者造成损失。施工阶段是文件资料大量生成的时期，是整个工程项目建设过程中文档管理控制的重点阶段。为了保证工程文件的质量和归档率，工程文件的管理首先应从文件

的生成抓起。文件的生成者不仅对工程文件的内在质量负责，同时还应对工程文件进行临时保管，并按规定及时上交，避免工程文件在查阅过程中遗失或损毁。

（二）文档的收集

公路工程施工项目点多线长，而且参与单位多，公路工程项目文档的产生源较为分散。在项目竣工时要形成一套完整的工程档案，就需要有一个集中的过程，即形成了文档的收集工作。工程文档的完整性取决于工程文件收集的齐全性。这就需要有一个量化的标准，只有明确工程项目实施过程产生的文档数量，才能使工程文档管理工作得到量化。文件的收集者应对文件生成的质量和及时性进行监控，确保工程文件的内在质量，使工程内业与外业同步。

（三）文档的整理

公路工程项目文档种类繁多、数量巨大，为了便于日后的保管和查询利用，需要将它们分门别类地组织起来，使其系统化，这一过程即文档的整理工作。在开工前，业主和监理单位根据工程项目具体情况应对工程文件的整理给出具体的规定，这样从开工时就可以根据工程文件数量的预估和立卷规则对工程文件进行预立卷，随着工程的进展，边收集、边整理、边立卷。在工程文件的整理过程中，应该根据工程进展情况及时检查工程文件收集的完整性，并对文件收集工作进行指导，确保工程文件及时收集，避免遗失和后补现象的发生。

（四）文档的编目

为了便于日后的保管和查询利用，对文档立卷后应编写案卷页号，卷内目录，案卷卷皮，并按档案管理部门的规定编排档号，这就形成了文档的编目工作。在编目过程中应对文件整理工作质量进行检查，发现问题及时纠正。

（五）文档的移交

公路工程建设单位各承办机构和公路工程的承包单位在项目完成时，应按《交通文件材料立卷归档办法》要求，向建设单位移交经系统整理过的全部文件材料。公路工程建设单位在公路工程建设项目通过竣工验收3个月内向使用单位及其他有关单位办理移交手续。在移交过程中，应对工程文档的真实性、可靠性、完整性和系统性进行检查。

（六）信息处理与服务

在监理管理模式下的项目，其文档能够较准确地记录项目的质量、进度以及资金流和物流控制等方面的信息。因此，文档管理人员应根据文档及时进行整理、统计和分析，并根据项目管理者和参与者的要求提供有关信息服务，对工程文档利用过程中发现的问题应及时记录并反馈，促进工程文档管理水平的提高。

二、工程施工文档管理的流程

在施工阶段，大量的工程文件不断生成，由于生成单位众多、文件种类繁杂，因此该阶段是工程文件管理的关键时期，在施工的不同阶段，其管理内容及流程如图2-2所示。

三、工程文档管理准备工作

工程文档管理的目标是要确保工程文档的真实性、完整性和系统性。这就要求预先掌握工程中产生的文档数量，从而实现工程文档的量化管理和计划管理，使工程文档的检查与验收有一个量化的标准。因此，工程施工文档的管理应从施工准备的阶段入手，制订有效的工程文档管理方案，确保工程施工过程中文档管理工作能得到有效的监督和控制。工程文档管理首先应做好以下几方面的基础工作。

(一)确定档案收集整理的具体要求

由于每个项目的具体情况不同,项目建设单位要对工程档案工作进行通盘考虑和统筹规划,明确参建各方档案收集整理的职责,统一标准。要将资料的收集整理纳入施工人员及档案人员的工作目标和经济责任制,纳入工程管理的考核范围。要建立项目资料收集整理的奖罚措施和质量保证金制度,对未能按要求完成资料收集整理的单位扣发工程质量保证金。

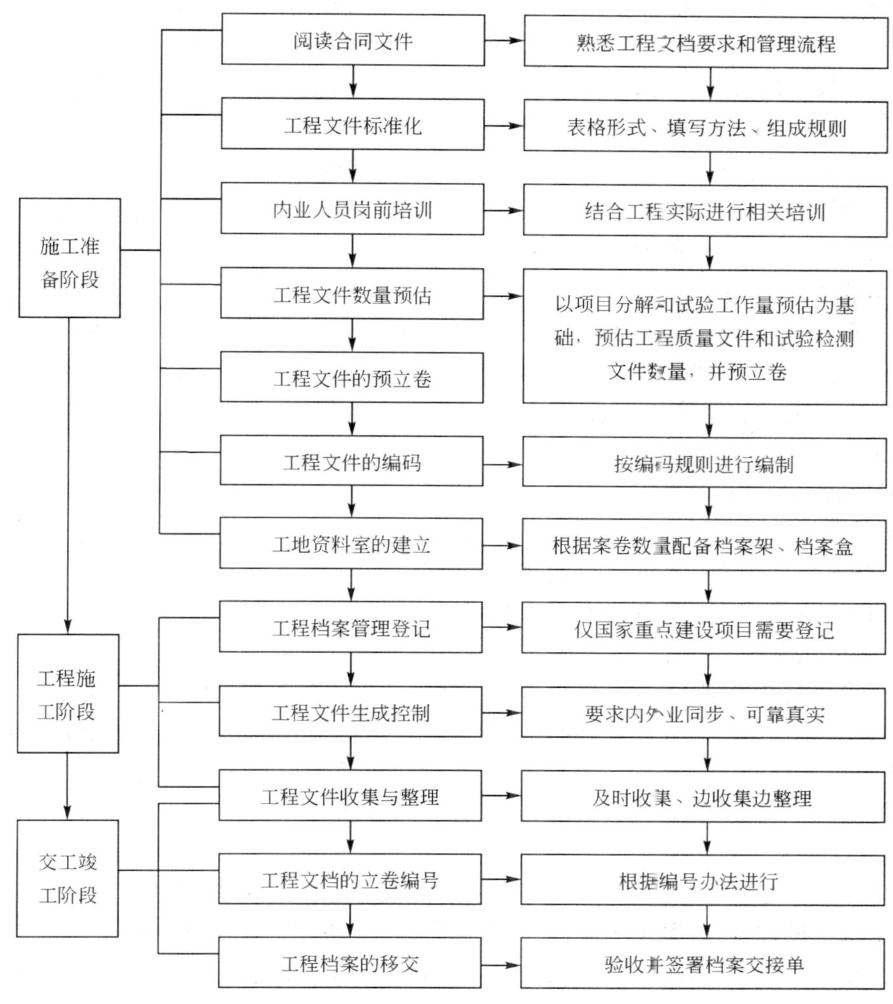

图 2-2　工程文档管理工作流程图

(二)建立工程文档分类体系

竣工文件应分甲、乙组两种分别装订成册。甲种文件包括第一、二部分,由交通部门归档;乙种文件包括第一、二、三、四、五部分,由建设单位和接管单位分别归档。其中,第一部分是综合文件;第二部分是决算和审计文件;第三部分是监理文件;第四部分是施工资料;第五部分是科研、新技术资料。竣工文件目录中的五个部分中以第三及第四部分的内容最多,工作量最大,是工程进行过程中最主要、最基本的记录。根据建设任务,施工管理和质量检验评定需要,应在施工准备阶段将建设项目按《公路工程竣(交)工验收办法》(交通部[2004]3 号令)和《公路工程质量检验评定标准》(JTG F80—2004)制定的原则划分为单位工程、分部工程和分项工程。结合各合同段、各单位工程计量段或自然段的划分，明确文件整理的最小单元，编制施工文件目录及收集整理责任单位清单，以便按照计量段中的分项、分部、单位工程进行收集、汇总和整理，力求详细、不遗漏。

（三）统一文档格式与填写方法

各种资料填报的格式及纸张大小应统一，不能各自为政。目前，公路工程各种表格要求统一使用A4纸，竣工图要求统一使用A3纸，分别装入国家档案局监制的档案盒和图纸盒。施工质检和计量所需要的表格及填写格式，由于技术人员对施工规范理解和认识的不同，在实施过程中，会出现许多认识不一致和有争议的地方，并由此造成工程文件的返工及管理上的混乱。因此，有必要在施工准备阶段组织全体技术人员根据施工规范、上级有关文件，针对质检、计量、记录表格的填写方式等内容进行学习和讨论，并按建设项目分项工程的划分，每一分项工程编制一套样板表格，要求全体技术人员在施工填报时参照填写，促使表格制作、填写格式的统一，从而减少内业工作的返工和管理上的混乱。

（四）工程文档的预立卷

实践证明，尽管不同的公路工程项目间工程文档尚缺乏统一的标准，但对同一个公路工程项目来说，在对工程项目进行项目分解和工序划分的同时，对该工程文档表格形式、填写方法和管理流程作出统一的规范和要求，那么在工程项目的施工准备阶段，至少可以相对准确地确定以下数据：

（1）工程文档种类的数量；

（2）工程质量文件和试验检测文件的案卷数量；

（3）工程质量文件和试验检测文件的数量；

（4）每份工程质量文件和试验检测文件的页数；

（5）竣工图的数量和页数。

通过上述数据的确定，工程文档管理人员在整个施工过程中，能够对工程文件进行预立卷工作，从而确定临时档案室的规模，购置或准备适量的档案柜和档案盒，为工程文件的收集做好准备，从而对工程文档生成、保管和查询工作进行有效的监控。由此可见，实现工程文档数量的预估是实现工程文档的量化管理和计划管理的基础。

（五）确定工程文件流程

工程文件流程是工程信息流和工作流的具体表现形式，反映了工程施工管理工作的程序。在工程项目施工过程中，各种工程文件、报告和报表，反映了工程项目的实施情况，反映了工程进度、质量、费用、工期等状况。各种指令、计划与方案，又控制和指挥着项目施工的具体实施。同时，通过工程文件流程的确定，可以明确任何一类工程文件由谁生成、由谁签认、由谁保存，从而使工程文档的管理责任进一步明确下来。因此，只有确定了工程文件的流程，才能确保工程信息流的畅通和工程管理工作的高效率，工程项目的施工管理和文档管理工作才能得以顺利实施。

（六）建立工地档案室

参建各方要根据工程文档数量的预估情况，建立不同规模且较为规范的档案室，完善公文传阅签字制度，资料查阅批准制度，根据对工程文件数量的预估情况，配置适量的档案柜和档案盒，确保资料得到妥善保管。档案室技术管理应贯彻“以防为主，防治结合”的原则，切实做好温湿度的控制和调节、防治有害生物、防火、防盗，照明管理和档案保管状况检查等方面的工作，建立健全管理制度，并设专人管理。

四、项目档案管理的登记

重点建设项目档案既是重点建设项目的历史记录，也是项目投产后运行、维修、管理、改扩建和技术改造等工作的重要依据。为了及时掌握国家重点建设项目档案工作情况，加强监督和指导，从1997年开始，国家档案局建立国家重点建设项目档案管理的登记制度。

（一）登记工作的组织

国家档案局每年转发原国家计委发布的国家重点建设项目名单，并统一部署对国家重点建设项目档案的登记工作；各项目主管部门的档案机构和项目所在地的省级档案行政管理部门应做好对本部门和本地区国家重点建设项目档案管理登记工作的组织、指导和监督工作。

凡新建、在建、收尾和竣工试生产的国家重点建设项目，按隶属关系组织登记。属于国务院行业主管部门的，由项目主管部门的档案机构负责组织填写"国家重点建设档案管理登记表"，同时抄送项目所在地省级档案行政管理部门，便于相互配合，监督指导；属于地方的，由项目所在地省级档案行政管理部门负责组织填写"国家重点建设项目档案管理登记表"。

登记表共分三种，分别于项目开工后6个月内、项目档案预验收后1个月内和项目正式竣工验收后1个月内填写，并逐级报至国家档案局经济科技档案业务指导司。

国家档案局于每年12月底汇总国家重点建设项目档案管理登记情况，并及时向全国公布，对未按规定进行登记的单位予以通报，并限期登记。

（二）登记工作的要求

项目主管部门档案机构应与地方档案行政管理部门互通情况，互相合作，以保证做好国家重点建设项目的档案管理登记工作。

项目主管部门档案机构和省级档案行政管理部门对于新建项目应按规定（详见《国家重点建设项目档案管理登记办法》档发字[1997]15号第三条第2款）及时组织监督建设单位（或项目法人）做好档案管理登记，建立档案工作。对于未进行竣工验收的国家重点建设项目，每年填表报送，以便及时了解项目及项目工作的进展和变化情况。

要保证项目档案工作与项目建设同步进行，特别要认真做好项目档案的预验收工作。国务院各行业主管部门档案机构应主动与项目建设部门加强联系，根据项目计划工期和进度，及时对登记的项目提出档案验收要求，并会同或委托项目所在地省级档案行政管理部门组织预验收。隶属于地方的项目，省级档案行政管理部门应根据相应的工作要求，及时对登记的项目组织预验收。

项目竣工验收后，应将项目档案验收情况报送国家档案局。国家档案局不定期地对项目档案进行抽查。

重点建设项目要建立档案管理登记制度，使项目单位与国家档案部门建立联系、协调的渠道，使资料收集整理工作自始至终得到档案部门的指导、帮助，为竣工验收时的档案验收奠定基础。

五、文档管理工作的基本原则

《中华人民共和国档案法》确立的档案工作基本原则是"集中统一地管理国家档案，维护档案的完整和安全，便于国家各项工作的利用。"该原则是在文件档案管理工作不断发展的实践过程中，逐步总结和形成的，对公路工程项目文档管理工作具有重要的指导意义。这一原则包括了三个方面的含义。

1. 统一领导,分级管理

由于公路工程项目建设周期长,涉及单位多,尤其是施工阶段施工单位多且管理水平参差不齐,公路工程项目文档管理必须遵循统一领导、分级管理的原则。也就是说,从项目立项开始,业主单位就应成立以法人代表为主的工程文档管理领导小组,负责整个项目文档的管理工作,并制订统一的管理制度和管理细则,履行事前指导、中间检查和最后把关的职责。

随着工程项目建设工作的不断进展,将设计、监理和施工单位的相关负责人也纳入领导小组。各单位应配备专职的文档管理人员,具体负责工程文件的收集、整理和归档工作。特别是施工阶段,时间跨度大、文件数量多,在施工队、班组中应设置专职的内业管理人员。这样,通过逐级落实文档管理人员的职责,从而建立一个金字塔型的组织结构,形成一个有效的工程文件管理网络。

在项目实施过程中,领导小组要建立相应的组织机构,确保公路建设项目文档的完整、准确、安全和有效利用,为公路建设、使用、养护、改建、扩建提供服务,在高速公路建设中为实现“建一流的高速公路”奠定基础。建设单位、政府监督部门、勘察设计单位、施工单位和监理单位应当将公路工程文档立卷归档工作纳入公路工程建设项目管理工作中,建立公路工程文件材料管理领导负责制,并配备专人负责公路工程项目文档立卷归档工作,确保公路工程项目文档的完整、准确与系统。建设单位在将建设项目发包给承包方时,应当在有关合同条款中明确公路工程竣工文档的形成、整理的立卷要求。同时应将工程档案的管理程序化、标准化和制度化。

公路工程项目交工前,由公路工程建设单位或该建设项目批准初步设计单位的档案机构组织勘察设计、施工、监理,并由公路管理机构对竣工文件材料归档工作进行预验收,并提出预验收报告。公路工程交工、竣工验收时,档案主管部门和交通主管部门的档案机构应派人参加,并提出公路工程档案验收意见。

2. 系统完整,确保安全

维护工程文档的完整性和安全性,是工程文档管理最基本的要求。只有保证文档的完整与安全,才能在工程竣工时向档案管理部门移交一套完整的档案,为公路的建设、使用、养护和改扩建工作提供信息服务。

维护工程文档的完整性,即从数量上要保证工程文档的齐全。这就要求在工程文档的生成、收集、整理和临时保管过程中不残缺短少。因此,在项目开始时,就应结合项目的具体情况,建立科学系统的分类体系,预估工程文档的数量并进行预立卷,使工程文档的收集、整理和验收工作得到量化。

维护工程文档的安全性,有两个方面的含义:一方面,力求工程文档本身不受损坏,即保证工程文档的物质安全。由于公路工程项目生产的露天性,在工地建立的临时档案室条件相对较差,加上工程文档的产生源较多、数量大,且质量文档具有不可回复性,一旦损毁就无法弥补;另一方面,工程文档中也涉及一定的保密问题,应保证工程文档中的机密不被盗窃。因此,临时档案室应贯彻“以防为主,防治结合”原则,切实做好温度湿度控制和调节,防止有害生物,防火、防潮、防盗工作,同时应建立健全管理制度,并设专人管理。

3. 数据可靠,便于利用

建立和保存工程文档的根本目的是为以后的公路建设、使用、养护、改建和扩建工作提供信息服务。因此,数据信息可靠性的高低,以及是否便于查询利用,就成为检验工程文档质量的主要标准。

数据信息可靠性的高低取决于工程文档的内在质量，即数据的真实性和正确性。虚假和错误的数据不仅会降低工程文档保存价值，还会使工程文档提供的信息失去使用价值甚至造成误导而给档案利用者带来不同程度的损失。所以，加强工程文档内在质量的检查是工程文档生成阶段的重要工作。

查询和利用的方便与否取决于文档整理工作的质量，即立卷的科学性和成套性。在工程文档的整理过程中必须从当前和长远利用工程文档的需要与方便着眼，建立科学的文档分类体系，确保工程文档立卷质量。同时应将便于社会各方面利用的这一思想，贯穿于整个工程文档管理工作的各个环节中。此外，应用计算机和信息技术进行工程文档的管理是提高查询利用效率的有效途径。

六、工程文档管理工作的组织体系

“统一领导，分级管理”确立了工程文档管理工作的组织原则和管理体制。因此，在整个工程项目管理的组织机构中，每一级机构都应设置专人负责工程文档的管理工作，从而建立起一个有效的工程文档管理网络，如图2-3所示。

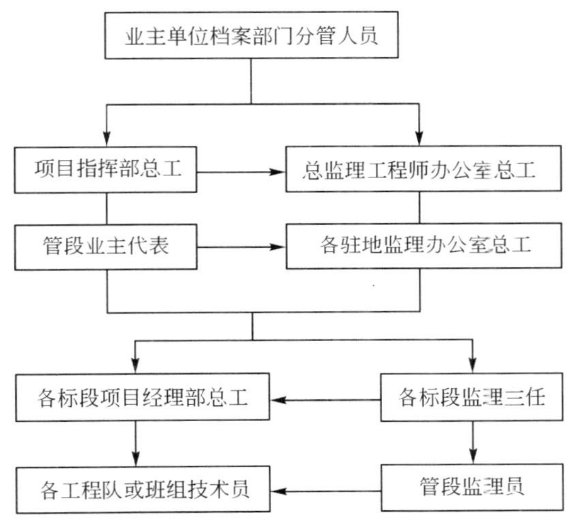

图2-3　工程文档管理工作的组织体系

七、工地档案室的管理

由于公路工程建设工期长，在施工过程中要产生大量的工程文档。因此，必须建立临时的工地档案室，积极贯彻“以防为主，防治结合”的原则。

1. 温湿度控制

为了最大限度地延长工程档案的寿命，临时库房应选择保温防潮性能良好的永久性建筑，应对库房的温湿度进行控制，温度控制在14～24℃范围内；相对湿度控制在45%～60%范围内。

2. 防火与防盗

库房应配备档案用消防器材，并按设备要求定期检查、更换。安全使用电器设备，定期检查电器线路。库房内严禁明火装置和使用电炉，严禁存放易燃物品。库房应安装火警报警器和防盗装置。

3. 防鼠、防虫和防霉变

资料入库前,要进行虫霉检查,不能将带有蛀虫、霉变的资料带入库中;定期投放灭鼠毒饵,捕杀库内老鼠。

4. 照明管理

库房内人工照明宜选用白炽灯作为光源,照度不超过100勒克斯(Lux)。如采用荧光灯时,应对紫外线进行过滤。太阳光线不能直接照射档案资料,有外窗时应设窗帘遮阳。

5. 档案保管状况检查

对库藏档案应经常进行检查,发现问题及时报告,并采取措施予以处理。

第三章　公路工程文档的管理现状与发展趋势

第一节　公路工程文档管理的现状

一、公路工程施工文档传统的管理模式

长期以来，工程界一直存在着"重外轻内"的思想，而档案界通常重视的是档案在档案馆内的管理，往往忽视了工程文档产生过程的控制和管理，在公路工程项目施工文档管理方面一直缺乏深入的研究。目前，在公路工程项目施工过程中，工程文档的管理仍然延用着传统的人工管理模式，如图 3-1 所示。

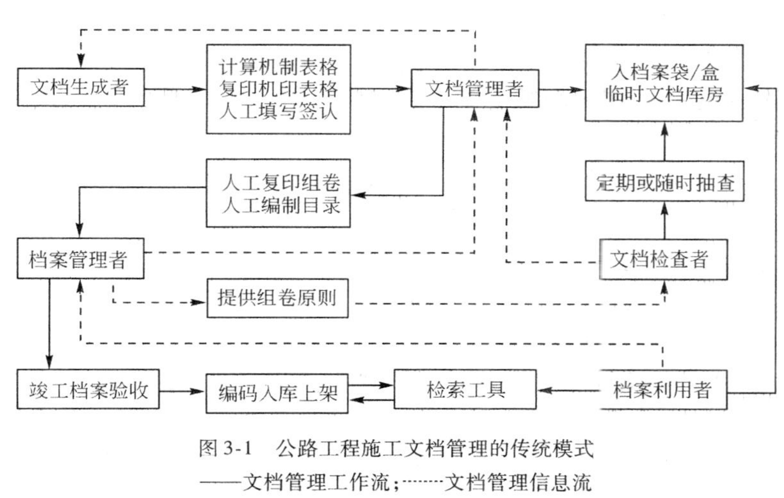

图 3-1　公路工程施工文档管理的传统模式
——文档管理工作流；………文档管理信息流

二、公路工程施工文档管理中存在的问题

目前，公路工程施工过程中，文档管理主要存在以下几方面的问题。

（一）内业表格形式和填写方法的不统一

在公路工程项目施工中，工程文档主要是以各种内业表格的形式存在的。目前公路工程文档尚缺乏统一的标准，内业表格形式、填写规则和立卷方法不统一的现象十分普遍。通过对目前正在建设中的几条高速公路项目的调查发现，虽然原交通部颁布的《公路工程质量检验与评定标准》（JTG F80—2004）和《公路工程施工监理规范》（JTG G10—2006）中给出了内业表格的格式，但对填写方法并未给出具体的规定。因各项目管理者对内业表格的填写方法缺乏统一的认识或认识不够清晰，尽管各公路工程项目的总监理办公室、前线指挥部和政府监督办公室对工程文档管理工作作出了一些具体的规定，但随着公路工程项目所在地区的不同，内业表格的形式和填写方法也有所差异。甚至在同一个工程项目的不同合同段中，内业表格和填

写方法也有所不同。这将带来以下问题。

1. 造成公路工程文档管理工作视角的偏位

由于工程文档的表格形式、填写规则和立卷方法的不统一，加上缺乏合理必要的培训和指导，容易造成内业工作的混乱，使工程文档管理的工作视角产生偏位。内业工作的检查重点往往落在检查表格的填写方法是否正确上，而不是内在质量，工程文档质量难以得到保证；档案验收工作的重点通常落在立卷是否符合要求上，而对档案资料的完整性、准确性、系统性的评价不够深入；同时也使得对公路工程文档管理水平的评价缺乏统一基准。

2. 给工程技术人员和内业人员的工作带来不便

由于工程文档的表格形式、填写规则和立卷方法的不统一，每遇到一个新工程，工程技术人员和内业人员都要花费一定的时间和精力去重新适应，给内业管理工作带来不必要的麻烦。

3. 不利于公路工程项目施工管理的信息化

由于工程文档的表格形式、填写规则和立卷方法的不统一，使目前工程文档管理缺乏标准化，而在计算机和信息技术高速发展和普及的今天，公路工程管理的信息化已经是大势所趋，工程文档的标准化正是工程管理信息化的基础。显然，该问题已经成为阻碍公路工程项目施工文档管理信息化进程的主要因素。

(二)工程文档管理的自动化程度不高

工程文档管理包括了对工程文档的生成、保存与利用的全部工作。目前的公路工程项目管理中，纸质文档无论在生成方面，还是在保存和检索利用方面，技术手段都十分落后，严重制约了工程文档管理水平的提高。

目前，公路工程项目施工文档的管理大多停留在计算机制表、手工填写、复印机复印和人工立卷的水平，生成过程几乎都是手工操作，内业人员的工作强度大且效率低。由于手工填写错误而返工造成了大量人力、物力和时间的浪费。此外，工程文档是对工程施工过程及其信息的记录，其生成的及时性和准确性直接关系到工程文档的质量。当文件材料与工程施工不同步时，就容易出现编造工程资料的现象，无法反映工程的实际，失去保存的意义。另一方面，工程文档所记录的信息作为工程项目管理者进行判断和决策的主要依据之一，其真实性、时效性、完整性对决策的正确性有很大的影响。这就要求文档生成者要将施工过程中产生的大量信息及时准确地进行整理分析并反馈，为管理者决策提供依据，这一工作靠人工整理分析而不借助现代计算机信息处理技术显然是不可能满足决策需要的。

纸质文档的保存不仅要占用较大的空间，而且防潮、防霉、防虫、防尘、防火工作的难度较大。随着我国经济的飞速发展，交通基本建设步伐日益加快，公路工程文档的数量剧增与档案馆库房容量有限的矛盾日益突出。因此，尽快实现公路工程文档的信息化，减少纸质文档的存放量，缓解档案保管工作压力的任务十分紧迫。

工程文档的作用，一是“事后查证”；二是“回溯研究”，为日后的公路工程建设工作提供服务。长期以来，一直沿用的手工检索和提供文档资料，检索效率较低，使公路工程文档无法得到有效的利用。因为，公路工程建设要查询的信息，往往不是几份文件或几条信息，而是需要某一方面的全部资料，而文档管理人员要从浩繁的工程文档中把这些资料一次提供出来，需要较长的时间，而且还不能保证一份不漏；再者手工检索的准确率也得不到保证。因此，目前公路工程档案的利用率很低，其主要原因是检索手段的落后，无法适应现代经济建设的快节奏。

(三)公路工程文件与档案管理严重脱节

工程文档的“一次性”和不可恢复性特征，客观上对文档管理人员的素质提出了更高的要求。工程文档管理人员既要熟悉档案管理业务，又要掌握专业知识和技能，才能够熟练地对文件材料进行收集和整理。从图3-1可以看出，目前档案管理部门所做的工作仅仅是提供工程文档的立卷规则和组织工程竣工文档的检查和验收，而没有真正做到从工程文档的生成开始实行全程的监控，工程文件的管理和工程档案的管理是脱节的。而目前工程文档的生成者、保管者和检查者几乎都是兼职的工程技术人员，尽管他们有较高的学历，但经过档案管理培训的却很少。虽然一些施工单位在工程文档管理方面倾注了很大的精力，工作人员也尽职尽责，但工作成果却难免不专业、不规范。

总之，目前公路工程文档的管理模式已经不能适应现代公路工程项目管理的需要，尽快运用计算机及网络信息技术，实现工程文档的生成、收集、整理、归档保管和检索的微机化和信息化，建立新的文档管理方案已经势在必行。

第二节　公路工程档案的利用现状

随着公路工程建设的飞速发展，工程档案作为公路建设和管理过程中形成的具有保存、查考利用价值的各种形式和载体的历史记录，已经成为公路工程领域中最大和最重要的信息资源。近年来，社会信息化建设的实施和公路建设市场竞争的日益激烈，如何开发利用公路工程档案信息资源已经逐步成为工程界和档案界共同面临的课题之一。由于工程档案在不同阶段形成的特点不同以及客观存在的外部因素的影响和制约，公路工程档案在某些方面得到不同程度的利用，主要体现在以下几个方面。

一、公路工程档案利用的不均性

由于公路工程参建单位多，建设单位、设计单位、施工单位、监理单位、科研单位和政府监督部门在生成和管理档案过程中所形成的文件载体不同，导致工程档案的利用方面存在较大的差距。

(一)工程设计类档案利用率较高

目前，设计单位普遍采用CAD进行工程设计，出图率几乎达到了100%，设计部门目前也十分注重电子档案的管理。大量电子版的设计图纸为工程设计档案的利用提供了方便条件。由于公路工程项目的相似性，在工程设计过程中大量使用了原有的电子版图纸，利用率可达85%以上。

(二)工程施工类档案利用率较低

1. 纸质档案利用效率低

在施工过程中，施工图纸是设计单位提供的纸质图纸，施工记录和质量评定文件大都采用手工填写，因此，工程施工类的档案90%以上是纸质文件，不仅保存需要占用较大的空间，而且携带和查阅也十分不便。特别是公路工程档案中归档数量多、利用率最高的竣工图还未采用数字化管理，随着时间的推移，这部分永久或长期保存的纸质档案会逐渐老化，档案的保护和利用之间的矛盾将日益突出。目前，除了管理性文件如施工组织设计和造价方面的电子版分散在工程技术人员手中外，在档案馆(室)中根本找不到，资源无法共享。

2. 工程档案的归档管理手段落后

目前，公路工程档案管理大多数仍沿袭着传统的管理方法，工程档案的归档管理仍采用人工整理和编目，管理手段落后，未能充分利用如缩微、扫描等先进技术对工程档案进行保管和利用。尽管很多档案馆采用了计算机进行管理,但主要是建立了电子的档案目录,而档案本身并没有实现电子化。即使通过电子档案目录可以快速查出所需档案在哪个档架上,但进入档案库房并把它找到,然后摘录或复印、扫描和识别,需要花费很多时间,使用非常不便。因此,目前施工单位和监理单位形成工程档案的利用率很低,而这部分档案却在工程档案中占了80%以上的比重,这是工程档案利用率低的主要原因之一。

(三)科研类工程档案利用率较高

由于科研类工程档案的含金量较高,在科研立项前一般都要进行查新工作,特别是科研类档案中的大量试验和成果数据的利用可以降低科研成本,因此科研类档案的利用需求较大。尽管受保密性的制约,且使用者的范围很窄,但是总体上来说,相对其他公路工程档案来说,科研类工程档案利用率较高。

二、公路工程档案的编研力度不足

目前,我国公路部门的档案馆(室)往往重视的是档案保管,编研力量不足,编研手段相对传统、落后。主要体现以下两个方面。

1. 对工程档案的利用需求调研不够

目前,由于我国公路工程建设正处在飞速发展的时期,大量工程档案的归档,使工程档案馆(室)工作量剧增,档案管理者忙于工程档案的接收、编目、上架等工作,无暇对工程档案的利用需求进行调研,不能主动及时地了解档案利用者的需求,使工程档案管理工作缺乏服务的主动性。

2. 档案馆(室)编研力量不足

目前,档案馆(室)中的工作人员的专业构成不合理,大多数是档案专业的,缺少公路工程专业知识。而对于公路工程档案这种专业性较强的档案的编研,如果不懂专业,也只能提供简单的数据整理,很难准确把握工程档案利用需求,编研工作很难达到较大的深度。因此,改变档案室管理人员的专业结构,派专业人员充实档案馆(室)的编研力量,对加强工程档案的利用将起到重要的推动作用。

三、公路工程档案的服务手段落后

采取何种服务手段对于工程档案利用的查准率、查全率以及利用的效率有重要影响。长期以来,工程档案利用服务手段一直实行的是手工查找。这种查找手段效率低下,查全率、查准率更是不高。近年来随着信息时代的到来,社会信息化程度的不断提高,档案部门也在尝试着引进和运用新的信息技术,虽然档案部门在工程档案信息化方面取得了一定的进展,但总的来说我们的信息化程度还很低。由于工程档案大多数是纸质的,对工程档案的利用只能去相关单位的档案馆(室)利用计算机检索该单位较为简单的目录,原始档案只能靠手工检索、查找利用,无法在网上查找利用。这在很大程度上制约了工程档案的利用效果。

四、对公路工程档案利用的宣传不到位

档案必须通过合理利用,才能更好地为经济建设和社会进步服务。档案的使用者在利用档案之前,首先必须知道档案、了解档案。对档案有一个比较全面而深刻的认识,也就是说必须具有一定的档案素养,而档案宣传则是实现这一目的的最好方法和途径。档案宣传工作就是通过各种传媒宣传有关档案和档案工作的政策、法规、知识、动态、观念等信息。

其目的是让更多人了解档案、利用档案，提高全民档案素养，增强全社会的档案意识，以推动档案事业的发展，更好地为经济建设和社会进步服务。但是，当前档案宣传工作主要存在的问题是：

（1）档案宣传缺乏经常性、持续性、连贯性。档案宣传工作是一项长期性的工作，需要结合平时的工作循序渐进、常抓不懈。

（2）宣传形式单一、媒介有限。未能充分利用影响面深广的电视、广播、报纸、刊物各种宣传媒介，宣传效果缺乏力度和情感，给人以软弱无力的印象，结果事倍功半。

（3）工科类院校的毕业生缺少档案意识。

到目前为止，在许多大学和高职院校的道桥相关专业中开设工程档案管理方面课程的很少。公路工程档案主要为公路工程建设服务，其服务的对象应该以工程技术人员为主。而目前的状况是，大多数技术人员对工程档案缺乏基本的了解，缺乏档案的利用意识，相当一部分高校的学生毕业后不能有效地利用公路工程档案，在工程档案生成与管理过程中，也缺少为档案利用者服务的意识，导致工程档案编制系统性和可用性差。

随着社会信息化程度的不断加深，人们越来越渴求方便、迅速、及时地获取信息。而档案作为一个巨大的信息源，其价值只能通过广泛的合理利用才能得以实现，而档案工作的根本目的是要实现档案价值的最大化。因此，档案部门首先必须树立用户至上的观念，用现代化技术武装档案馆（室），实现馆藏档案的数字化，不断加强档案编研工作，解决档案信息的零散性、无序性以及孤本性；变被动服务为主动服务，从而扩大档案信息资源的传播范围，加快传播速度，快速合理地实现档案的价值。

第三节　公路工程文档管理的发展趋势

一、国内外档案界对文档管理的研究概况

国外档案馆在20世纪60年代开始考虑用计算机来管理和控制所收藏的档案材料，管理的对象仍是纸质档案。20世纪80年代出现了“机读文件”和“机读档案”的概念；随着办公自动化（OA）系统、计算机辅助设计（CAD）系统、计算机辅助制造（CAM）系统的出现，信息以电子文件的形式存储在磁盘等介质上，出现了“电子文件”和“电子档案”的概念。20世纪90年代初“电子文件”一词开始正式使用。许多国家的档案界开始把主要视点放在了电子文件工作上，开始制订各种形式的电子文件管理制度。

1991年北欧联合体各国家档案馆联合组建工作组，着手研究电子文件的长期存取和信息保护问题，于1997年出版了大型研究报告《电子文件保护与存取》。

1992年召开的第12届国际档案大会上成立了专门的电子文件委员会，该委员会在四年的时间里出了三本管理规范性的出版物：《电子文件规划：1994/95调查报告》、《电子文件：文献评述》和《电子文件管理指南》，在国际档案界产生了广泛的影响。1994年3月，美国国家档案与文件管理署发布了《电子文件管理规范》，此后又相继推出了《数字档案长期存取与保护的总结报告》、《国家战略：制定与贯彻联邦政府电子文件的产生、传输、存储与长期保存的标准》等出版物，论及数据管理转换政策、文件传送政策及标准的发展问题。

1996年6月，澳大利亚新南威尔士州颁布了《作为文件的电子信息政策》，同年澳大利亚政府颁布了《电子消息的管理政策与实施细则》，澳大利亚国家图书馆制定了《澳大利亚数字

载体长期存取与保护的原则》。澳大利亚还制定了《澳大利亚数字文件管理策略》,2001 年经修订再次推出了《联邦政府网络文件管理准则》,对联邦政府的联机环境及其文件管理、联邦网站的文件产生和保存、联邦网站资源业务风险的评估等作了具体规定和说明。

1996 年 9 月,我国国家档案局成立了电子文件归档与电子档案管理研究领导小组,并组织多方力量共同对电子文件归档及电子档案管理进行研究,编写了《电子文件归档与电子档案管理概论》,并制定了电子文件标准。

随着计算机多媒体技术和网络技术的发展与广泛应用,人类进入了信息社会和知识经济时代。在知识经济时代,信息是社会的主要经济资源,数字化是知识经济的物质形式。各国政府都十分重视本国信息基础设施的建设,并投入大量人力物力,发展信息产业,建设国家信息高速公路。转瞬间数字地球、数字图书馆、数字博物馆、数字档案馆、电子商务、电子政府、网上学校等新事物应运而生。

深圳市档案局在我国率先开展了数字档案馆的研究,2002 年底,已完成了深圳市数字档案馆建设的第一期工程。同时,我国将在部分中心城市建设一批示范性数字档案馆,开展公众网上查询档案信息服务,以满足数字化时代社会对档案服务日趋提高的要求。

2004 年 8 月 28 日,我国正式通过了《中华人民共和国电子签名法》,有力地推动了电子文件及电子档案管理工作的发展进程。

二、公路工程工文档管理的发展趋势

长期以来,文件管理与档案管理一直是分开进行的,两者之间的脱节严重影响着文件与档案管理工作的发展。在西方发达国家,美国最早提出并发展了文件档案一体化理论。在 20 世纪 80 年代初,这种管理方式在欧美开始推行,90 年代这种从信息系统源头做起的方法获得了更多人的支持。目前,文件、档案管理一体化已经发展成为信息时代档案管理的必然趋势。

信息和网络技术给文档管理工作带来了重大的影响和变革,主要体现在两个方面。

1. 工程施工文档管理的重点将发生转移

随着公路工程项目管理信息平台的应用和普及,工程文档管理将作为其中的一个子系统进行工作,只要工程技术人员或内业人员输入了相关信息,工程文档将自动产生并以电子文件的形式分类存储和传输。实现了内业表格形式和填写方法的标准化和规范化,工程文档管理人员不必再为工程文档的格式和填写方法是否正确而担心。而把工作重点落在检查工程数据是否真实准确和工程文档的系统性和完整性上,档案部门可以有效地对工程文档进行动态监控,及时进行指导,确保工程档案的质量。

2. 现有的纸质、音像工程文档将数字化

技术成本的下降促使计算机设备,特别是办公自动化设备得以普及与推广,为利用远程通信手段提供了条件。信息网络使人们随时随地都能查阅和更新数据,它可以使一个单位内部、各单位之间、各部门之间,甚至是各国家之间,都可以利用同样的资源,实现最大限度的资源共享。

而迄今为止,交通系统各单位和各部门已形成的大量的纸质、音像和照片档案是巨大而宝贵的信息资源,但其检索和利用手段都十分落后,很难快速有效地为本系统和社会提供服务。因此,在今后一段时期内,对馆藏的纸质、音像和照片等档案进行数字化将是各档案馆(室)的一项重要的工作,从而更好地利用信息网络实现资源共享。

三、提高公路工程文档管理水平的途径

公路工程建设项目投资大、工期长，涉及设计、施工、监理和科研等诸多单位，尤其是施工单位多且资质参差不齐，这使得公路工程档案具有鲜明的广泛性、复杂性、阶段性和多样性的特点。同时公路建设项目的一次性特征，也决定了公路工程文档工作的不可恢复性。因此，在公路工程建设过程中，保证工程文档的完整率、准确率、归档率和案卷的质量有着十分重要的意义。

（一）超前控制是提高工程文档管理水平的必要手段

公路工程建设的过程，也是工程档案形成的过程。在工程建设的各个阶段，档案管理工作必须有超前意识，才能有效地控制工程档案的质量。

1. 合同签定阶段的控制

公路工程招投标制度和工程监理制度的实施，使公路工程项目的设计、施工和监理必须经过严格招投标或议标，并签定合同和协议后才开始实施，这为实行工程档案管理的超前控制提供了契机。将工程档案的收集、整理和归档工作作为合同或协议的一项条款确立下来，对竣工档案的归档份数、时间、质量和违约等提出具体的要求，并明确规定把工程预留款的部分或全部作为工程档案抵押金，单独立账，不得挪作他用。这样就可以引起承包商足够的重视。明确承包商是工程档案积累的第一责任人和确立了工程档案抵押金，这就使工程档案的立卷、归档工作通过法律和经济手段得到保证。

2. 工程施工阶段的控制

施工阶段是工程档案大量生成的时期。因此，必须从工程的一开始，就严格监督和检查承包商的工程档案管理工作，实现超前控制是档案管理工作的重点。

（1）制订文件资料立卷归档细则。在工程开始前，建设单位就应以国家、省、市档案主管部门有关标准为依据，制订文件资料的立卷归档细则，以正式文件的形式印发给参加工程建设的设计、建设、施工、科研、监理和质量监督单位或部门，明确文件资料收集、整理和归档的顺序和范围。这样就为承包商日常的档案管理以及主管部门的监督检查工作提供了统一的标准，保证了竣工档案的完整性。

（2）加强中间环节的监督检查。虽然合同或协议对承包商的工程档案管理工作有了法律上的约束，文件资料立卷归档细则也为工程档案管理提供了统一的标准，但是由于施工单位的资质和技术人员的素质参差不齐，在理解执行标准上以及档案意识上差距也很大，而施工期间又是文件资料大量生成的时期，因此确保文件资料的准确性和收集整理的及时性成为该阶段档案管理工作的重中之重。施工过程中，对施工单位的工程档案管理工作进行经常性的检查和指导，及时发现和解决问题，才能使工程档案的准确率、归档率和案卷质量得到保证。

（3）将鉴定工作的重点延伸到档案形成阶段。档案管理工作水平的高低，不在于归档案卷的多少，而在于案卷的质量。为了提高档案的立卷质量，减轻日后档案鉴定工作的压力，应将鉴定工作的重点延伸到档案的形成阶段。即在收集和整理文件材料的同时必须对文件材料的价值作以鉴定，从而避免无保存价值的材料归了档，同一案卷内不同保管期限的材料混杂现象的发生。现场的技术人员是档案的形成者，十分清楚文件材料形成的过程和查考利用价值。尤其是企业需要归档的那部分文件材料，在立卷时，以工程技术人员为主判别归档文件的价值，会比置身于工程管理之外的档案管理人员的判断更准确。因此，工作在一线的工程技术人员同时兼职管理档案更具有优势，应充分发挥他们的作用，档案管理人员则应在立卷、归档原

则和方法上多作指导。但须指出，提高现场技术人员的档案利用意识，熟悉档案管理的方法和工作流程，是做好工程档案鉴定工作的重要前提。

3. 竣工验收阶段的控制

公路工程的竣工验收是国家行政主管部门对投资效果的全面验收，不仅是对工程实体的验收，同时也是对工程档案的验收。由于公路工程建设规模大、施工周期长、单位工程多，且首批单位工程的验收又为后续单位工程作准备，这决定了单位工程档案验收的阶段性，也为对整个工程竣工档案质量的超前控制提供了条件。对于文件资料不齐全、归档不规范的单位工程，坚决不予以验收。只有严格把好单位工程竣工档案的验收关，才能为整个工程竣工档案验收打下坚实的基础。

工程竣工时，施工单位能够按期、按质移交合格的工程档案，档案部门出具证明并签署结论性意见后，财务部门进行工程结算，并如数退还档案抵押金；否则，档案部门应指导施工单位重新整理。经多次重新整理仍达不到标准要求，且缺少工程的依据性、结论性文件资料，档案部门可以根据案卷的情况，按有关合同条款的规定在工程结算时扣罚部分或全部档案抵押金。

（二）加强人员的培训是提高工程文档管理水平的基础

工程档案的"一次性"和不可恢复性，客观上对档案工作人员的素质提出了更高的要求。从事工程档案工作的人员既要懂专业知识和技能，又要熟悉档案管理业务，能够熟练地对文件资料进行加工整理和归档。但目前一线的公路工程档案管理人员大多为兼职的工程技术人员，他们的文化层次都很高，大多数都是专科以上文凭，但几乎没有真正经过档案管理培训的。尽管一些施工单位在档案管理方面倾注了很大的精力，档案员也尽职尽责，但都是凭着感觉工作，其工作成果不专业、不规范也就在所难免。因此，加强档案人员的培训和培养是提高工程档案管理水平的根本途径。

由于公路工程的临时性以及人员的频繁调动，一些施工单位不可能对自己的档案人员进行长期的专业培养，档案人员的培训和培养可以通过以下两个途径实施。

1. 短期的强化培训

在没有专业档案管理人员的情况下，就要注意对工程技术人员进行短期培训。尤其是在下发了工程文件资料立卷归档细则后，应对有关的技术人员及时地进行培训，明确文件资料积累的顺序和范围，使其在较短的时间内适应档案管理工作。

2. 专业学校的培养

应该指出的是，工程档案管理人员必须熟悉专业，能够根据工程进度抓住重点和关键环节，及时收集和整理文件资料。档案专业的学生学习道桥专业知识比道桥专业的学生学习档案知识难度要大些。因此，在各高校的道桥专业，尤其是工程管理专业开设公路工程文档管理课程，使学生成为既懂专业，又熟悉工程档案管理业务的复合性人才，正适应了目前公路工程档案管理人才的需求。然而，目前各高校的道桥及工程管理的教学大纲中，档案管理方面的课程几乎都是空白。因此，尽快在道桥和工程管理专业的教学中引入工程档案管理课程势在必行。

（三）运用现代化手段是提高工程文档管理水平的必由之路

工程档案管理包括了对工程档案的生成、保存与利用的全部工作。目前的公路工程项目管理中，以纸为介质的工程档案无论在生成方面，还是在保存和检索利用方面，技术手段都十分落后，严重制约了工程档案管理水平的提高。

1. 工程档案生成手段实现现代化的迫切性

目前的公路工程项目中，文件资料的生成大多停留在计算机制表、手工填写、复印机复印和人工立卷的水平，生成过程几乎都是手工操作。由于手工填写错误而返工造成了大量人力、物力和时间的浪费。不仅档案人员的工作强度和难度大，而且工作效率低下，无法适应现代工程管理的快节奏、高效率的要求。因此，尽快地采用现代计算机信息处理技术快速生成文件资料，自动整理、立卷和归档生成工程档案，减轻档案人员的劳动强度的要求变得日益迫切。

此外，文件资料是对工程施工过程及其信息的记录，其生成的及时性和准确性直接关系到工程档案的质量。当文件资料与工程施工不同步时，就容易出现编造工程资料的现象，无法反映工程的实际，失去保存的意义。另一方面，文件资料所记录的信息作为工程项目管理者判断和决策的主要依据之一，其真实性、时效性、完整性对决策的正确性有很大的影响。这就要求工程档案管理人员必须将施工过程中产生的大量信息，及时准确地进行整理分析并反馈，为管理者决策提供依据，而这一工作靠人工整理分析而不借助现代计算机信息处理技术显然是不可能满足决策的需要。这就迫切需要开发一套公路工程项目信息管理系统，为工程项目管理决策及时提供可靠信息，同时实现公路工程档案生成手段的现代化。

2. 工程档案保存手段实现现代化的迫切性

以纸张为介质的工程档案不仅要占用较大的空间保存，而且防潮、防霉、防虫、防尘、防火工作的难度较大。采用磁存储和光盘等现代信息存储技术能有效解决这一问题。

一方面，办公自动化和信息处理系统的应用正改变着企业的传统工作方式和管理模式，无纸化办公和网络化办公将逐步成为现代企业管理模式的主流。在企业的日常管理工作中，势必会产生大量的电子文件，其中有价值的部分就可转化为电子档案。而光盘具有体积小、存储量大、读写速度快、信息数字化存储的特点，是电子档案的理想载体。尤其是《电子文件归档与电子档案管理办法》与《CAD 电子文件光盘存储、归档与档案管理要求》的出台，为工程档案的信息化管理提供了法律依据和基础。

另一方面，随着我国经济的飞速发展，交通基本建设步伐日益加快，公路工程档案的数量剧增与档案馆库房容量有限的矛盾日益突出。因此，尽快实现公路工程档案的信息化，减少纸质档案的存放量，缓解工程档案保管工作压力的任务十分紧迫。

3. 工程档案检索手段实现现代化的迫切性

工程档案的作用，一是“事后查证”；二是“回溯研究”，为日后的工程施工管理和科研提供服务。然而，目前工程档案的利用率却很低，其主要原因是落后的检索手段无法适应快节奏的现代经济建设。长期以来，一直沿用的以手工方式检索和提供档案，工作效率较低，在检索速度上，一张张卡片的检索同每秒钟几十万次甚至上亿次的计算机检索速度是无法比拟的。其次，工程建设要查询的有关方面的信息，往往不是几份文件或几条信息，而是需要某一方面的全部资料，而档案人员要从浩繁的工程档案中把这些资料一次提供出来，需要较长的时间，而且还不能保证一份不漏。再者手工检索的准确率与计算机也是无法媲美的。

因此，运用计算机及网络信息技术，实现文件资料的收集、整理、归档保管和检索的微机化和信息化管理，是提高工程档案管理水平的必由之路。

第四节　公路工程档案资源与知识管理

档案的双重价值属性（凭证属性、参考属性）表明了档案只有得到充分利用后，才能更好地体现其保存价值。如今档案的利用已不再局限于人们对档案信息的简单浏览和查看，许多单位和个人已经开展了更深入的检索、查询、统计、编史、修志、展示、整合与共享，用于为决策者和管理人员提供科学决策依据。如果能够将档案与信息作为组织业务的重要组成部分并能提供更深层次的信息服务,那么,企业在冲击既定目标和进行有效的技术投资方面就会占据更有利的地位。数据挖掘技术的产生,为解决海量档案信息的整合、管理、高度综合和高效利用提供了可行条件,使档案的开发利用进入了一个崭新的阶段。

目前,我国公路建设正处于高速发展时期,每年公路工程档案的数量呈级数增长,积累和记录了公路工程项目建设方面的海量信息。如何建立专用档案数据分析模型,设计和开发外部数据采集工具,运用目前国内先进的数据挖掘和开发应用平台,将原有工程档案系统中的离散数据进行分析和集成,对公路工程建设管理过程中的各项工作进行科学分析,作出正确的评价和预测,是目前公路工程档案管理工作中面临的重要课题。

一、公路工程档案的数据挖掘工作

公路工程档案中详细记录了公路工程项目建设的大量信息,但是目前这些信息尚未得到有效的利用。公路工程档案中的数据挖掘可以从以下几个方面入手开展工作。

(一)筑路材料试验方面的数据挖掘

公路工程建设过程中应用了大量的筑路材料,每种材料按来源、规格、工程应用范围的不同,都以一定的频率进行了试验。在公路工程设计和施工过程中,材料试验数据的可靠性很高,特别是高速公路施工过程中的试验数据不仅齐全而且真实可靠,成为目前公路工程档案中宝贵的数据资源。但是,这些数据资源除了为少数科研人员查阅利用外,大部分数据一直处于休眠状态。而通过对公路工程档案中试验数据的整理分析,可以得到不同地区不同规格的原材料的各项技术指标综合信息,建立区域性的原材料数据库,实现以下三个目标。

1. 有效地指导材料选择,降低工程成本

在公路工程设计和施工过程中,设计人员和施工人员可以借助区域性原材料数据库得到快捷的信息支持,通过原材料的技术指标、出厂价格、运距、运输方式、运输条件、供应能力等的比选,能有效地提高原材料选择的工作效率,降低工程成本。

2. 有效地进行材料监控,保证工程质量

在公路工程项目施工过程中,当某种材料试验结果出来后,通过与该材料以往技术指标的对比,可以有效地监控该原材料的稳定性情况,一旦发现异常,立即查找原因,及时进行处理,避免不合格或假冒材料用于工程中,从而有效地进行原材料的监控。

3. 能有效地监控半成品料的质量

在公路工程项目施工中,水泥混凝土、沥青混合料和稳定类材料的质量直接影响到工程实体的质量。在水泥混凝土、沥青混凝土和各种稳定类材料的生产过程中,都要做大量的质量监控性试验,但在以往仅仅按每次的试验结果判断是否符合设计和规范的要求,却很少对试验数据进行综合的分析整理,造成试验结果离差较大,无法对材料质量进行有效控制。通过建立数据分析系统,可以有效地利用以往的和当前的试验数据进行分析,及时发现混合料生产中出现异常问题的原因,实现对混合料生产质量的有效监控,确保公路工程的质量。

目前,数据挖掘技术已经引起公路工程软件开发商的关注,他们纷纷将数据挖掘技术引入到公路工程管理软件开发中。如沈阳中百科技有限公司开发的《辽宁省公路工程试验监控系统》已经部分引入了数据挖掘技术,可以实现对全省公路工程试验数据的监控。

(二)工程施工组织信息的数据挖掘

目前,公路工程施工过程中形成的施工原始记录详细地记录了工程施工中投入的各种资源以及发生的异常情况，通过对这些信息的整理分析，可以实现以下目标。

1. 促进工程施工组织设计的优化

施工组织设计文件详细记载了工程施工进度计划方面的信息，施工记录中记录了工程施工中实际进度信息，这些信息不仅反映了施工进度计划的执行情况，更能有效反映施工组织中成功的经验与失败的教训，及时总结这些问题，将对今后施工组织设计的优化起到有力的推动作用。

2. 为工程企业编制施工定额提供资料

尽管工程档案中记录的信息与编制施工定额的基础数据要求相比有一定差异，但通过对从工程档案中这些数据的统计分析，仍可以较为准确地得到一个企业、一个施工队或一个工作班为完成某一施工任务而投入的人工、机械台班和材料数量，这是目前编制施工定额的一种基本方法——统计分析法。对任何一家施工企业来说，掌握和制订本企业的施工定额，对工程施工的组织设计和施工成本控制都将起到积极的促进作用，能有效地提高企业的管理水平和盈利能力。

3. 为高职院校教学和企业培训提供案例资料

通过对各公路工程施工项目的档案的整理，可以得到许多成功和失败的工程案例，为高职院校的教学和企业职工培训提供了真实的素材，有助于提高学生的专业技能，实现学校教学目标和企业岗位能力需求的零距离对接。

4. 工程施工成本信息的数据挖掘

在公路工程施工管理过程中，原材料、机械台班和人工的单价信息都将形成相应的文件并作为工程档案保存下来。通过对这些工程造价信息的整理分析，可以有效地进行工程成本的核算，对后续工程施工的成本控制和投标报价工作提供了依据。

二、数据挖掘技术对公路工程档案管理的影响

1. 公路工程档案的数据挖掘将引发内业工作的改革

公路工程档案是公路建设和管理过程中形成的具有保存、查考利用价值的各种形式和载体的历史记录，这些记录大多数以表格的形式应用于公路工程施工过程中。但是，目前的表格文件无论在格式上还是在信息内容上与数据挖掘的要求都存在着较大的差异。因此，仅对目前工程表格进行简单电子化处理绝对无法满足公路工程数据挖掘的需要，必须从数据挖掘的角度，也就是从公路工程档案应用的角度出发，重新对工程表格文件形式、内容、数据格式进行设计，使其能够与目前数据挖掘工作的需要相适应。以往的纸质表格文件和手工填写的工程文档管理模式必然要被现代信息管理技术所取代。

2. 工程档案的数据挖掘将带动咨询服务业的飞速发展

在当今信息技术快速发展的知识经济时代，我国已经在人口、法律、自然资源与宏观经济四大数据库的建设方面取得较大成效，档案是人类社会活动的历史记载，档案资源的开发利用和档案基础数据库的建设已经成为国家信息资源建设的重要组成部分。可以说，档案基础数据库的建设已经成为各级各类档案馆面向社会提供档案资源利用服务的基本职能；成为我国整合档案信息资源、弘扬民族文化、提高民族素质的历史性课题；同时也是我们档案工作者采用现代化手段记录当今社会改革、建设、发展真实过程，支撑社会经济发展的历史性责任和义务；更是政务公开，提高办事效率和促进科学决策的依据。因此，大力运用数据挖掘与数据仓库技术开展档案信息的社会化服务，基于档案文化实现知识管理，快速有效地分析和处理人类

历史形成的海量数据与信息，为人类社会的进一步发展提供科学决策依据，必将成为人类迎接知识经济挑战的一种全新的管理模式。

目前，由于公路工程档案的数据量十分巨大，仅靠几个档案馆的力量是远远不够的，而这也给各种工程咨询公司提供了商机，在不久的将来，公路工程档案的数据挖掘工作必将成为各工程咨询公司竞争的制高点，工程档案的数据挖掘工作必将带动工程咨询业进入一个快速发展的时期。

3. 公路工程试验检测中心的咨询职能将得到充分体现

目前，各公路工程试验检测中心都保存了大量的试验检测数据，通过对这些数据的挖掘，各地的试验检测中心不仅可以建立区域性的原材料信息资源库，通过这些信息资源库的链接，甚至可以建立全国性的原材料信息资源库。这样不仅使公路试验检测中心为公路建设提供信息咨询服务的能力大大增强，同时也可以创造巨大的经济效益和社会效益。

随着公路工程建设的飞速发展，公路工程档案作为公路建设和管理过程中形成的历史记录，已经成为工程领域中最大最重要的信息资源。近年来，随着社会信息化建设的实施和公路建设市场竞争的日益激烈，充分利用数据挖掘技术对公路工程档案资源进行有效地开发和利用，将对我国公路建设事业起到巨大的推动作用。

第四章　工程文档的标准化

第一节　工程文档标准化的内容

一、工程文档标准化的必要性

对于任何一个公路施工项目，在开工前，确定工程文档的格式、填写方法和组成规则都是十分必要的，这是由以下几方面的因素所决定的。

1. 由目前工程文档管理的现状所决定

因为尽管在《公路工程施工监理规范》(JTG G10—2006)和《公路工程质量检验评定标准》(JTG F80—2004)中对公路工程质量文档和质量控制程序作出了相应的规定，但仅仅是指导性的，由于理解和认识上的差异，各省在质量检验和控制方面所采用的文档无论是在格式、内容，还是在管理流程上，都有一定的差异。即使在同一地区，甚至在同一项目中，由于施工监理单位不同，质量文档的格式也不尽相同，这不仅给工程文档管理人员的工作带来困难，而且也容易造成工程文档管理混乱和管理信息流通不畅。

2. 由公路工程建设项目的特点所决定

由于不同工程项目所处的人文、地理和气候环境的差异性，工程结构、工程材料和施工工艺都有一定的区别。尽管以往工程中的绝大部分质量文档可以用于目前的工程中，但对于以往工程中没有出现过的新结构、新材料和新工艺，就没有现成的质量文档可以使用，在开工前必须确定下来，否则会给施工管理带来不必要的麻烦。

3. 由施工单位文档管理的水平所决定

由于参与项目施工的单位较多，特别是施工单位通常是来自不同的省市和地区、不同的系统，不同的施工单位间文档管理水平和经验存在较大差异。特别是第一次进入该地区施工的外省施工队伍，对该地区工程文档的格式、填写方法和管理流程不熟悉，如果没有一套规范化的文档范例作指导，在施工过程中将很难提供一套符合要求的工程文档，文档管理人员的工作将面临很多困难。

4. 由工程文档管理人员的素质所决定

目前，尽管各单位从事文档管理的人员都有较高的学历，但往往都是兼职的工程技术人员，在文档管理方面缺少相应的培训。而档案相关专业毕业的工作人员因缺少公路工程方面的专业基础，很难胜任施工期间的工程文档管理工作。加上目前工程文档缺乏统一的标准，工程人员的流动性较大，无论是施工单位、监理单位还是建设单位，文档管理人员的素质参差不齐的现象普遍存在。因此，制订一套规范化的文档范例用于培训十分必要。

5. 由工程和文档管理的根本要求所决定

一方面，工程项目管理的实施过程中需要并同时产生大量的工程信息，而工程信息是以文档为载体在不同的部门和人员间流通并传递的。各种工程文档记录了工程实际进度、费用和工期状况，在同一个项目中，如果各单位文档格式和填写方法不同，必然引起信息识别障碍，造成管理混乱。同时也使对工程内业管理水平和工作质量的评价失去统一的标准，不利于工程管理水平的提高。另一方面，工程文档管理的根本目的是提供一套真实、系统、完整的工程档案，以便更好地为项目决策服务，为项目建成后的运营和养护管理服务。要实现这一目标，没有一个规范化的工程文档管理体系是不可能的。

因此，一个公路施工项目开工前，必须对工程质量文档的格式、填写方法和管理流程进行规范，制订一套标准工程文件范例，并对本工程中所有的文档管理人员进行一次系统的培训，使工程文档的生成与管理实行统一的标准。对于使用专用软件来生成质量文档的工程，应在确定文档格式后，立即制作模板或对软件进行升级，以适应新质量文档的生成。

二、工程文档的标准化的内容

工程文档标准化包括工程文件本身的标准化和管理流程的标准化等几方面的内容。

（一）工程文件本身的标准化

工程文件本身的标准化内容包括以下四个方面。

1. 工程文件表格形式的标准化

（1）文件用纸规格。为了便于装订和保存，公路工程各种表格要求统一使用 A4 纸，竣工图要求统一使用 A3 纸，分别装入国家档案局监制的档案盒和图纸盒。

（2）工程表格形式。公路工程文档种类繁多，为了避免工程文件管理的混乱，在开工前，必须对施工、监理单位所用的表格形式进行统一的规范，并将样表和填写说明一并下发到各相关单位。该工作一般由总监理办公室根据业主的要求统一组织。

2. 工程文件组成规则的标准化

工程文件组成规则是指一份文件由哪些报表组成以及组成顺序。一份工程文件通常由多个报表组成，都是什么表格，这些表格应按什么顺序排列，应有统一的规定，这样才能使工程文件规范，便于检查和利用，提高工作效率，避免信息混乱。

3. 工程表格填写方法的标准化

工程表格填写方法的标准化包括表格中文字和数字信息的填写规则和填写用笔以及笔迹颜色等的标准化。一般要求工程表格一律用碳素笔、黑色水性笔和黑墨水钢笔填写，禁止使用铅笔、油笔、红蓝色墨水的钢笔。工程表格中的文字、数据格式、数据整理方法、签名和签认用语应统一、规范。

4. 工程文件立卷规则的标准化

工程文件的立卷规则主要指案卷的组成规则，即哪些文件可以组成一个案卷，一个案卷中的文件排列顺序等。

（二）工程文件管理流程的标准化

工程文件记录了工程信息后，应按一定流程在各单位和部门间传递，并不断地被赋予新的内容，直至最后完成信息传递的使命后，归档成为档案。而工程文件的流程又恰恰反映了工程管理工作的程序。所以，工程文件的标准化实际是工程管理工作的标准化。当一个工程人员掌握了工程管理工作的流程，也就熟悉了工程文件的管理流程；而熟悉工程文件的管理流程，也自然掌握了工程管理的工作流程。

工程文件管理流程的标准化是工程管理工作标准化的基础。工程文件管理流程的混乱必然导致工程管理工作的混乱。

值得指出的是，目前现有的一些工程表格填写的内容比较繁琐，常使得内业人员无所适从。所以，工程表格内容的简化也是工程文档标准化的一项重要内容，在这方面尚需做很多的工作。

第二节　工程表格的标准化

一、工程表格标准化的意义

在竞争日益激烈的市场经济中，企业要想成功，离不开卓越的管理，卓越的管理又离不开完善的制度，而完善的制度就必须要靠科学、系统、规范的管理表格来保障实施。因此，拥有一系列规范化的表格是企业实行现代化管理的必要保证。在企业现代化管理的发展过程中，企业经营管理所运用的表格发挥着巨大的、不可替代的作用。无论什么规模的企业，都离不开表格的使用，这在一定程度上反映了一个企业管理现代化的水平和程度。

表格对于现代化企业管理的具体作用表现在：表格使企业的管理趋于标准化，不仅简化了管理过程中信息的表达，而且使之规范化，便于进行技术上的统计分析工作；同时，表格能将企业各职能部门的信息充分协调起来，使之互相适应、互相合作和信任，共同使企业能够调配的资源得到最优化利用，发挥企业的最大系统功能。在现代化企业复杂的管理系统中，具备良好的信息载体——表格的企业，可以建立高效率、高水平、高质量、合理化、科学化的管理秩序，使得信息反馈和决策系统能够高效运作，从而使企业能够在激烈的市场竞争中谋求和把握发展机会。

二、工程表格的定义与构成

（一）表格的定义

表格就是以线框与文字相结合方式记录信息的文件，它以线框表明字词的具体含义和组合关系，可以更加简明、直观、具体地表达信息。工程表格作为一种简明、规范的科技语言，具有对比鲜明、表达力强、易得要领、便于计算和分析等优点，已成为现代科技文件不可缺少的表述手段，在工程管理中得到了广泛的应用。

（二）表格的构成

表格一般由标题、题头、表头、表体、表尾、附注等几部分构成，如图 4-1 所示。

（三）表格的作用

表格的用途多种多样，各不相同。不管编制表格，还是填写表格，都是为了实现某一种目的。工程表格具有提供信息、获得信息和记录信息三种基本作用，现以工程自检文件为例进行说明。

1. 记录信息

施工记录是施工人员在施工过程中为了记录施工过程而填写的表格。试验检测记录是试验检测人员为记录了工程试验的检测结果而生成的记录；质量检验评定报告是质检人员对工程质量检验和评定结果的记录。对于生成者来说，工程表格的作用就是记录信息。

2. 获得信息

工程项目管理人员通过各级施工人员提供的工程表格来获得原材料和工程的质量、进度方面的信息。工程监理人员也是从施工单位提供的工程自检文件和监理抽检文件来获得工程质量信息。

3. 提供信息

开工前,业主或监理单位向施工单位提供一套工程表格后,实际上是提供了工程管理方面的信息,即需要施工单位进行哪些质量检验工作、提供哪些工程信息和信息的格式标准,施工单位应积极组织施工人员学习,以便确保工程信息流的通畅。

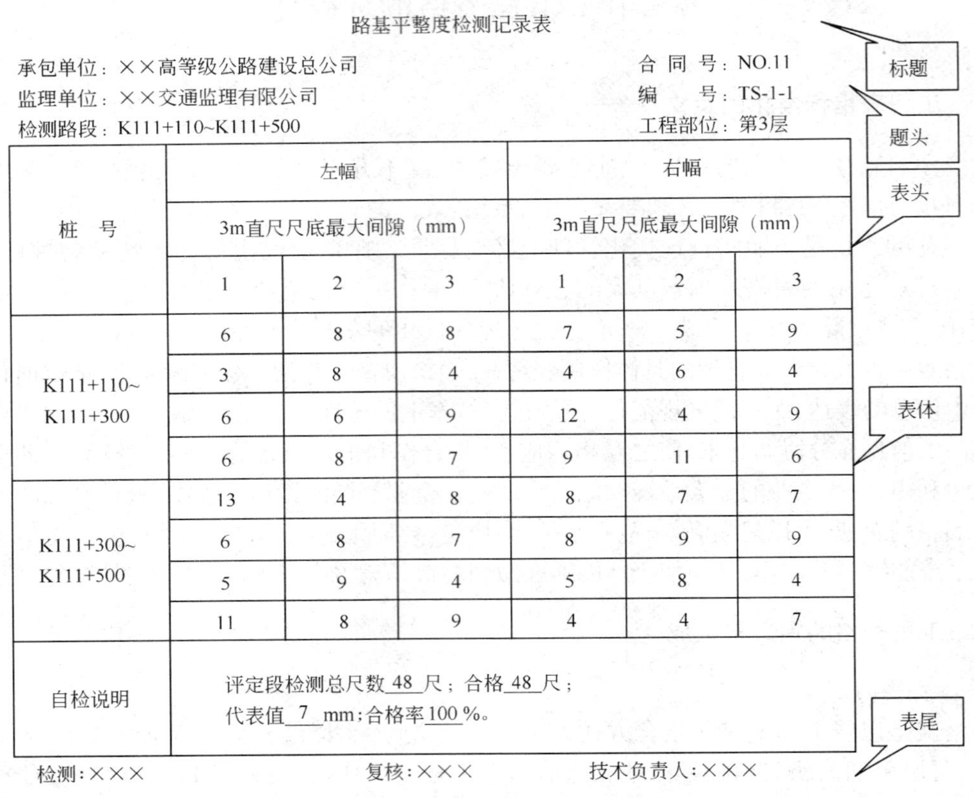

路基平整度检测记录表

承包单位:××高等级公路建设总公司　　合同号:NO.11

监理单位:××交通监理有限公司　　编号:TS-1-1

检测路段:K111+110~K111+500　　工程部位:第3层

桩号	左幅			右幅		
	3m直尺尺底最大间隙(mm)			3m直尺尺底最大间隙(mm)		
	1	2	3	1	2	3
K111+110~K111+300	6	8	8	7	5	9
	3	8	4	4	6	4
	6	6	9	12	4	9
	6	8	7	9	11	6
K111+300~K111+500	13	4	8	8	7	7
	6	8	7	8	9	9
	5	9	4	5	8	4
	11	8	9	4	4	7
自检说明	评定段检测总尺数 48 尺;合格 48 尺;代表值 7 mm;合格率 100 %。					

检测:×××　　复核:×××　　技术负责人:×××

图4-1　表格的构成

施工人员向质检工程师提供施工记录,试验人员向质检工程师提供试验检测报告,质检工程师对工程质量检测后形成质量检验报告,由内业人员形成工程自检报告,提交给项目经理或总工程师检查签字,最后报监理工程师申请转序。经监理工程师现场检验合格后,在自检报告上签字认可,准予转序。整个过程又是提供信息的过程。

因此,在工程项目管理中工程表格具有哪种基本作用,只能从不同的角度来评价。

(四)表格文件的特点

在现代社会中,表格文件的使用极为普遍,无论是政府机关还是企事业单位在从事管理控制,经营各种事务和办理各种手续等活动中,都需要使用大量的表格文件。表格文件广泛应用于社会生活的各个领域之中,尤其在公路工程建设过程中,每项工作都要产生和使用一些有着不同内容与格式的表格,工程管理人员几乎天天与各种表格打交道。

1. 表格文件的定义

从一般意义上说,所谓表格文件,是按项目画成格子,分别填写文字或数字的书面材料,是表格与文字或数字相结合的一种书面表达方式。表格文件从用途上讲,可以分为两种类型:一种是备填写的表格,另一种是说明性的表格。备填写的表格要求别人把空格内所需要的内容填写进去；说明性的表格是把内容或数字填好，供人视读。无论哪一种表格文件它们都是把客观事物的类别、性质、数量，在某一时间或空间的发展变化情况，直观地、简明地反映出来，以帮助口头语言或书面语言的叙说，给人提供一种系统完整的、经过处理过的信息。它通过对一些指标数字的分类归组，使人们能够从表格中系统地了解和掌握某个单位、某个时间、某一方面的实际情况。

2. 表格文件的特点

同其他形式的文件相比，表格文件具有以下几个特点：

(1)适应性广。表格文件的适应性较为广泛。无论是机关、团体，还是企事业单位，在开展工作、组织生产、办理各项专门业务以及各种手续、交流业务信息等一系列工作中，都需要设计和使用表格。表格文件一般不像通用公文那样有较严格的文种区别，在制作与使用时一般不受行文关系的制约，有较强的适应性。

(2)逻辑性强。表格文件具有较强的逻辑性。表格文件一般分类排列所要记录和表达的事项，性质相同的许多事情，经过分类统计，有所比较，能鲜明反映某种情况，说明某些问题。表格文件是机关、团体和企事业单位的管理文件的一个重要组成部分，与其他类型的管理文件相比有很大的区别。

(3)简明扼要。表格文件有简洁明了的特点。表格文书可以把客观事物的复杂关系以简明直观、清晰扼要的方式表达出来。在需要以同样的形式重复表现事物及其数据时，表格还可以经济有效地取代长篇大论的叙述。如工程质量检验表，很简明地表现了某个工程部位或工程分项的质量情况，而工程进度报表则清晰地表述了某个阶段工程的进度情况。因此，可以这样说，凡是带有规律性和重复性的事物，都可以用表格文件的形式进行表达。

三、工程表格的分类

工程表格按工程性质可以划分为两大类。

1. 通用表格

一般通用表格由业主或监理单位统一制订和下发，如工程质量检验评定表、工程质量检验记录、工程计量与支付、工程统计、工程进度管理控制等方面的表格。这类表格一般都有统一的格式和编制要求。它有利于业主单位和监理单位掌握和了解各项工程的进度、质量和费用的实际情况，便于各有关部门间的信息流通，能促进业主单位和监理单位加强管理和监督，实行集中指挥、统一领导，使各方面的工作能够有秩序、有计划地进行。此类表格一般在开工前由监理单位统一下发，并对填写方法进行统一规范，在工程竣工后集中保存形成公路工程档案。

2. 自用表格

无论是施工单位还是监理单位，在进行工程管理控制时，结合本单位或个人工作的需要制订的一些表格即自用表格。这些表格对工程管理起辅助性的作用，没有统一的格式，可以根据个人的工作习惯设计成各种形式，格式比较灵活。

四、工程表格的设计内容和原则

(一)表格的设计内容

表格设计的内容包括：明确使用目的、要求与条件限制和具体处理方式；选择用纸，确定幅面规格；确定文件的图文区与白边区尺寸；确定文件数据构成；确定数据项目的名称；确定各项数据的位置与相互次序；确定各栏目的尺寸；选定字体字号，选定线条的形式；作出有关数据的定义或说明,形成填报说明书、术语表、计算公式等。

(二)表格设计要求

简单地说,表格的设计应满足实用、美观、标准、通用、简便的要求。

1. 简洁直观,美观大方

表格是完整的、可独立存在的形象化语言,表格的内容应简洁直观,以数字表达为主,避免夹杂过多的文字,给人以强烈的对比效果。设计表格时,数据和栏目的安排,要力求和谐美观,科学准确,内容醒目。一个好的表格应具有语言学上的逻辑性,即主谓清楚、层次分明、标目合理,不容易引起人们误解。

2. 标准规范,使用简便

表格的规格尺寸要实用,便于使用和归档。在设计供计算机处理的表格时应使应填数据的顺序与计算机录入的顺序相适应,以便于操作。除要求印刷清晰外,还要求纸张为单色,一般为白色,这样才能保证复印的质量,能够满足各方信息需求。表格的空白处,应便于机器或手工填写。此外,应尽可能地将表格的填写工作量减少到最低。对于一些固定数据,应直接印制到表格上。如监理单位在下发一些通用表格格式时,题头中的合同段、施工单位、监理单位等信息均为空白,以便适用于所有的合同段,但对某个合同段来说,这些信息却是固定的,因此,各合同段在印制表格时,应将这些信息印制到表格中,无须每次都由手工填写。

第三节　工程文件组成规则的标准化

一、管理性文件

上级文件一般以文书文件形式下达,其形式和组成规则是比较固定的,通常由文件正文和附件组成。阅办时,阅办单一般放在前面第一页。

对于申请报批的文件,应下达统一的标准,使各单位上报的文件更加规范,避免因文件组成混乱而降低工作效率。

(一)开工报告的组成规则

一般分项工程开工申请报告的填报内容及组成顺序如下:

(1)分项工程开工申请批复单;

(2)施工组织设计;

(3)材料试验单;

(4)施工放样报验单。

(二)试验段实施方案

试验段实施方案由以下内容组成:

(1)试验段申请批复单;

(2)拟订的施工机械组合方案(数量、型号);

(3)拟采用的施工工艺、作业长度和施工计划;

(4)拟订的检测方法、频率;

(5)拟订的施工组织及管理体系;

(6)混合料配合比设计;

(7)原材料试验报告。

(三)试验段总结报告

试验段总结报告由以下内容组成:

(1)试验段概况说明;

(2)试验确定的技术参数;

(3)试验确定的施工工艺和方案;

(4)各项试验、检测记录。

二、质量文件的组成规则

(一)基本规则

1. 分项或子分项工程

每个分项或子分项工程完工后应对应一套质量文件,其组成如下:

(1)《中间交工证书》;

(2)《工程检验认可书》;

(3)《分项工程质量检验评定表》;

(4)各种质量指标检验评定表和记录表;

(5)各种质量指标试验结果汇总表。

2. 工序

每道工序完成后应填写一套表格文件,其组成如下:

(1)《转序申请批复单》、《中间检验申请单》;

(2)《××现场质量检验报告单》;

(3)各种质量指标检验记录;

(4)《××施工记录》。

3. 工序检查验收与分项工程交工质量验收文件的区别

在实际施工过程中,必须正确认识工序质量检查验收与分项工程交工质量检查验收之间的差别:工序检查验收是保证工程质量的关键环节之一;分项工程交工质量检查验收是对完工的工程所进行的各项质量指标的检查验收,其目的是判定所完工程是否满足设计文件和施工规范的要求。施工单位不能以工序检查验收代替分项工程应进行的自检,也不能以分项工程的自检代替工序的检查验收。在施工管理中必须保证工序的质量检查验收起到控制施工质量的作用,分项工程的交工质量验收资料能够全面反映工程质量的实际情况。两者的区别见表4-1。

工序与分项工程质量检查验收资料的区别 表4-1

项目	工序质量检查验收	分项工程交工质量检查验收
采用的表格	各种现场质量检验报告单	分项工程质量检验评定表
检查项目、频率、规定值及允许偏差的依据	《公路路基施工技术规范》(JTG F10—2006) 《公路路面基层施工技术规范》(JTJ 034—2000) 《公路水泥混凝土路面施工技术规范》(JTG F30—2003) 《公路沥青路面施工技术规范》(JTG F40—2004) 《公路桥涵施工技术规范》(JTG/T F50—2011) 合同文件 (技术规范要求的项目,采用评定标准的要求)	《公路工程质量检验评定标准》(JTG F80/1—2004)

续上表

项　目	工序质量检查验收	分项工程交工质量检查验收
检查方法	现场监理全方位的巡视、全过程旁站、全环节的检查，施工单位的质检员全方位跟班检查，发现任何部位不合格，立即进行缺陷修补或返工，直至合格（不可能达到100%合格率的项目，应在合同中注明达到合格的标准）	按照《公路工程质量检验评定标准》（JTG F80/1—2004）中要求的检查项目、检查频率，必须采用随机的方法，确定检验点的位置（随机取点，不允许带有任何倾向性）
检查记录的填写	全方位检查，按要求的频率填写检查记录	按要求的检查频率检查，并全部如实填写
评定方法	外形尺寸合格率必须达100%（混凝土面层平整度≥90%），压实度、弯沉值、路面厚度必须点点合格，7d强度必须达到合格，以上均不进行数理统计计算	压实度、弯拉强度、抗压强度、弯沉值、无侧限抗压强度、路面厚度按数理统计的方法计算合格率，其他检查项目直接计算合格率
评定结果	不合格工序工程不允许填表，全部达到合格后由监理工程师在现场质量检验报告单的质量评定一栏中填写“合格”	按合格率（按数理统计方法计算质量合格，合格率100%）计分，再按权值计算分项工程得分，然后评定工程质量等级（不小于75分者为合格，小于75分者为不合格）
作用	施工阶段的质量控制，是控制工程质量的关键环节之一	全面反映工程质量状况，判定所完工程是否满足设计文件和施工规范的要求
二者关系	抓好工序质量是确保分项工程质量的前提	确保分项工程质量是工序质量控制的目标

注：本表摘自李美民等主编的《公路工程施工资料编制实用指南》。

（二）质量文件组成示例（以路基土石方为例）

1. 土方路基

根据施工质量控制的内容不同，土方路基填筑的工序为：填前地表处理→分层填筑→路床顶面层填筑等，其中每填筑一层作为一道工序。土方路基施工内业文件组成如表4-2所示。

土方路基施工内业文件组成表　　表4-2

单位工程	分部工程	分项工程		工序		备注
		名称	表格内容	名称	表格内容	
路基工程	路基土石方工程	土方路基	1）中间交工证书 2）工程检验认可书 施工单位资料： 1）工程报验单 2）路基工程质量检验评定表 3）压实度检验评定表 4）弯沉值检验评定表 5）纵断高程检验记录表 6）中线偏位检验记录表 7）宽度检验记录表	填前地表处理	1）中间检验申请单 2）施工放样报验单 3）路基填前场地清理现场质量检验报告单 4）纵断高程检验记录表 5）中线偏位检验记录表 6）宽度检验记录表 7）含水率试验记录表（施工控制） 8）水准测量记录 9）压实度试验记录表	压实度、弯沉值试验记录每个工序监理都应有相应的记录

续上表

单位工程	分部工程	分项工程		工序		备注
		名称	表格内容	名称	表格内容	
路基工程	路基土石方工程	土方路基	8)平整度检验记录表 9)横坡检验记录表 10)边坡检验记录表 11)压实度试验记录表 12)回弹弯沉测定记录 13)压实度检验汇总表 14)弯沉值检验汇总表 监理单位资料: 1)路基工程质量检验评定表 2)压实度检验评定表 3)弯沉值检验评定表 4)纵断高程检验记录表 5)中线偏位检验记录表 6)宽度检验记录表 7)平整度检验记录表 8)横坡检验记录表 9)边坡检验记录表 10)压实度试验记录表 11)回弹弯沉测定记录 12)压实度检验汇总表 13)弯沉值检验汇总表	路基填筑(路床顶层以下各层)	1)中间检验申请单 2)施工放样报验单 3)土方路基现场质量检验报告单 4)路基每层纵断高程检验记录表 5)中线偏位检验记录表 6)宽度检验记录表 7)路基施工原始记录 8)含水率试验记录表(施工控制) 9)压实度试验记录表	压实度、弯沉值试验记录每个工序监理都应有相应的记录
				路基填筑(路床顶层)	1)中间检验申请单 2)施工放样报验单 3)土方路基现场质量检验报告单 4)路基每层纵断高程检验记录表 5)中线偏位检验记录表 6)宽度检验记录表 7)路基施工原始记录 8)含水率试验记录表(施工控制) 9)压实度试验记录表 10)回弹弯沉试验记录表	

2. 路基石方填筑

每一层路基石方填筑的质量文件组成如表4-3所示。

石方路基施工内业文件组成表 表4-3

单位工程	分部工程	分项工程		工序		备注
		名称	表格内容	名称	表格内容	
路基工程	路基土石方工程	石方路基	1)中间交工证书 2)工程检验认可书 施工单位资料: 1)工程报验单 2)路基工程质量检验评定表 3)压实度检验评定表 4)纵断高程检验记录表 5)中线偏位检验记录表 6)宽度检验记录表 7)平整度检验记录表 8)横坡检验记录表 9)边坡检验记录表	填前地表处理	1)中间检验申请单 2)施工放样报验单 3)路基填前场地清理现场质量检验报告单 4)纵断高程检验记录表 5)中线偏位检验记录表 6)宽度检验记录表 7)水准测量记录 8)压实度试验记录表	压实度、弯沉值试验记录每道工序监理都应有相应的记录

续上表

<table>
<tr><th rowspan="2">单位工程</th><th rowspan="2">分部工程</th><th colspan="2">分 项 工 程</th><th colspan="2">工　序</th><th rowspan="2">备注</th></tr>
<tr><th>名称</th><th>表格内容</th><th>名称</th><th>表格内容</th></tr>
<tr><td rowspan="2">路基工程</td><td rowspan="2">路基土石方工程</td><td rowspan="2">石方路基</td><td rowspan="2">10)压实度试验记录表
11)压实度检验汇总表
监理单位资料:
1)路基工程质量检验评定表
2)压实度检验评定表
3)纵断高程检验记录表
4)中线偏位检验记录表
5)宽度检验记录表
6)平整度检验记录表
7)横坡检验记录表
8)边坡检验记录表
9)压实度试验记录表
10)压实度检验汇总表</td><td>路基填筑（路床顶层以下各层）</td><td>1)中间检验申请单
2)施工放样报验单
3)石方路基现场质量检验报告单
4)路基每层纵断高程检验记录表
5)中线偏位检验记录表
6)宽度检验记录表
7)路基施工原始记录
8)压实度试验记录表</td><td rowspan="2">压实度、弯沉值试验记录每道工序监理都应有相应的记录</td></tr>
<tr><td>路基填筑（路床顶层）</td><td>1)中间检验申请单
2)施工放样报验单
3)石方路基现场质量检验报告单
4)路基每层纵断高程检验记录表
5)中线偏位检验记录表
6)宽度检验记录表
7)路基施工原始记录
8)压实度试验记录表</td></tr>
</table>

3. 软基处理

软基处理主要包括换填地基、砂垫层、反压护道、袋装砂井、塑料排水板、碎石桩、砂桩、粉喷桩和灰土桩等。其中,换填地基的质量文件组成同土方路基;反压护道有高度、宽度和压实度三项检验指标,质量文件可参照土方路基;这里仅以砂垫层和袋装砂井为例,介绍软基处治的质量文件组成,如表4-4所示。其他几类软基处治可根据具体情况确定。

软土地基处治施工内业文件组成表 表4-4

<table>
<tr><th rowspan="2">单位工程</th><th rowspan="2">分部工程</th><th colspan="2">分 项 工 程</th><th colspan="2">工　序</th><th rowspan="2">备注</th></tr>
<tr><th>名称</th><th>表格内容</th><th>名称</th><th>表格内容</th></tr>
<tr><td rowspan="2">路基工程</td><td rowspan="2">路基土石方工程</td><td rowspan="2">软土地基处治</td><td rowspan="2">1)中间交工证书
2)工程检验认可书
施工单位资料:
1)工程报验单
2)砂垫层质量检验评定表
3)压实度检验评定表
4)厚度检验记录表
5)宽度检验记录表
6)压实度试验记录表
监理单位资料:
1)砂垫层质量检验评定表
2)压实度检验评定表
3)厚度检验记录表
4)宽度检验记录表</td><td>软基基底处理</td><td>1)中间检验申请单
2)施工放样报验单
3)软基基底现场质量检验报告单
4)纵断高程检验记录表
5)中线偏位检验记录表
6)宽度检验记录表
7)水准测量记录</td><td rowspan="2">①每工作班或作业段为一道工序进行报验
②每公里为一个分项进行检验评定</td></tr>
<tr><td>砂垫层</td><td>1)中间检验申请单
2)施工放样报验单
3)软土地基砂垫层现场质量检验报告单
4)砂垫层厚度检验记录表
5)砂垫层宽度检验记录表
6)砂垫层压实度试验记录表</td></tr>
</table>

续上表

单位工程	分部工程	分项工程		工序		备注
		名称	表格内容	名称	表格内容	
路基工程	路基土石方工程	软土地基处治	1)中间交工证书 2)工程检验认可书 施工单位资料: 3)工程报验单 4)袋装砂井质量检验评定表 5)砂井间距检验记录表 6)砂井长度、竖直度、直径检验记录表 监理单位资料: 1)袋装砂井质量检验评定表 2)砂井间距检验记录表 3)砂井长度、竖直度、直径检验记录表	袋装砂井	1)中间检验申请单 2)施工放样报验单 3)袋装砂井现场质量检验报告单 4)砂井间距检验记录表 5)砂井长度、竖直度、直径检验记录表 6)砂井灌砂量记录表	①每工作班或作业段为一道工序进行报验 ②每公里为一个分项进行检验评定

(三)有关质量文件组成规则的说明

由于目前我国公路各省区在公路工程文档方面没有统一的标准,且由于篇幅所限,本书没有给出全部的质量文件组成和具体表格示例。在实际工作过程中,可根据本地区的具体要求,在开工前进行统一规范,确保本地区或同一个项目中质量文件组成规则的统一性。

第四节　工程文件的填写方法

一、工程表格填写的基本要求

工程文件表格填写方法的标准化包括表格文字和数字信息的填写规则、填写用笔和笔迹颜色等的标准化。一般要求工程文件表格一律用碳素笔、黑色中性水笔和黑墨水钢笔填写,禁止使用铅笔、油笔、红蓝色墨水的钢笔。工程文件表格中的文字、数据格式、签名和签认用语应统一、规范。

二、工程表格中的数字信息填写规则

在工程表格中,数字信息的填写规则主要指数位的取舍、数值的单位、数字的坐标系以及质量检测数据是填写实测值还是误差值。如果这些规则不能统一地进行规范,将造成工程文件数据信息的混乱,不利于工程项目的管理。

三、工程文件中签署意见的填写规则

在工程文件中,监理工程师要对工程进行评价并签字认可,签署意见的用语在正确地表达意见的基础上,应尽可能地简洁,减少签字认可的工作量。如经检验承包人完成的工程质量合格,可以在《检验申请批复单》和《中间交工证书》上签署“质量合格,可以转序”、“符合要求,同意转序”和“符合要求,同意交工”等意见信息,而没有必要指明符合合同规范中哪些具体条款的要求。因为在整个工程实施过程中,某个工程分项的质量应符合哪些技术规范以及相关合同条款的要求,在施工合同文件中都已明确,是每个工程人员都应清楚的。这样做的目的也是为了减少监理工程师签字的工作量。

四、工程表格的填写方法

由于各省区在内业格式方面并不统一，所以这里仅以示例的形式对填写方法进行说明。在工程开工前，各地可按本书中介绍的方法结合当地的具体要求对整个工程中所涉及的表格的填写方法作统一的规范，确保工程表格填写规范、标准、正确。这里以土方路基填筑为例，介绍工程表格的填写方法。土方路基填筑施工包括填前地表处理、路基各层填筑、质量检验评定验收等工序。所涉及的主要表格填写方法如下。

(一)施工放样报验单

施工单位在每道工序施工前应进行施工放样，即进行中线放样和水准测量，通常需要附绘施工放样草图，然后填写《施工放样报验单》(见表4-5)。该表对应有水准测量记录、中线放样记录表等，填写方法如下。

1. 题头的填写

(1)建设项目名称：

××公路××段建设项目 表4-5

承包单位：××公路工程建设总公司　合同号：NO. 11

监理单位：××公路工程监理有限公司　编　号：A041101010101

施工放样报验单

致×××先生(驻地监理工程师)：

根据合同要求，我们已经完成K72+110~K72+500段土方路基(起止桩号或工程部位)的施工放样工作，清单如下，请予以查验。

附件：1. 中线偏位检验记录表

2. 宽度检验记录

承包人：×××　××××年×月×日

桩号或位置	工程或部位名称	放样内容	备注
K72+110~K72+500	下路床(第6层)	中线偏位	距路床顶面55cm
		宽度	

查验结果：中线偏位放样最大误差10mm，小于允许误差100mm。

放样宽度均大于设计宽度15.39m。

测量员：×××　××××年×月×日

驻地监理工程师意见：

放样合格，同意进行施工。

驻地监理工程师：×××　××××年×月×日

注：由承包人呈报两份，作出结论后驻地监理办留档一份，另一份返回承包人。

按招标的项目名称填写。如:“沈彰公路康平段建设项目”,包括公路名称和段落名称。

(2)承包单位。填写《工程承包合同》中的承包单位或被业主承认的合法分包单位的名称。

(3)监理单位。填写《工程监理服务协议》中的监理单位的名称。

(4)合同号。填写《工程承包合同》的编号。

(5)编号。填写该表的编号。工程表格的编号是为了便于将来在计算机管理系统录入和查找该表格而编制的号码,一般由表格类型编号、合同段号、单位工程编号、分部工程编号、分项工程编号、工程部位编号和流水序号等组成。

2. 表体的填写

应详细填写桩号和位置、工程部位和放样内容。如果是路基施工,在备注栏注明距路床顶面距离。

测量监理工程师接到施工放样报验单后,对放样内容进行查验,在查验结果栏填写查验结果,查验结果应填写实际放样偏差是否在允许范围内。

最后一栏由驻地监理工程师根据查验的结果填写,如各项实测偏差均在允许范围内或符合设计要求,可签认“放样合格、同意进行施工”,若查验结果不合格,应重新放样。

(1)工程部位填写工程所在的桩号或墩、台、孔位、桩位、层位等。如 0 号台 1 号桩(0 - 1 号桩)、第 6 层等。

(2)承包人一般指合同段经理部项目经理(经承包商授权的项目经理,一般都应有项目经理授权书),但也可由总工程师代签。比如在河南省的施工项目中,一般要求总工程师在承包商签字处签字。

(3)驻地监理工程师一般指标段主任,或有专业监理工程师资格证书者。监理员指旁站监理人员,目前多数由旁站监理签认。

(二)中间检验申请单

当一道工序完成后,施工单位应先进行自检,完成填报《中间检验申请单》(见表 4-6)。

1. 题头的填写

题头填写同表 4-5。

2. 表体的填写

现场监理人员应根据对现场实际施工的旁站检查结果,确定是否同意施工单位报检。若同意,应在现场监理栏填写同意报检。监理单位和施工单位应同时一起对外形尺寸进行检验,强度试验(如压实度、混凝土强度)应分别进行(为了不耽误施工,最好同时间分别进行)。

若检查合格,测量监理工程师、试验监理工程师均应在中间检验申请单上签认意见,驻地监理工程师根据以上两位专业监理工程师所签认的意见,签认:质量合格,同意转序。若检查不合格,暂不签署意见,要求施工单位修补缺陷或返工,合格后再重新报验。

(1)工程项目:填写分项工程名称。

(2)检验项目:填写工序名称,并注明第几层、几号桩等。

(3)地点及桩号:土方路基、路面等填写工序施工桩号,桥梁填写几号墩(台)、第几孔,涵洞工程填写中心桩号。

(4)检验内容:填写该工序现场质量检验报告单中的检验内容,内容较多填不下时,可增加格数或一格多填,中间检验申请单的内容尽量填写在一张表内。

(5)要求到现场检验时间:根据工程进展的需要,提出检验日期和时间。

××公路××段建设项目 表4-6

承包单位:××公路工程建设总公司 合同号:NO. 11

监理单位:××公路工程监理有限公司 编 号:A101101010101

中间检验申请单

<table>
<tr><td colspan="5">致×××先生(驻地监理工程师):
下列工作内容已经按合同要求完成,请予检验</td></tr>
<tr><td colspan="5">工程项目:土方路基</td></tr>
<tr><td>检验项目</td><td>地点及桩号</td><td>检验内容</td><td>要求到现场检验时间</td><td>备注</td></tr>
<tr><td>路基填筑
(第6层)</td><td>K72+110~K72+500</td><td>△压实度</td><td>××××年×月×日
××时</td><td>下路床
(压实厚20cm)</td></tr>
<tr><td></td><td></td><td>纵断高程</td><td></td><td></td></tr>
<tr><td></td><td></td><td>中线偏位</td><td></td><td></td></tr>
<tr><td></td><td></td><td>宽 度</td><td></td><td></td></tr>
<tr><td colspan="5">承包人:××× ××××年×月×日</td></tr>
<tr><td colspan="5">现场监理意见:
同意报验。
附件:自检资料
现场监理:××× ××××年×月×日</td></tr>
<tr><td colspan="2">试验监理工程师意见:
压实度均大于设计标准95%
试验监理工程师:×××
××××年×月×日</td><td colspan="3">测量监理工程师意见:
纵断高程、中线偏位和最小宽度均满足要求
试验监理工程师:×××
××××年×月×日</td></tr>
<tr><td colspan="5">驻地监理工程师意见:
质量合格,同意转序
驻地监理工程师:××× ××××年×月×日</td></tr>
</table>

(6)备注:土方路基填写路基部位(下路堤、上路堤、下路床、上路床、路床顶面),桥梁填写××大(中小)桥。

(三)现场质量检验报告单

现场质量检验报告单是工序完成后,经过自检、抽检合格后,在完成各种检测记录表后填写的表格,是工序质量控制程序中的一项重要工作。

桩号栏的填写:路基、路面、排水等有起止桩号的,均填写起止桩号,桥涵填中心桩号。

检验结果栏是根据检验记录的计算结果填写的,当检验记录合格率100%,或质量评定为合格,在检验结果栏一律填写“合格”一字,不再填写其他数据(检验记录已经记录得很全面)。外观检查是驻地监理工程师按照评定标准中外观鉴定的质量要求对工程的外表状况进行检查评定合格后,在外观检查项目栏填写检查意见。质量评定也是驻地监理工程师在自检、抽检均合格后填写的，只写“合格”即可。

土方路基现场质量报告单包括《路基填前地表处理现场质量检验报告单》和《土方路基现场质量检验报告单》（见表4-7、表4-8），填写方法如下。

1. 工程部位的填写

工程部位应填写下路堤、上路堤，或下路床、上路床、路床顶面，并标注第几层（从地表处理后，第一层开始的累计层数）。

××公路××段建设项目 表4-7

承包单位：××公路工程建设总公司 合同号：NO. 11

监理单位：××公路工程监理有限公司 编 号：A111101010101

路基填前地表处理现场质量检验报告单

工程名称	土方路基	工程部位	地表	施工日期	××××年×月×日
桩 号	K72+110~K72+500	图 纸 号	S5-3-110	检验日期	××××年×月×日
检验项目	规定值或 允许偏差	检验方法 与频率	检验结果	检验资料编号	备注
纵断高程 (mm)	+10，-20	水准仪：每200m 测4个断面			
中线偏位 (mm)	100	经纬仪：每200m 测4点	合格		弯道加HY、YH两点
宽度 (mm)	符合设计要求	尺量：每200m 测4处	合格		
清理	清除垃圾、淤泥、 杂草等	目测，全施 工段检查	合格		
回填	回填坑槽、洞穴， 并按要求夯实				
路基排水	排除积水， 开挖边沟				
表土清除	按设计要求 清除不适宜土壤				
填前压实度 (%)	符合设计要求 (≥90%)	灌砂法：每1 000m 至少取2个点			
外观检查		路基表面平整、边线直顺、曲线圆滑、路基边坡不亏坡			
质量评定		合格			

施工负责人：××× 质量检查员：××× 驻地监理工程师：×××

××公路××段建设项目 表 4-8

承包单位：××公路工程建设总公司 合同号：NO. 11

监理单位：××公路工程监理有限公司 编 号：A111101010101

土方路基现场质量检验报告单

工程部位	下路床(第6层)		桩号	K72+110~K72+500	
施工日期	××××年×月×日		检验日期	××××年×月×日	
填筑材料	风化砂	液限(%)	28	塑性指数	11
最大干密度(g/cm^3)	2.08		最佳含水量(%)	8.3	
检验项目	规定值或允许偏差	检验方法与频率	检验结果	检验资料编号	备注
△压实度(%)	≥95	灌砂法：每1 000m^2测2点	合格		按《公路工程质量检验评定标准》(JTG F80—2004)附录B评定
△弯沉(0.01mm)	不大于设计要求值	弯沉仪：每1 000m测80点	合格		按《公路工程质量检验评定标准》(JTG F80—2004)附录I评定
纵断高程(mm)	+10，-20	水准仪：每200m测4个断面			
中线偏位(mm)	100	经纬仪：每200m测4点	合格		弯道加HY、YH两点
宽度(mm)	符合设计要求	尺量：每200m测4处	合格		
平整度(mm)	20	3m直尺：每200m测2处×10尺	合格		
横坡(%)	±0.5	水准仪：每200m测4个断面			
边坡(%)	符合设计要求	坡度尺：每200m测4处			
外观检查	路基表面平整、边线直顺、曲线圆滑、路基边坡不亏坡				
质量评定	合格				

施工负责人：××× 质量检查员：××× 驻地监理工程师：×××

2. 压实度项的填写

规定值或允许偏差：表中只要求不小于设计要求值，在进行填报时，应根据实际的路基施工部位填写所要求的数值，不要填“不小于设计值”。

检验方法与频率：压实度的检验频率应符合《公路路基施工技术规范》(JTG F10—2006)的要求，技术规范要求施工单位在填前地表处理时以每1 000m至少检2个点的频率检测；每一压实层均应检验压实度，检测频率为每1 000 m^2检2个点，不足1 000 m^2检2个点，检验合格后方可填筑上一层，否则应查明原因，采取措施进行补压。监理抽检按施工单位检测点数的20%进行检测，并至少检验1点。

3. 弯沉值项的填写

规定值或允许偏差：应在不大于设计要求值的后边填上设计要求值。

检验方法与频率：弯沉的检验频率应按照路基施工规范办理。规范中要求弯沉检验频率为双车道每50m测4点，左、右两轮隙下各按一点计。

4. 宽度、边坡项的填写

规定值或允许偏差：宽度栏应在符合设计后边填写路基施工每层的设计宽度，边坡栏应在符合设计要求的后边填写坡度的设计值。

由于土方路基现场质量检验报告单的检查项目是按照路床顶面的检验项目设计的，而路堤施工中对每层不进行所有项目检查，所以实际检查几项，在表中就填几项，没有进行检查的项目可以空着不填，填写示例见表4-7、表4-8。

(四)工程报验单

工程报验单(见表4-9)是在分项工程完成后，施工单位经自检验收合格后填报的，是监理人员对分项工程进行质量把关的一道程序。工程报验单共分三栏内容，施工单位只填报第一栏内容，并附自检资料，报请监理查验。

第二栏应填写监理的查验结果(不是施工单位的自检结果)，是监理单位按照《公路工程质量检验评定标准》(JTG F80—2004)的要求对施工单位所完成的分项工程独立进行的抽检验收评定结果。若查验合格经建设单位审定签认后，把查验情况填写在工程报验单的各项目中，监理的检查人员应签字，把查验资料附在施工单位的自检资料后面。

第三栏应填写高级驻地监理工程师的意见，高级驻地监理工程师应根据监理人员的查验评定结果进行填写：若查验评定合格，可签认：同意评为合格工程。若查验不合格，不签认，资料返回施工单位，施工单位要按要求对不合格项进行处理或返工，合格后重新报验。

当检查项目较多填不下时，可增加格数，尽量填写在一张表内。

(五)中间交工证书

中间交工证书(表4-10)是《公路工程施工监理规范》(JTG G10—2006)中的监11表，它是交工验收报验、报审的一道管理程序，也是控制分项工程质量的关键，并且对交于验收的报验、报审有较强的时限要求。

一个分项工程在完工后，施工单位经自检验收合格(并汇总各道工序的检查记录)后填报中间交工证书及工程报验单并提出交工报告。监理单位接到交工报告(资料应齐全)后对按工程量清单完成的分项工程(按评定标准的要求)进行系统的检查验收。若检查验收合格，报请建设单位对监理单位的评分及等级进行审定。建设单位根据对工程质量的检查和平时掌握的情况，审定监理单位的评分是否合理，若审定评分合理，同意评为合格工程，即在监理单位的分项工程质量检验评定表上签认。只有在建设单位对监理单位的评分及等级签认后，驻地监理方可在施工单位的分项工程质量检验评定表上签认，高级驻地监理工程师方可在中间交工证书上签认，并且及时将交工报告返回施工单位，不影响正常的工程施工。施工单位只有接到中间交工证书的批件后，才能进行下一项工程的施工，中间交工证书的填写示例见表4-10。

××公路××段建设项目　　表4-9

承包单位：××公路工程建设总公司　　合同号：NO. 11

监理单位：××公路工程监理有限公司　　编　号：A111101010101

工程报验单

致×××先生（驻地监理工程师）：

根据合同要求，我们已经完成K72+000~K73+000段土方路基工程，并自检合格，报请查验

附件：自检资料

承包人：×××　××××年×月×日

查验情况：

查验项目	查验点数	合格点数	合格率(%)	查验结果	备注
△压实度	27	26	96.3		按《公路工程质量检验评定标准》(JTG F80—2004)附录B评定
△弯　沉	82	—	100	合格	按《公路工程质量检验评定标准》(JTG F80—2004)附录I评定
纵断高程	20	19	95		
中线偏位	21	21	100		有一个HY点
宽度	20	20	100		
平整度	100	96	96		
横坡	40	36	90		
边坡	40	40	100		

附：查验资料

检查员：×××　××××年×月×日

高级驻地监理工程师意见：

同意评为合格工程

高级驻地监理工程师代表：×××　××××年×月×日

注：合格工程将由监理另发工程认可书

××公路××段建设项目 表4-10

承包单位：××公路工程建设总公司 合同号：NO.11

监理单位：××公路工程监理有限公司 编 号：B031101010101

中 间 交 工 证 书

<table>
<tr><td colspan="6">下列工程已完，申请交验，以便进行下一步底基层作业

工程内容：
根据合同要求，我们已经完成K72+000～K73+000段土方路基工程，并自检验收评定合格，申请交工
附件：分项工程自检验收资料</td></tr>
<tr><td>桩号</td><td>K72+000～K73+000</td><td>日期</td><td>××××年×月×日</td><td>承包人签字</td><td>×××</td></tr>
<tr><td colspan="6">监理工程师收件日期：××××年×月×日 签字：×××</td></tr>
<tr><td colspan="6">结论：
K72+000～K73+000段土方路基工程，经抽检验收评定合格

附件：监理、承包人验收资料（承包人在前，监理在后）

监理工程师：××× 日期：2003年7月8日</td></tr>
<tr><td colspan="6">承包人收件日期：××××年×月×日

签字：×××</td></tr>
</table>

（六）工程检验认可书

工程检验认可书是工程监理单位在建设单位对监理单位的工程质量评定等级和评分进行审定后再填报的，是对合格工程的认可，是工程计量的依据。

第一行中的____号工程报验单，在号前应填写该工程报验单的编号。

第二行的各项均应先填写合格，后填写认可，即合格在前认可在后。

第三行，若高级驻地监理工程师同意以上各项的认可，可填写：同意认可，可以计量。由于桥涵工程的分项工程的工程量比较小，也可以根据实际情况，将几个分项工程合并起来填报一个工程检验认可书，进行计量。

工程检验认可书的填写示例见表4-11。

（七）分项工程质量检验评定表

分项工程质量检验评定表分施工单位用表和监理单位用表，两表的区别只有一点，施工单位的分项工程质量检验评定表是驻地监理签认意见，监理单位的分项工程质量检验评定表是建设单位根据评定标准的要求，在评定表上签认审定意见。表4-12为施工单位用表，而监理用表则将表4-12中的监理意见改成业主意见即可。分项工程程质量检验评定表的填写方法如下。

1. 分项工程名称的填写

分项工程名称应填写全称，如6%水泥砂砾基层，不宜只填基层。这样做的目的是，在资料存档后，如需查看档案，单从该表上就可以知道基层是什么结构，不必花费时间去查找其他相关的档案资料，便于档案的应用。

2. 基本要求

按《公路工程质量检验评定标准》(JTG F80—2004)中各分项工程所列基本要求逐项检查并填写检查结果，这是工程质量检验和评定前必须进行检查的内容。基本要求不符合规定时，不得进行工程质量的检验和评定。所以一定要填写明确的检查结果，否则分项工程评定表作废。

××公路××段建设项目 表4-11

承包单位：××公路工程建设总公司　　合同号：NO. 11

监理单位：××公路工程监理有限公司　　编　号：A111101010101

工程检验认可书

<table>
<tr><td colspan="3">致×××先生(承包人)：
你的第A041101010101号工程报验单所报的K72+000~K73+000段土方路基工程，经检验确定为合格</td></tr>
<tr><td>测量放样认可</td><td>材料试验认可</td><td>施工质量认可</td></tr>
<tr><td>合格、认可

测量监理工程师：×××
××××年×月×日</td><td>合格、认可

试验监理工程师：×××
××××年×月×日</td><td>合格、认可

驻地监理工程师：×××
××××年×月×日</td></tr>
<tr><td colspan="3">高级驻地监理工程师意见：
同意认可，可以计量。

高级驻地监理工程师代表：×××　××××年×月×日</td></tr>
</table>

3. 标明关键项目

在项次一栏必须标明关键项目。“△”标识是对分项工程中关键实测的标识，关键项目合格率和规定值都有明确要求，关键项目不合格时必须进行返工处理。把“△”标识写上，对质量检验人员进行提示，避免把不合格的项目错评为合格，确保工程质量检验评定工作的及时、准确。

4. 检查项目的填写

检查项目的填写要简捷，只填写与所评定的分项工程相关的检查项目，不相关的检查项目不要填写。以土方路基实测项目中的压实度项目为例，如果是填方，就无需把零填及挖方项目也填写上去。

土方路基质量检验评定表 表 4-12

分项工程名称：土方路基 所属分部工程名称：路基土石方工程 建设项目：××二级公路

工程部位：K72+000～K73+000 施工单位：××高等级公路建设总公司 监理单位：××公路工程监理有限公司

（桩号、墩台号、孔号） 合 同 号：第 11 合同段 编 号：B051101010101

基本要求	经检查：对路基范围内进行了彻底清除和碾压，符合规范和设计要求；路基填料经驻地监理批准；分层填土、分层碾压；每层表面平整、路拱合适、排水良好；有临时排水系统、不积水							
实测项目	项次	检查项目	规定值或允许偏差	检查实测值或偏差值	平均值、代表值	合格率(%)	权值	实得分
	1	△压实度(%)	93	见附表	95.7	100	3	100
	2	△弯沉值(0.01mm)	≤设计计算值	见附表	—	—	(3)	0
	3	纵断高程(mm)	+10，-15	见附表	+8，-10	100	2	100
	4	中线偏位(mm)	50	见附表	29	100	2	100
	5	宽度(mm)	不小于设计值	见附表	38210	100	2	100
	6	平整度(mm)	≤15	见附表	7	100	2	100
	7	横坡度(%)	±0.5	见附表	2.9	100	1	100
	8	边坡	不陡于设计值	见附表	1.8	100	1	100
	9	小计					13	100
外观质量	无外观缺陷		减分	0	监理意见	同意施工单位的评定		
质量保证资料	自检资料齐全、完整、真实		减分	0		签字：××× ××××年×月×日		
工程质量等级评定	评分：98				质量等级：合格			

检验负责人：××× 检测：××× 记录：××× 复核：××× ××××年×月×日

5. 规定值与允许偏差栏的填写

此栏的填写亦应与检查项目一样，只填写与该项目有关的数据，如土方路基压实度，对于某条公路来说，道路等级、路基形式都已经明确，若是二级公路就只填写二级公路压实度的规定值和允许偏差，高速、一级公路及三、四级公路的要求就没有必要填写。

土方路基压实度（二级公路，填方）：应填写 95，极值 90（% 填写在检查项目栏）。

水泥砂砾基层（其他公路）：由于检查项目中的代表值与进行评定计算的代表值在分项评定表中同时出现，为了便于区分，把规定值与允许偏差栏的代表值用标准值代替，应填写为标准值 97，极值 93。

6. 实测值或实测偏差值一栏的填写

在栏目中不管能否填得下全部实测值或实测偏差值，都不宜在此栏填写检查数据，因为评分是合格率评定的，此栏无法进行合格率计算，况且分项工程的工程量较大，数据也填不下，应将检查数据填写在检验记录表中，并准确计算合格率，再把合格率填写在质量评定的合格率一栏中进行评分。

7. 平均值、代表值一栏的填写

平均值、代表值一栏，只填写评定的压实度、弯沉值、路面结构厚度、混凝土弯拉强度、混凝土(砂浆)抗压强度、无侧限抗压强度等检验项目。压实度、弯沉值、路面结构厚度直接把平均值、代表值填上。混凝土弯拉强度和抗压强度的规定值和代表值应分别按《公路工程质量检验评定标准》(JTG F80/1—2004)附录C和附录D的规定计算,并将其分别填入到规定值和代表值栏中,以便能直观地判断强度是否合格。砂浆抗压强度的规定值一栏中直接填写设计强度,代表值应填写试件的平均强度。稳定类材料的无侧限抗压强度的规定值和代表值应按《公路工程质量检验评定标准》(JTG F80/1—2004)的附录F进行计算,并填入相应栏中。

其他如高程、中线偏位、宽度等项,应空着不填,因为其他项没有要求计算平均值(实际上计算平均值也毫无意义)。

(八)注意问题

1. 注意时间的逻辑性

承包人自检合格并签字后,将自检报告递交给监理工程师,监理工程师收件后应签字,对工程质量检验合格并签字认可后,将工程自检报告返回给承包人,承包人接到自检报告后,应签字。如《中间交工证书》上有四个日期,应符合以下逻辑关系:承包人签字日期≤监理工程师收件日期≤监理工程师签认日期≤承包人收件日期。

此外应注意文件的生成是有一定顺序的,生成日期也有一定的逻辑性。一般情况下,应符合以下逻辑关系:施工记录日期≤质量检验报告日期≤检验申请批复日期≤中间交工日期。

2. 签字人的合法性

在《中间交工证书》中,承包人一般是指承包单位的项目经理,不能由其他人代签;而监理工程师是指合同段的驻地监理主任,但目前在某些省的高速公路施工中,承包人由承包单位的总工程师签字,转序认可时均由旁站监理即监理员签字,可见目前表格中一些概念仍不是很明确。

3. 监理结论的简洁性

由于监理签字认可的工作量较大,因此,应采用比较统一的规范化的结论性用语,避免文字过多造成信息混乱和增大监理签认的工作量。

第五节　工程文件立卷规则的标准化

公路工程竣工文件材料归档前,均需按要求由文件材料形成单位分别进行整理立卷。立卷应遵循公路工程文件材料的自然形成规律和成套性的原则,分类科学,便于查找。

一、立卷的原则

公路工程征地拆迁文件、招标文件、投标文件及评标文件、承包合同、合同谈判和工程交、竣工验收阶段形成的竣工验收文件、工程决算及审计报告等有关文件材料,应分别由交通主管部门和建设单位根据文件材料形成的阶段、性质、内容分类整理立卷。

公路工程设计文件材料包括地质勘察资料、初步设计、方案设计、技术设计、总体规划设计、工程概预算、施工图设计等,由设计单位按项目、阶段、单位和分部、分项工程、专业分别整理立卷。

公路工程施工阶段形成的施工文件材料由施工单位负责立卷。其中开工报告、施工组织设计、施工计划、施工日志及中间验收等分别按合同段集中立卷。各项施工原始记录、监理工作记录按路线进行方向,结合单位工程(含分部、分项)及不同专业,分别整理立卷。

公路工程监理工作形成的监理文件材料,包括监理通知、开(停、复)工令、备忘录、有关会议纪要、施工质量检验分析、合同管理文件、计划进度管理文件、工程质量控制文件、工程技术管理文件、工程计量与支付文件、与总监及参见单位的来往函等,由监理单位按阶段、问题分类整理立卷。

二、卷内文件的排列

管理性文件按问题或重要程度排列。

项目技术文件材料按管理、依据、施工记录、检测试验、评定、证明顺序排列。

设备文件材料按依据性、设备开箱验收、随机图样、设备安装调试和设备运行维修等材料排列。

竣工图按里程、专业、图号排列。

卷内文件材料一般文字材料在前,图样在后。

第六节　工程文件管理的流程

工程文件流程是工程信息流和工作流的具体表现形式,反映了工程施工管理工作的程序。只有每个工程技术人员和管理人员都能清晰地掌握其工作范围内的文件流程,才能保证工程信息的通畅,避免工程管理工作的混乱。

一、工程文件流

在一个公路施工项目中,工程文件在各单位间的传递形成了工程文件流,如图4-2所示。这里以管理性文件、质量文件和试验检测文件为例来介绍工程文件的流程。

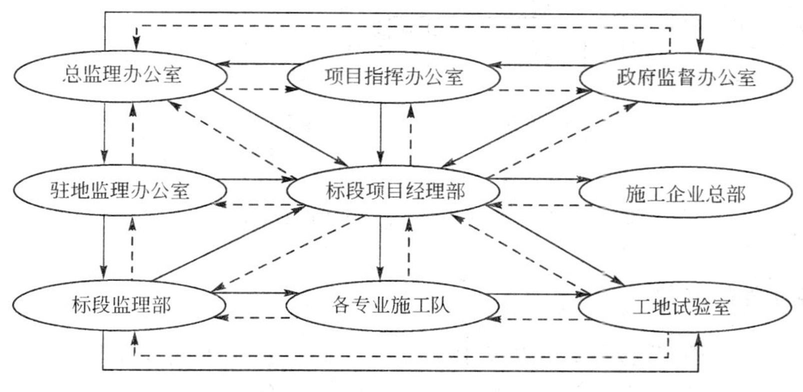

图4-2　公路施工项目中的文件流

二、管理性文件的流程

管理性的文件包括上级下达的文件、报请上级审批的文件、向下级单位下达的文件和下级单位上报审批的文件。管理性文件一般要比质量文件和试验检测文件的流程要复杂些。

1. 下行文件的流程

当某个部门或单位生成一份管理性的文件后,可能同时要送交几个不同的部门。按送交的性质分为主送、抄送和抄报。以总监理工程师办公室向各承包单位下发的文件《关于编制施工组织计划的要求》为例，其流程如图 4-3 所示。值得提出的是，尽管原发单位已做了归档，但文件下发后，在阅办过程中形成了阅办单，赋予了新的内容，所以使用单位必须归档。

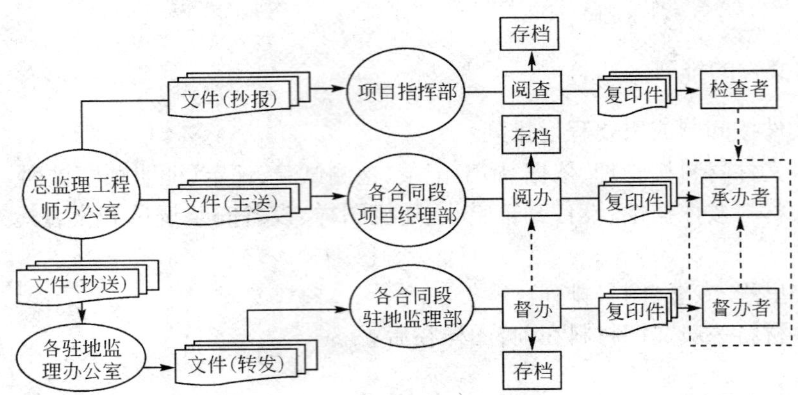

图 4-3　管理性文件的流程

2. 上行文件

承包单位在申请开工时应同时提交三份《开工申请报告》，先报驻地监理部审批，批准后报总监理办公室，总监理办公室批准后留一份存档，另两份返回驻地监理部，驻地监理部留一份存档，另一份返回给承包商。文件的流程如图 4-4 所示。

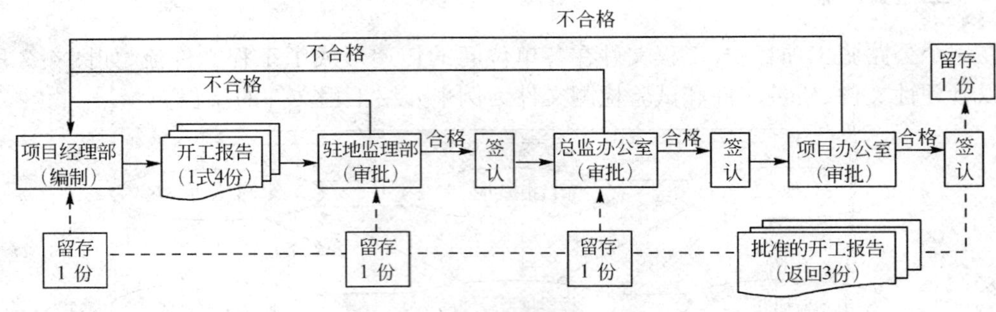

图 4-4　《开工申请报告》审批流程

三、质量文件的流程

一个分项工程开工前，承包人应提出《分项工程开工申请批复单》，经驻地监理工程师批准后，开始施工。当一道工序完成后，承包人经自检合格，报监理工程师检验，监理对工程实体检验合格后，形成监理抽检文件，同时在承包人提交的质量文件上签字认可。质量文件的通用管理流程如图 4-5 所示，路基土方填筑工程质量文件的生成与签认流程如图 4-6所示。

四、试验检测文件的流程

当原材料抽检试样被送到试验室时，首先应填写《试验委托书》，试验室接收和检查试样，进行试验后，填写并签认试验记录和报告 1 式 2 份。其中一份，试验室留存。另一份在试验报告领签单上签字后领取试验报告，交驻地监理工程师签认，其流程见图 4-7。

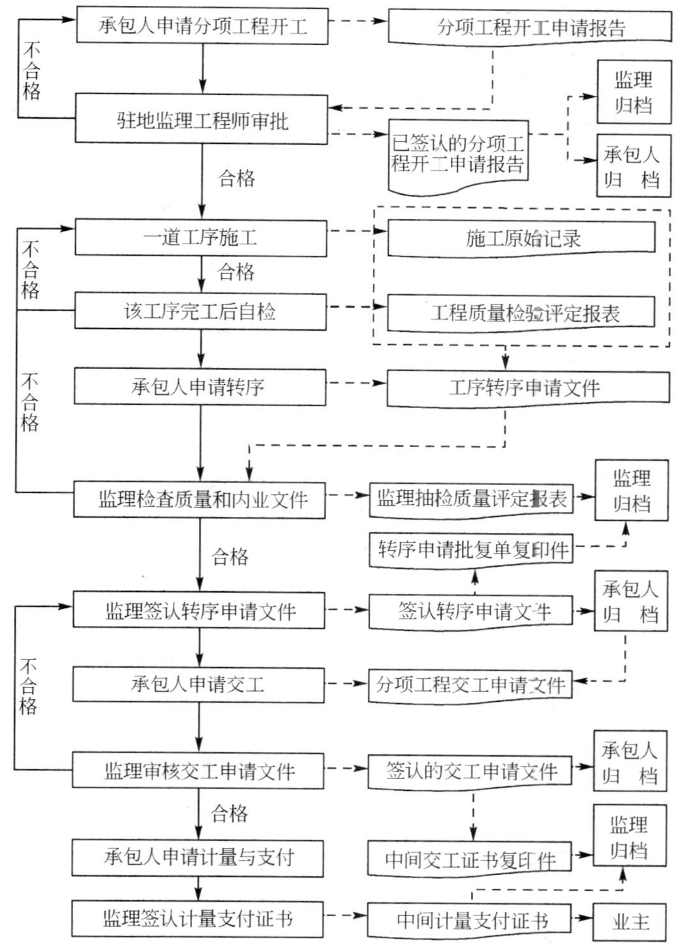

图4-5 工程质量文件的流程

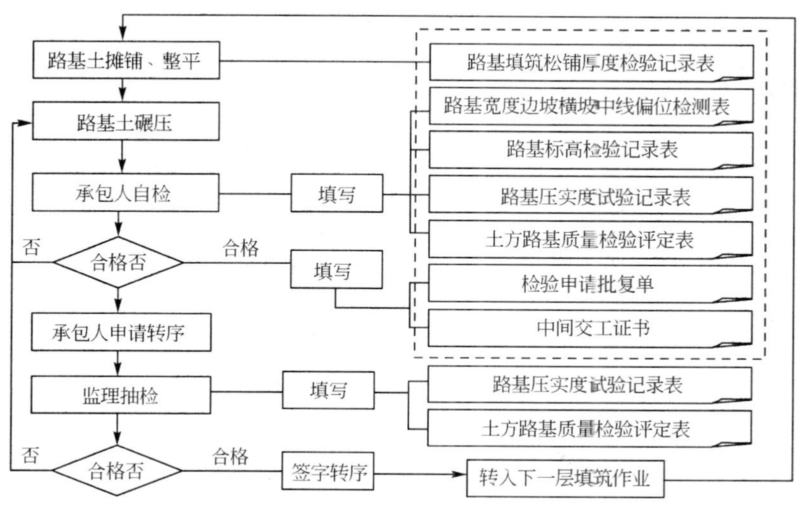

图4-6 路基土方工程质量文件的流程

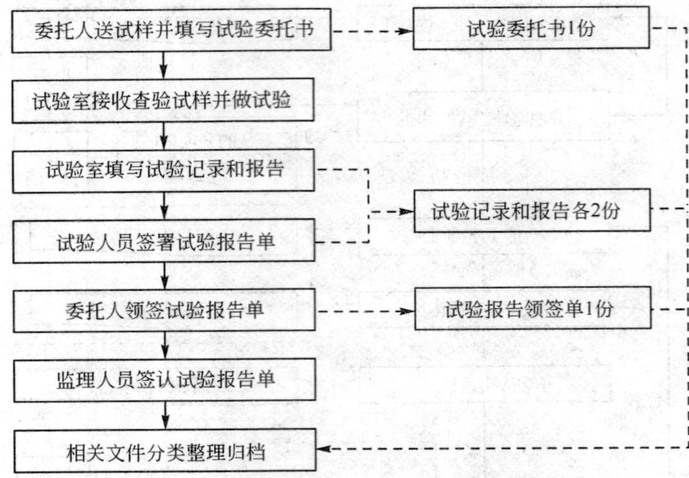

图 4-7　试验检测文件的流程

第五章　工程文档数量的预估和预立卷

第一节　工程文档分类体系的建立

公路工程文档的管理，首先需要将数量庞大、内容繁多的工程文件，按照系统的观点进行分类，建立分类体系，按照分类体系确定的目录，配置附有醒目标签的文件盒和文件柜；其次是对具体的工程文件在内容与形式上，按照有关技术规范、合同文件要求，加以规范，从而形成一个严密的内业资料管理体系。

一、工程文档分类体系的确定

交公路发[2004]446号文件规定：竣工文件的编制应完整、规范、科学，竣工文件的主要内容按照《公路工程竣(交)工验收办法》(交通部[2004]3号令，以下简称《验收办法》)附录二"公路工程竣工档案目录"编写。交工验收前，项目法人应组织有关单位完成"公路工程竣工档案目录"中第三、四、五部分的文件编制工作。竣工验收前，完成"公路工程竣工档案目录"要求的全部文件编制工作。

目前，在《公路工程竣工文件材料立卷归档管理办法》([2001]390号，以下简称《归档办法》)和《验收办法》附录二中对归档文件的分类方法是不同的。前者是根据公路工程项目建设实施阶段的先后和编制单位划分为八类，而后者是按归档单位划分为五个部分。通过比较可知，《归档办法》和《验收办法》中的文件，尽管大的分类有差异，但小类并不交叉重叠，只是组合上的差异。

为方便施工阶段文档管理，按《归档办法》中的分类方式建立分类体系，各单位文件管理的范围更清晰明确。按照上述思路，采用"类—卷—分卷—子卷"的分类体系，工程文档共包括工程管理文件、施工文件、监理文件和科研新技术四大类，其中工程管理文件由建设单位负责管理，施工文件由承包单位负责管理，监理文件由监理单位负责管理，科研与新技术文件由相应的单位负责管理。工程管理文件下设征地拆迁文件、合同文件、项目管理文件、竣工文件四卷；施工文件以一个标段为单位，下设综合文件、试验检测文件、质量文件、竣工图纸四卷；监理文件下设综合文件、试验检测和质量文件三卷；各卷下设分卷，分卷下面根据需要设一定数量的子卷；科研与新技术文件下设科研资料和新技术应用资料两卷。其中，综合文件卷的分卷划分参照《归档办法》。而质量文件卷下的分卷划分，则结合质量评定标准中的单位工程、分部工程和分项工程来划分，保证既能通过内业资料来对工程施工的质量、进度、投资实行动态控制，到工程竣工时内业资料又能迅速转化为竣工文件。遵循这个原则，就可以将工程文件分类体系描述成一个树型目录，见表5-1。

工程文件分类目录 表 5-1

序号	类	卷	分　　卷	子　　卷
一	工程管理文件类			
(一)		征地拆迁文件		
1			征地拆迁工作总结	
2			征地拆迁文件	
3			征地拆迁图表	
4			土地证(复印件)	
(二)		合同文件		
1			招标文件	
2			合同协议书	
(三)		项目管理文件		
1			项目实施期间管理文件	
2			技术规范补充文件和修改文件	
3			照片和音像	
(四)		竣工文件		
1			交工验收报告、竣工验收证书	
2			建设管理工作总结	
3			工程竣工决算和财务决算	
4			质量监督工作报告	
5			工程决算审计报告	
6			环保工程验收报告	
二	施工文件			
(一)		综合文件		
1			行政管理文件	
2			交桩和复测报告	
3			图纸会审记录	
4			施工组织计划资料	
5			试验段实施方案和总结报告	
6			技术交底记录	
7			开工报告、分项工程开工申请批复单及附件	
8			工程交接表	
9			技术总结、施工总结	
10			施工原始记录	
11			工程声像资料	
(二)		试验检测文件		
1			原材料出厂证明、质量鉴定书	按材料类型设子卷
2			原材料试验报告	
3			试验材料汇总表	
4			专项检测及监控资料	
(三)		质量文件		
1			路基工程	
(1)				路基土石方

续上表

序号	类	卷	分　卷	子　卷
(2)				排水工程
(3)				小桥、通道桥、人行天桥、渡槽
(4)				涵洞、通道
(5)				砌筑防护工程
(6)				大型挡土墙
2			路面工程	路面工程
3			桥梁工程	
(1)				基础与下部构造
(2)				上部构造预制安装
(3)				上部构造现场浇筑
(4)				总体、桥面系和附属工程
(5)				防护工程
(6)				引道工程
4			互通立交桥工程	
(1)				桥梁工程
(2)				主线路基路面工程
(3)				匝道工程
5			隧道工程	
(1)				总体
(2)				明洞
(3)				洞口工程
(4)				洞身开挖
(5)				洞身衬砌
(6)				防排水
(7)				隧道路面
(8)				装饰
(9)				辅助施工措施
6			环保工程	
(1)				声屏障
(2)				绿化工程
7			交通安全设施	标志
(1)				标线、突起路标
(2)				护栏、轮廓标
(3)				防炫设施
(4)				隔离栅,防落网
8			机电工程	
(1)				监控设施
(2)				通信设施
(3)				收费设施
(4)				低压配电设施
(5)				照明设施

续上表

序号	类	卷	分　卷	子　卷
(6)				隧道机电设施
9			房屋建筑工程	(略)
(四)		竣工图纸		
1			定线数据竣工图	
2			平面总体布置图	
3			纵断面竣工图	
4			路基路面竣工图	
5			涵洞、通道、小桥竣工图	
6			中桥、大桥竣工图	
7			分离式立交桥竣工图	
8			互通式立交桥竣工图	
9			桥涵通用图竣工图	
10			隧道竣工图	
11			交通安全设施竣工图	
12			电缆管道竣工图	
13			环境保护设施竣工图	
14			其他路产分布竣工图	
三	监理文件			
(一)		综合文件		
			行政管理文件	
			监理规划、细则	
			会议记录、备忘录	
			合同管理文件	
			进度控制文件	
			计量支付文件	
			监理原始记录	
			监理工作总结	
			工程声像资料	
(二)		试验检测文件		
			原材料出厂证明、质量鉴定书	按材料类型设子卷
			原材料试验报告	
			试验材料汇总表	
			专项检测及监控资料	
(三)		质量抽检文件		同前面的“质量文件”卷
四	科研与新技术文件			
(一)		科研资料		
(二)		新技术应用资料		

二、工程项目划分的原则

(一)《公路工程质量检验评定标准》(JTG F80—2004)中的规定

在施工准备阶段,应根据《公路工程质量检验评定标准》(JTG F80/1—2004)的有关规定将建设项目划分为单位工程、分部工程和分项工程,详见表5-2(1)、表5-2(2)。项目划分的原则如下。

(1)单位工程:在建设项目中,根据签订的合同,具有独立施工条件,可以单独作为成本计算对象的工程。

(2)分部工程:在单位工程中,应按结构部位、路段长度及施工任务划分为若干个分部工程。

(3)分项工程:在分部工程中,应按不同的施工方法、材料、工序及路段长度等划分为若干个分项工程。

如果有必要,还可以将分项工程进一步划分为若干的子项工程,将每个子项工程划分成若干细项。施工单位、监理单位和质量监督部门应按此种工程划分逐级进行工程质量的控制和管理。工程项目分解为分项工程后,应制订工程项目分解表或树型结构图,从而容易地以分项工程、分部工程和单位工程分类统计分项工程的数量。

单位工程、分部工程和分项工程的划分　　表5-2(1)

单位工程	分部工程	分项工程
路基工程(每10km或每标段)	路基土石方工程*(1~3km路段)	土方路基*,石方路基*,软土地基*、土工合成材料处治层*等
	排水工程(1~3km路段)	管节预制,管道基础及管节安装*,检查(雨水)井砌筑*,土沟,浆砌排水沟*,盲沟,跌水,急流槽*,水簸箕,排水泵站等
	小桥及符合小桥标准的通道*,人行天桥,渡槽(每座)	基础及下部构造*,上部构件预制、安装或浇筑*,桥面*,栏杆,人行道,桥梁总体等
	涵洞,通道(1~3km路段)	基础及下部构造*,主要构造预制、安装或浇筑*,填土,总体等
	砌筑工程(1~3km路段)	挡土墙*,墙背填土,抗滑桩*,锚喷支护*,锥、护坡,导流工程,总体等
	大型挡土墙*(每处)	基础*,墙身*,墙背填土,构件预制*,构件安装*,筋带,锚杆,拉杆,总体*等
路面工程(每10km或每标段)	路面工程(1~3km路段)*	底基层,基层*,面层*,垫层,联结层,路缘石,人行道,路肩,路面边缘排水系统等
桥梁工程(大、中桥)	基础及下部构造*(每桥或每墩、台)	扩大基础,桩基*,地下连续墙*,承台,沉井*,桩的制作*,钢筋加工安装,墩台身(砌体)浇筑,墩台安装,墩台帽*,组合桥台*,台背填土,支座垫石和挡块等
	上部构造*预制和安装*	主要构件预制*,其他构件预制,钢筋加工及安装,预应力筋的加工和张拉*,梁板安装,悬臂拼装*,顶推施工梁*,拱圈安装,转体施工拱*,钢管拱的制作与安装*,劲性骨架拱肋的制作与安装*,吊杆的制作与安装*,钢梁制作,钢梁安装,钢梁防护*等

续上表

单位工程	分部工程	分 项 工 程
桥梁工程（大、中桥）	上部构造 现场浇筑*	钢筋加工及安装，预应力筋的加工和张拉*，主要构件浇筑*，其他构件浇筑，悬臂浇筑*，劲性骨架混凝土拱浇筑*，钢管混凝土拱*等
	总体、桥面系和附属工程	桥梁总体*，桥面防水层施工，桥面铺装*，钢桥面铺装*，支座安装，搭板，伸缩缝安装，大型伸缩缝安装*，栏杆安装，混凝土护栏，人行道铺设，灯柱安装等
	防护工程	护坡，护岸，导流工程*，石笼防护，砌石工程等
	引道工程	路基*，路面*，挡土墙*，小桥*，涵洞*，护栏等
互通立交工程	桥梁工程*（每座）	基础及下部构造*，上部构造预制、安装或浇筑*，支座安装，支座垫石桥面*，栏杆或护栏，人行道等
	主线路基路面工程*（1～3km路段）	见路基、路面工程等分项工程
	匝道工程（每条）	路基*，路面*，通道*，护坡，挡土墙*，护栏，标志，标线等
隧道工程	总体	隧道总体*等
	明洞	明洞浇筑，明洞防水层，明洞回填*等
	洞口工程	洞口开挖，洞口边仰坡防护，洞门和翼墙的浇（砌）筑，截水沟，洞口排水沟等
	洞身开挖	洞身开挖*（分段）等
	洞身衬砌*	（钢纤维）喷射混凝土支护，锚杆支护，钢筋网支护，仰拱，混凝土衬砌*，钢支撑，衬砌钢筋等
	防排水	防水层，止水带，排水沟等
	隧道路面	基层*，面层*等
	装饰	装饰工程
	辅助施工措施	超前锚杆，超前钢管等
环保工程	声屏障（每处）	声屏障
	绿化工程（1～3km路段或每处）	中央分隔带绿化，路侧绿化，互通立交绿化，服务区绿化，取弃土场绿化
交通安全设施等（每20km或每标段为单元）	标志*（5～10km）路段）	标志*等
	标线、突起路标（5～10km路段）	标线*，突起路标等
	护栏*、轮廓标（5～10km路段）	波形梁护栏*，缆索护栏*，混凝土护栏*，轮廓标等
	防炫设施（5～10km路段）	防炫板、网等
	隔离栅、防落网（5～10km路段）	隔离栅、防落网等

续上表

单位工程	分部工程	分项工程
机电工程	监控设施	车辆检测器,气象检测器,闭路电视监视系统,可变标志,光电缆线路,监控(分)中心设备安装及软件调试,大屏幕投影系统,地图板,计算机监控软件与网络等
	通信设施	通信管道与光电缆线路,光纤数字传输系统,数字程控交换系统,紧急电话系统,无线移动通信系统,通信电源等
	收费系统	入口车道设备,出口车道设备,收费站设备及软件,收费中心设备及软件,IC卡及发卡编码系统,闭路电视监视系统,内部有线对讲及紧急报警系统,收费站内光、电缆及塑料管道,收费系统计算机网络等
	低压配电设施	中心(站)内低压配电设备,外场设备电力电缆线路等
	照明设施	照明设施
	隧道机电设施	车辆检测器,气象检测器,闭路电视监视系统,紧急电话系统,环境检测设备,报警与诱导设施,可变标志,通风设施,照明设施,消防设施,本地控制器,隧道监控中心计算机控制系统,隧道监控中心计算机网络,低压供配电等
房屋建筑工程	(按其专业工程质量检验评定标准评定)	

特大斜拉桥和悬索桥为主体建设项目的工程划分 表5-2(2)

单位工程	分部工程	分项工程
塔及辅助、过渡墩(每座)	塔基础*	钢筋加工安装,扩大基础,桩基*,地下连续墙*,承台,沉井*等
	塔承台*	钢筋加工安装,双壁钢围堰*,封底,承台浇筑**等
	索塔*	索塔*
	辅助墩	钢筋加工安装,基础,墩台身浇(砌)筑,墩台身安装,墩台帽,盖梁等
	过渡墩	
*锚锭	锚锭基础*	钢筋加工安装,扩大基础,桩基*,地下连续墙*,承台,沉井*,大体积混凝土构件*等
	锚体	锚固体系制作*,锚固体系安装*,锚锭块体,预应力锚索张拉与压浆*等
上部结构制作与防护(钢结构)	斜拉索*	斜拉索制作与防护*
	主缆(索股)*	索股和锚头的制作与防护*
	索鞍*	主索鞍和散索鞍的制作与防护*
	索夹	索夹制作与防护
	吊索	吊索和锚头制作与防护*等
	加劲梁*	加劲梁段制作*,加劲梁防护*等
上部结构浇筑与安装	悬浇*	梁段浇筑*
	安装*	加劲梁安装*,索鞍安装*,主缆架设*,索夹和吊索安装*等
	桥面系及附属工程	桥面防水层施工,桥面铺装,钢桥面板上防水黏结层的洒布,钢桥面板上沥青混凝土铺装*,支座安装*.抗风支座安装*,伸缩缝安装,人行道铺设,栏杆安装,防撞护栏等
	桥梁总体	桥梁总体*

续上表

单位工程	分部工程	分项工程
引桥	（参见表5-2(1)“桥梁工程”）	
引道	（参见表5-2(1)“路基工程”和“路面工程”）	
互通立交工程	（参见表5-2(1)“互通立交工程”）	
交通安全设施	（参见表5-2(1)“交通安全设施”）	

注：表中“＊”为主要工程，评分时赋予2的权值。

（二）工程项目划分细则

由于公路工程施工涉及许多施工单位，各单位对工程项目划分理解程度不同，为了便于全局统一管理，统计数据快速准确，内业资料标准规范，通常业主单位或业主委托总监理办公室制订统一的单位、分部和分项工程划分细则，并下发到各合同段的施工单位和监理组。表5-3是某省一高速公路路基桥隧工程开工前下发的单位、分部和分项工程划分细则。

单位、分部和分项工程的划分细则　　表5-3

单位工程		分部工程		分项工程	
名称	划分细则	名称	划分细则	名称	划分细则
路基工程	每一合同段为一单位工程	路基土石方工程*	主线路基每两个构造物（暗涵除外）之间（左右幅分开）的路段为一个分部，当两个构造物之间的距离大于2km时，应按实际施工段落划分	土方路基*、土方路基*，软土地基处治*，台背填土*等	路基工程：主线路基每两个构造物（暗涵除外）之间（左右幅分开）的路段每用冲击碾冲压的层面之间为一个分项，当两个构造物之间距离大于1km时，应按实际施工段落划分。每填筑一层路基，为一个子分项。软土地基：每200m为一个分项，不足200m每处为一个分项。台背填土：每个构造物为一个分项，每填筑一层为一个子分项
		排水工程	有独立排水设计的每处为一个分部，一般排水设计的工程以每公里为单元，同一路基单位工程内汇总成一个分部	检查（雨水）井砌筑*，土沟，浆砌排水沟*，盲沟，跌水，急流槽*，排水泵站等	土沟、排水沟均按累计单向长度1km为一个分项，不足1km每处为一个分项，其余均以每处（个）为一个分项
		小桥与通道桥	以每座为一个分部	基础与下部构造*，上部构造预制、安装或浇筑*，桥面*，栏杆，人行道、总体等	以每个构件为一个分项
		涵洞工程	以每座为一个子分部（单元），每一路基分部工程内汇总成一个分部	基础及下部构造*，主要构造预制、安装或浇筑*，填土，总体等	基础与下部构造包括洞身各部分构件、洞口、填土、急流槽、明涵的铺装等分别作为一个分项
		砌筑工程	以每处为一个子分部（单元），每一路基分部工程内汇总成一个分部。当护坡面积大于200m²时每处为一个分部	挡土墙*，墙背填土，抗滑桩*，锚喷支护*，锥、护坡，导流工程，总体等	每处为一个分项，挡土墙的基础作为一个子分项；在混凝土网格护坡中增加小型预制件自分项；当护坡有错台时，每个台阶为一个子分项
		大型挡土墙工程	当墙高≥6m，且长度≥200m，或墙身面积≥2000m²时为大型挡土墙，以每处为一个分部	基础*，墙身*，墙背填土，构件预制*，构件安装*，筋带，锚杆，拉杆，总体*等	石砌挡土墙的基础分项按桥梁石砌基础分项评定

续上表

单位工程		分部工程			分项工程	
名称	划分细则	名称		划分细则	名称	划分细则
桥梁工程	特大桥、独立大桥、中桥每座为一个单位工程	基础及下部构造		以每墩台为一个分部	扩大基础，桩基*，地下连续墙*，承台，沉井*，桩的制作*，钢筋加工安装，墩台身（砌体）浇筑，墩台安装，墩台帽*，组合桥台*，支座垫石和挡块等	以每个构件为一个分项；采用分层（分段）施工时，以每层为一个子分项
		上部构造	预制和安装	以每桥为一个分部	主要构件预制*，其他构件预制，钢筋加工及安装，预应力筋的加工和张拉*，梁板安装，悬臂拼装*，顶推施工梁*，拱圈安装，转体施工拱*，钢管拱的制作与安装*，劲性骨架拱肋的制作与安装*，吊杆的制作与安装*，钢梁制作，钢梁安装，钢梁防护*等	以每个构件为一个分项，拱圈砌筑以每孔为一个分项，采用分层（分段）砌筑时，以每层为一个子分项
			现场浇筑	以每桥为一个分部	钢筋加工及安装，预应力筋的加工和张拉*，主要构件浇筑*，其他构件浇筑，悬臂浇筑*，劲性骨架混凝土拱浇筑*，钢管混凝土拱*等	以每个构件为一个分项，或以每孔为一个分项，悬臂浇筑以每一段为一个分项
			总体及桥面	以每桥为一个分部	桥梁总体*，桥面防水层施工，桥面铺装*，钢桥面铺装*，支座安装，搭板，伸缩缝安装，大型伸缩缝安装*，栏杆安装，混凝土护栏，人行道铺设，灯柱安装等	桥面铺装以每孔或每联为一个分项；小型构件预制以每类每一个工作班为一个分项，其余按每桥为一个分项
		防护工程		以每桥为一个分部	护坡，护岸，导流工程*，石笼防护，砌石工程等	以每处为一个分项；护岸可按挡土墙评定
		引道工程		以每个引道为一个分部	路基*，路面*，挡土墙*，小桥*，涵洞*，护栏等	路基以每个引道为一个分项，按压实度分界层划分子分项。涵洞、护坡、挡土墙等以每处为一个分项

续上表

单位工程		分部工程		分项工程	
名称	划分细则	名称	划分细则	名称	划分细则
互通立交工程	每个为一个单位工程	桥梁工程	每座为一个分部	同小桥工程	同小桥工程
		主线路基	同路基土石方	同路基土石方	同路基土石方
		匝道工程	每条为一个分部	路基*,通道*,护坡,挡土墙*,护栏,标志,标线等	每条匝道的路基、护坡、挡土墙等分别为一个分项
隧道工程	以每座为一个单位工程,双洞隧道以每座为一个子单位工程	洞身开挖	每座隧道划分为一个分部	洞身开挖	洞口处40m为一个分项,内洞每60m为一个分项。地质变化段长度不足上述长度时,以每一地质变化段为一个分项
		洞身衬砌	每种衬砌为一个分部	锚喷支护,衬砌等	洞口处40m为一个分项,内洞每60m为一个分项。不同衬砌段长度不足上述长度时,以每种衬砌为一个分项
		总体及洞口	每座隧道划分为一个分部	隧道总体*,洞口开挖,洞口和翼墙浇(砌)筑*,排水工程,排风设施等	洞口开挖、洞口和翼墙浇(砌)筑每侧(处)为一个分项,其余每座隧道为一个分项
		隧道路面	每座隧道划分为一个分部	基层*,面层*等	每200m为一个分项

注:表中"*"为主要工程,评分时赋予2的权值。

三、工程项目的划分方法

工程开工前,项目监理组和施工单位必须根据质量评定标准及工程实际情况首先做好单位、分部、分项工程(含单位、分部、分项工程所属的主要单元工程)的划分工作,并经建设单位和总监理工程师审定后报主管质监站备案。同时,应将此项划分内容逐一编号,并与以后的资料整理对应起来,从而形成一套完整的质量评定资料。工程项目的划分采用由上至下、由整体到局部的分解方法。分解步骤如图5-1所示。

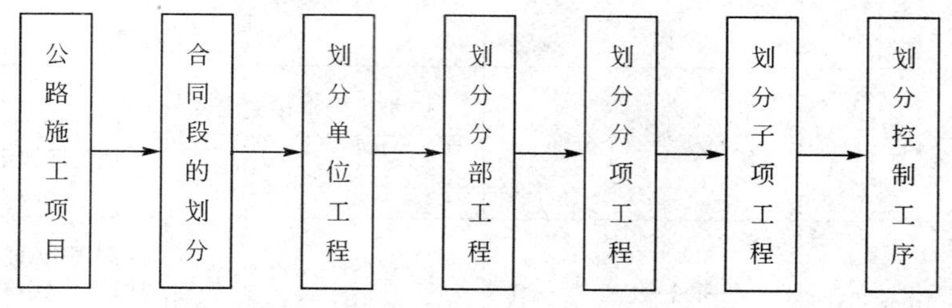

图5-1　工程项目划分的步骤

四、项目分解案例一

(一)工程概况

已知某高速公路路基桥涵工程施工项目第13合同段,起讫桩号为K55+100~K63+700,全长8.6km,均为填土方路基。段内有20个桥涵构造物,将路基划分为21个自然段落,其中大桥1座,中桥3座,小桥11座,圆管涵4座,箱涵2座,各桥涵的桩号如表5-4所示。

某高速公路路基桥涵工程结构物一览表　　表5-4

序号	桩号	结构物名称	结构类型
1	K55+268	K55+268涵	圆管涵
2	K55+662	K55+662通道桥	8×1m简支矩形板桥,轻型墩台,钻孔灌注桩
3	K55+908	K55+908小桥	13×2m简支空心板桥,轻型墩台,钻孔灌注桩
4	K56+464	K56+464中桥	20×3m简支空心板桥,轻型墩台,钻孔灌注桩
5	K56+748	K56+748通道桥	8×1m简支矩形板桥,轻型墩台,钻孔灌注桩
6	K57+127	K57+127涵	圆管涵
7	K57+303	K57+303中桥	13×4m简支空心板桥,轻型墩台,钻孔灌注桩
8	K57+808	K57+808小桥	13×1m简支空心板桥,轻型墩台,钻孔灌注桩
9	K58+322	K58+322小桥	13×1m简支空心板桥,轻型墩台,钻孔灌注桩
10	K58+550	K58+550涵	箱涵
11	K58+816	K58+816小桥	13×1m简支空心板桥,轻型墩台,钻孔灌注桩
12	K59+150	K59+150涵	箱涵
13	K59+668	K59+668小桥	13×2m简支空心板桥,轻型墩台,钻孔灌注桩
14	K60+242	K60+242通道桥	8×1m简支矩形板桥,轻型墩台,钻孔灌注桩
15	K60+718	K60+718小桥	13×1m简支空心板桥,轻型墩台,钻孔灌注桩
16	K61+055	K61+055中桥	20×4m简支空心板桥,轻型墩台,钻孔灌注桩
17	K61+653	K61+653小桥	13×2m简支空心板桥,轻型墩台,钻孔灌注桩
18	K62+384	K62+384涵	圆管涵
19	K62+851	K62+851小桥	13×1m简支空心板桥,轻型墩台,钻孔灌注桩
20	K63+124	K63+124劳动河大桥	20m×9简支空心板桥,柱式墩台,钻孔灌注桩
21	K63+483	K63+483涵	圆管涵

根据项目划分的细则(表5-3)和表5-4,对该路基施工项目进行分解,步骤如下。

(二)将项目分解为单位工程

根据项目划分的原则,本项目可以划分为4个单位工程,如图5-2所示。

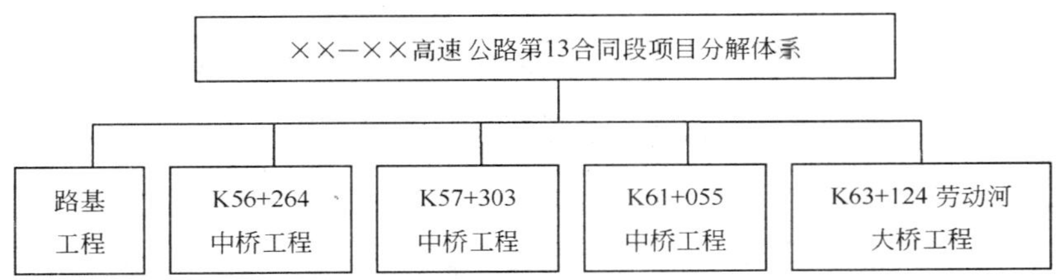

图5-2　高速公路第13合同段项目分解体系(单位工程)

(三)将单位工程分解为分部工程

为了便于质量评定和施工管理,路基土石方工程按自然段落进行划分,将4个单位工程分别分解如下。

1. 路基工程的分解

路基工程分解为23个(子)分部工程,其中路基土石方工程包括3个分部工程,排水工程包括3个分部工程,小桥工程包括11个分部工程,涵洞工程包括6个分部工程。路基工程分部划分如表5-5所示。表中编码由所在合同段号、表5-2(1)中单位工程序号、分部工程序号和子分部工程按桩号顺序的流水号组成,表中数量为同一个分部工程中所包含的子分部工程数量。

路基工程分部划分表 表5-5

<table>
<tr><th colspan="2">单位工程</th><th colspan="2">分部工程</th><th colspan="3">子分部工程</th></tr>
<tr><th>编码</th><th>名称</th><th>编码</th><th>名称</th><th>编码</th><th>名　称</th><th>数量</th></tr>
<tr><td rowspan="23">13-1</td><td rowspan="23">路基工程</td><td rowspan="3">13-1-1</td><td rowspan="3">路基土石方工程</td><td>13-1-1-1</td><td>K55 +100 ~ K57 +808 路基土石方工程</td><td rowspan="3">3</td></tr>
<tr><td>13-1-1-2</td><td>K57 +808 ~ K60 +242 路基土石方工程</td></tr>
<tr><td>13-1-1-3</td><td>K60 +242 ~ K63 +700 路基土石方工程</td></tr>
<tr><td rowspan="3">13-1-2</td><td rowspan="3">排水工程</td><td>13-1-2-1</td><td>K55 +100 ~ K57 +808 排水工程</td><td rowspan="3">3</td></tr>
<tr><td>13-1-2-2</td><td>K57 +808 ~ K60 +242 排水工程</td></tr>
<tr><td>13-1-2-3</td><td>K60 +242 ~ K63 +700 排水工程</td></tr>
<tr><td rowspan="11">13-1-3</td><td rowspan="11">小桥(通道桥)工程</td><td>13-1-3-1</td><td>K55 +662 通道桥</td><td rowspan="11">11</td></tr>
<tr><td>13-1-3-2</td><td>K55 +908 小桥</td></tr>
<tr><td>13-1-3-3</td><td>K56 +748 通道桥</td></tr>
<tr><td>13-1-3-4</td><td>K57 +303 中桥</td></tr>
<tr><td>13-1-3-5</td><td>K57 +808 小桥</td></tr>
<tr><td>13-1-3-6</td><td>K58 +322 小桥</td></tr>
<tr><td>13-1-3-7</td><td>K58 +816 小桥</td></tr>
<tr><td>13-1-3-7</td><td>K59 +668 小桥</td></tr>
<tr><td>13-1-3-8</td><td>K60 +242 通道桥</td></tr>
<tr><td>13-1-3-9</td><td>K60 +718 小桥</td></tr>
<tr><td>13-1-3-10</td><td>K61 +653 小桥</td></tr>
<tr><td>13-1-3-11</td><td>K62 +851 小桥</td><td></td></tr>
<tr><td rowspan="6">13-1-4</td><td rowspan="6">涵洞、通道工程</td><td>13-1-4-1</td><td>K55 +268 圆管涵</td><td rowspan="6">6</td></tr>
<tr><td>13-1-4-2</td><td>K57 +127 圆管涵</td></tr>
<tr><td>13-1-4-3</td><td>K58 +550 箱涵</td></tr>
<tr><td>13-1-4-4</td><td>K59 +150 箱涵</td></tr>
<tr><td>13-1-4-5</td><td>K62 +384 圆管涵</td></tr>
<tr><td>13-1-4-6</td><td>K63 +483 圆管涵</td></tr>
<tr><td colspan="2">说明</td><td colspan="5">共23个分部工程</td></tr>
</table>

2. K63 +124 劳动河大桥工程的分解

K63 +124 劳动河大桥工程分解为13个分部工程,如表5-6所示。

K63 +124 劳动河大桥工程分部划分表 表5-6

单位工程		分部工程		子分部工程		
编码	名称	编码	名称	编码	名　称	数量
13-2	K63 +124 劳动河大桥	13-2-1	基础与下部构造	13-2-1-1	0号台	10
				13-2-1-2	1号墩	
				13-2-1-3	2号墩	
				13-2-1-4	3号墩	
				13-2-1-5	4号墩	
				13-2-1-6	5号墩	
				13-2-1-7	6号墩	
				13-2-1-8	7号墩	
				13-2-1-9	8号墩	
				13-2-1-10	9号台	
		13-2-2	上部构造预制和安装	13-2-2-1	上部构造预制	2
				13-2-2-2	上部构造安装	
		13-2-3	总体、桥面系和附属工程	13-2-3-1	桥面系	3
				13-2-3-2	附属工程	
				13-2-3-3	总体	
		13-2-4	防护工程	13-2-4-1	防护工程	1
说明		共16个分部工程				

3. 中桥工程的分解

其他3座中桥的分解体系与劳动河大桥工程类似,此不赘述。

(四)将分部工程分解为分项工程

1. 路基工程的分解

1)路基土石方工程的分解

由表5-3和表5-4可知,路基土石方工程可以划分为土方路基、石方路基、台背填土、软土地基、土工合成材料处治层等分项工程,但本合同段只有土方路基填筑工程,故每个分部工程中只包括两类分项工程,即土方路基填筑和台背回填。为便于施工控制,各分项工程均按自然段进行划分,其中每个自然段作为一个分项工程,如表5-7所示。对于每一个子项工程,又可以根据路段的填筑高度和最小的压实厚度划分为若干层,称为细项或工序。应根据路线的纵段面图划分各段路基的填筑层数,以便进行施工控制和质量检验。

2)排水工程的分解

由表5-3可知,排水工程下设的分项工程有管道基础及管节安装、检查井砌筑、土沟、浆砌排水沟、盲沟、跌水、急流槽、水簸箕、排水泵站等。本项目中只有浆砌边沟、浆砌排水沟和截水沟三种,为了便于质量检验和评定,边沟、截水沟和排水沟均按路基前进方向分解,如表5-8所示。

3)小桥工程的分解

根据表5-3,小桥工程下设基础、下部构造、梁板预制、梁板安装、桥面和护栏等几项分项工程。以K55 +908小桥为例,该桥为2×13m简支空心板桥,墩台由承台、墩台身和墩台帽构成,1号墩左右幅分开,承台间设有支撑梁,浆砌片石桥下铺砌,桩基础由18根钻孔灌注桩(3排,每排6根),锥坡下设围挡墙。该桥的分解体系如表5-9所示。

路基土石方工程分项划分表

表 5-7

单位工程	分部工程	(子)分部工程		分项工程			填土高度(m)	填筑层数			分项数量
		编码	名称	序号	名称	部位		0~80cm	80~150cm	>150cm	
路基工程	路基土石方工程	13-1-1-1	K55+100~K57+808 路基土石方工程	1	土方路基	K55+100~ K55+662	1.18	4	1		17
				2	台背回填	K55+662 通道桥 0 号台					
				3	台背回填	K55+662 通道桥 1 号台					
				4	土方路基	K55+662~ K55+908	2.99	4	3	6	
				5	台背回填	K55+908 小桥 0 号台					
				6	台背回填	K55+908 小桥 2 号台					
				7	土方路基	K55+908~ K56+464	4.78	4	3	14	
				8	台背回填	K56+464 中桥 0 号台					
				9	台背回填	K56+464 中桥 3 号台					
				10	土方路基	K56+464~ K56+748	4.43	4	3	13	
				11	台背回填	K56+748 通道桥 0 号台					
				12	台背回填	K56+748 通道桥 1 号台					
				13	土方路基	K56+748~ K57+303	5.25	4	3	16	
				14	台背回填	K57+303 中桥 0 号台					
				15	台背回填	K57+303 中桥 4 号台					
				16	土方路基	K57+303~ K57+808	6.21	4	3	18	
				17	台背回填	K57+808 小桥 0 号台					
		13-1-1-2	K57+808~K60+242 路基土石方工程	18	台背回填	K57+808 小桥 1 号台					12
				19	土方路基	K57+808~K58+322	6.20	4	3	18	
				20	台背回填	K58+322 小桥 0 号台					
				21	台背回填	K58+322 小桥 1 号台					
				22	土方路基	K58+322~ K58+816	5.76	4	3	17	
				23	台背回填	K58+816 小桥 0 号台					
				24	台背回填	K58+816 小桥 1 号台					
				25	土方路基	K58+816~ K59+668	6.42	4	3	19	
				26	台背回填	K59+668 小桥 0 号台					
				27	台背回填	K59+668 小桥 2 号台					
				28	土方路基	K59+668~ K60+242	6.18	4	3	18	
				29	台背回填	K60+242 通道桥 0 号台					

续上表

单位工程	分部工程	(子)分部工程		分项工程			填土高度(m)	填筑层数			分项数量
		编码	名称	序号	名称	部位		0~80cm	80~150cm	>150cm	
路基工程	路基土石方工程	13-1-1-3	K60+242~K63+700路基土石方工程	30	台背回填	K60+242通道桥1号台					17
				31	土方路基	K60+242~K60+718	6.14	4	3	18	
				32	台背回填	K60+718小桥0号台					
				33	台背回填	K60+718小桥1号台					
				34	土方路基	K60+718~K61+055	5.42	4	3	16	
				35	台背回填	K61+055中桥0号台					
				36	台背回填	K61+055中桥4号台					
				37	土方路基	K61+055~K61+653	4.76	4	3	14	
				38	台背回填	K61+653小桥0号台					
				39	台背回填	K61+653小桥2号台					
				40	土方路基	K61+653~K62+851	4.50	4	3	13	
				41	台背回填	K62+851小桥0号台					
				42	台背回填	K62+851小桥1号台					
				43	土方路基	K62+851~K63+124	4.01	4	3	11	
				44	台背回填	劳动河大桥0号台					
				45	台背回填	劳动河大桥9号台					
				46	土方路基	K63+124~K63+700	3.78	4	3	8	

排水工程分项划分表

表 5-8

单位工程	分部工程	(子)分部工程 编码	(子)分部工程 名称	分项工程 序号	分项工程 部位	分项数 泄水槽	分项数 排水沟	分项数 边沟	分项数 急流槽	分项数 渗沟	分项数 截水沟	分项总数
路基工程	排水工程	13-1-2-1	K55 + 100 ~ K57 + 808 排水工程	1	K55 + 100 ~ K55 + 662		1	1				15
				2	K55 + 662 ~ K55 + 908		1	1				
				3	K55 + 908 ~ K56 + 464		1	1				
				4	K56 + 464 ~ K56 + 748		1	1			1	
				5	K56 + 748 ~ K57 + 303		1	1			1	
				6	K57 + 303 ~ K57 + 808		1	1			1	
		13-1-2-2	K57 + 808 ~ K60 + 242 排水工程	7	K57 + 808 ~ K58 + 322		1	1				11
				8	K58 + 322 ~ K58 + 816		1	1			1	
				9	K58 + 816 ~ K59 + 668		1	1			1	
				10	K59 + 668 ~ K60 + 242		1	1			1	
		13-1-2-3	K60 + 242 ~ K63 + 700 排水工程	11	K60 + 242 ~ K60 + 718		1	1				14
				12	K60 + 718 ~ K61 + 055		1	1				
				13	K61 + 055 ~ K61 + 653		1	1			1	
				14	K61 + 653 ~ K62 + 851		1	1			1	
				15	K62 + 851 ~ K63 + 124		1	1				
				16	K63 + 124 ~ K63 + 700		1	1				
说明	共 40 个分项工程											

小桥、通道桥工程分项划分表

表 5-9

单位工程	分部工程	(子)分部工程		分项工程						分项总量
		编码	名称	序号	名称	部位	序号	工序名称	分项数量	
路基工程	小桥或通道桥	13-1-3-1	K55 +908 小桥	1	基础与下部工程	0 号台桩基础	1	钢筋笼制作与安装	12	90
							2	成孔与灌注水下混凝土		
						0 号台承台	1	钢筋加工与安装	2	
							2	承台混凝土		
						0 号台台身	1	钢筋加工与安装	2	
							2	台身混凝土		
						0 号台台帽	1	钢筋加工与安装	2	
							2	台帽混凝土		
						1 号墩桩基础	1	钢筋笼制作与安装	12	
							2	成孔与灌注水下混凝土		
						1 号墩承台	1	钢筋加工与安装	4	
							2	承台混凝土		
						1 号墩身	1	钢筋加工与安装	4	
							2	墩身混凝土		
						1 号墩墩帽	1	钢筋加工与安装	4	
							2	墩帽混凝土		
						2 号台桩基础	1	钢筋笼制作与安装	12	
							2	成孔与灌注水下混凝土		
						2 号台承台	1	钢筋加工与安装	2	
							2	承台混凝土		
						2 号台台身	1	钢筋加工与安装	2	
							2	台身混凝土		
						2 号台台帽	1	钢筋加工与安装	2	
							2	台帽混凝土		
						支撑梁	1	钢筋加工与安装	28	
							2	支撑梁水泥混凝土		

续上表

单位工程	分部工程	(子)分部工程		分项工程						分项总量
		编码	名称	序号	名称	部位	序号	工序名称	分项数量	
路基工程	小桥或通道桥	13-1-3-1	K55 +908 小桥	2	空心板预制	1 号孔 1 ~24 号板 2 号孔 1 ~24 号板	1	钢筋加工与安装	48	48
							2	空心板混凝土		
				3	空心板安装	1 号孔空心板 2 号孔空心板	1	支座安装	2	2
							2	梁板安装		
				4	桥面铺装	左幅桥面铺装 右幅桥面铺装	1	钢筋网加工与安装	4	4
							2	桥面铺装混凝土		
				5	防撞墙	左幅防撞墙 右幅防撞墙	1	钢筋加工与安装	8	8
							2	防撞墙混凝土		
				6	桥头搭板	0 号台左右幅搭板 0 号台左右幅搭板	1	钢筋加工与安装	4	4
							2	搭板混凝土		
				7	桥梁总体	全桥	1	全桥	1	1
				8	防护工程	0 号台围挡墙基础（左、右）	1	水泥混凝土浇筑	4	14
						2 号台围挡墙基础（左、右）	1	水泥混凝土浇筑		
						0 号台围挡墙（左、右）	1	水泥混凝土浇筑	4	
						2 号台围挡墙（左、右）	1	水泥混凝土浇筑		
						0 号台左右锥坡 2 号台左右锥坡	1	浆砌片石	4	
						1 号孔桥下铺砌 2 号孔桥下铺砌	1	浆砌片石	2	
说明	本小桥为 1 个子分部，共 171 个分项工程，整个项目中小桥和通道共 1361 个分项工程									

4）涵洞工程的分解

由表5-3知，涵洞工程可分解为涵洞工程基础、主要构造预制、安装或浇筑等分项。这里以K55+268圆管涵和K58+550箱涵进行分解。其中K55+268圆管涵包括10个分项，K58+550箱涵包括5个分项，详见表5-10。

2. 桥梁工程的分解

由表5-5可知，K63+124劳动河大桥工程分解为16个分部工程，各分部工程进一步划分为分项工程。具体划分如下。

1）基础及下部构造的分解

（1）0号台和9号台的分解。0号台和9号台结构完全相同，均采用肋板式轻型桥台，桥台左右幅分离，每幅由2个肋板组成，上设盖梁，下设承台，承台下设两根钻孔灌注桩。因此，0号桥台可以分解为桩基、承台、肋板、盖梁四类共36个分项工程，详见表5-11。

（2）1～8号墩的分解。1～8号墩的结构完全相同，均采用钻孔灌注桩和柱式桥墩，左右幅分离，每幅由2根钻孔灌注桩上接圆柱式桥墩，上设盖梁，下设系梁。这里以1号墩为例进行分解，全桥的桥墩共192个分项工程，详见表5-11。

2）上部构造预制与安装的分解

（1）梁板预制。该桥每孔24块梁板，9孔共216块梁板，每块板包括钢筋加工与安装和混凝土浇筑两个评定分项，则梁板预制可分为432个子项工程，详见表5-11。

（2）梁板安装。该桥每孔共9孔，每孔包括支座安装和梁板安装两个分项，且左右幅分开，共分为36个分项工程，详见表5-11。

3）总体、桥面系和附属工程的分解

（1）桥面系的分解。桥面系包括桥面铺装、伸缩缝两个分项，其中桥面铺装三孔一联，分左右幅，有12个子分项；伸缩缝分左右幅，每幅4道伸缩缝，有8个子分项；共计20个子分项工程，详见表5-11。

（2）附属工程的分解。附属工程包括防撞墙、桥头端柱、桥头搭板等三个分项工程。防撞墙分左右幅，随桥面铺装三孔一联，可分为12个子分项；桥头端柱共4个子分项；桥头搭板分左右幅共4个子分项；附属工程共24个子分项工程，详见表5-11。

（3）桥梁总体只有一个分项，详见表5-11。

4）防护工程的分解

锥坡基础、锥坡设于0号台和9号台，且分左右幅，共分为8个子分项，详见表5-11。

（五）将分项（子项）工程分解为工序

1. 路基土石方填筑工程的分解

路基土石方路堤，必须根据设计断面，分层填筑，分层压实。采用机械压实时，为了保证压实效果，分层的最大松铺厚度，高速公路和一级公路不应超过30cm；其他公路按土质类别、压实机具功能、压实遍数等，经过试验确定。但最大松铺厚度，不宜超过50cm。填至最后一层的最小厚度，不应小于8cm。为了便于施工管理和质量控制，应对路基的填筑层数进行预估。根据不同土质的压实系数和最大松铺厚度，可以确定每层路基填土的最大压实厚度，再根据路基的填土的总厚度，即可计算出路基的层数。每层路基作为一个工序。

2. 钻孔灌注桩工程的分解

钻孔灌注桩的桩孔完成之后，应尽快下钢筋笼并灌注水泥混凝土，否则容易造成坍孔事故。因此，在钻孔前，钢筋笼必须已经制作完成并经检验合格。钻孔灌注桩施工主要包括钢筋

表 5-10

涵洞工程分项划分表

单位工程	分部工程	(子)分部工程		分项工程						分项总量
		编码	名称	序号	名称	部位	序号	工序名称	分项数量	
路基工程	涵洞工程	13-1-4-1	K55 +268 圆管涵	1	基础	全涵	1	基坑开挖	1	10
							2	基础混凝土浇筑	1	
				2	管节预制	全涵	1	钢筋加工与安装	1	
							2	管节混凝土浇筑	1	
				3	管节安装	全涵	1	管节安装	1	
							2	护管混凝土	1	
				4	洞口	进水口 出水口	1	端墙混凝土浇筑	2	
							2	八字翼墙混凝土浇筑	2	
		13-1-4-2	K58 +550 箱涵	1	基础开挖	全涵	1	基础开挖	1	5
				2	涵身	全涵	1	钢筋加工与安装	2	
							2	涵身混凝土浇筑		
				3	八字翼墙	进水口出水口	1	八字翼墙混凝土浇筑	2	
说明		本项目总共4座圆管涵、2座箱涵,共计50个分项工程								

K63 +124 劳动河大桥工程分项划分表

表 5-11

单位工程	分部工程	(子)分部工程		分项工程						分项总量
		编码	名称	序号	名称	部位	序号	工序名称	分项数量	
K63 +124 劳动河大桥	基础与下部构造	13-2-1-1	0 号台	1	桩基础	1 号肋板 1 ~2 号桩 2 号肋板 1 ~2 号桩 3 号肋板 1 ~2 号桩 4 号肋板 1 ~2 号桩	1	钢筋笼制作与安装	16	36
							2	成孔与灌注水下混凝土		
				2	承台	0 号台 1 号承台 0 号台 2 号承台 0 号台 3 号承台 0 号台 4 号承台	1	钢筋加工与安装	8	
							2	承台混凝土		
				3	肋板	0 号台 1 号肋板 0 号台 2 号肋板 0 号台 3 号肋板 0 号台 4 号肋板	1	钢筋加工与安装	8	
							2	承台混凝土		
				4	盖梁	0 号左幅盖梁 0 号右幅盖梁	1	钢筋加工与安装	4	
							2	承台混凝土		
		13-2-1-2	1 号墩	1	桩基础	1 号墩 1 号桩 1 号墩 2 号桩 1 号墩 3 号桩 1 号墩 4 号桩	1	钢筋笼制作与安装	8	192
							2	成孔与灌注水下混凝土		
				2	墩柱	1 号墩 1 号柱 1 号墩 2 号柱 1 号墩 3 号柱 1 号墩 4 号柱	1	钢筋加工与安装	8	
							2	柱身混凝土		
				3	系梁	1 号墩左幅系梁 1 号墩右幅系梁	1	钢筋加工与安装	4	
							2	系梁混凝土		
				4	盖梁	1 号墩左幅盖梁 1 号墩右幅盖梁	1	钢筋加工与安装	4	
							2	盖梁混凝土		

续上表

单位工程	分部工程	(子)分部工程 编码	(子)分部工程 名称	分项工程 序号	分项工程 名称	分项工程 部位	序号	工序名称	分项数量	分项总量
K63+124劳动河大桥	基础与下部构造	13-2-1-3 ~ 13-2-1-9	2 ~ 8 号墩	……	……	……	……	……	168	192
		13-2-1-10	9 号台	……	……	……	……	……	36	36
	梁板预制与安装	13-2-2-1	上部构造预制	1	空心板	第 1 孔 2 ~ 24 号梁板 …… 第 9 孔 2 ~ 24 号梁板	1	钢筋加工与安装	648	684
							2	空心板混凝土		
							3	预应力筋加工与张拉		
		13-2-2-2	上部构造安装	2	空心板	第 1 孔梁板安装(左、右幅) …… 第 9 孔梁板安装(左、右幅)	1	支座安装	36	
							2	梁板安装		
	总体、桥面系和附属工程	13-2-3-1	桥面系	1	桥面铺装	1 ~ 3 号孔(左、右幅) 4 ~ 6 号孔(左、右幅) 7 ~ 9 号孔(左、右幅)	1	钢筋网加工与安装	12	20
							2	桥面铺装混凝土		
				2	伸缩缝	0 号台、3 号墩、6 号墩、9 号台(左、右幅)	1	伸缩缝安装	8	
		13-2-3-2	附属工程	1	防撞墙	1 ~ 3 号孔(左、右幅) 4 ~ 6 号孔(左、右幅) 7 ~ 9 号孔(左、右幅)	1	钢筋加工与安装	12	24
							2	防撞墙身混凝土		
				2	桥头搭板	0 号台、9 号台(左、右幅,上、下层)	1	钢筋加工与安装	8	
							2	搭板混凝土		
				3	桥头端柱	0 号台、9 号台(左、右幅)	1	桥头端柱	4	
		13-2-3-3	总体	1	桥梁总体	全桥	1	全桥	1	1
	防护工程	13-2-4-1	防护工程	1	锥坡基础	0 号台(左、右幅) 9 号台(左、右幅)	1	浆砌片石	8	8
				2	锥坡	0 号台(左、右幅) 9 号台(左、右幅)	2	浆砌片石		
说明	全桥 16 个分部工程,共 1001 个分项工程									

笼制作、钻孔、下钢筋笼和灌注水下混凝土几个关键工序。

3. 混凝土工程

混凝土工程主要包括模板安装和混凝土浇筑两个关键工序。

4. 钢筋混凝土工程的分解

钢筋混凝土工程主要包括钢筋加工及安装、模板制作与安装和混凝土浇筑三个关键工序。

5. 预应力混凝土工程的分解

先张法预应力混凝土工程主要包括钢丝或钢绞线张拉、钢筋加工安装、模板制作与安装、水泥混凝土浇筑等几道关键工序。

6. 砌筑工程

砌筑工程包括基坑开挖、砌筑两个关键工序。

通过工程项目分解，在开工前就可以预先准备单位、分部及分项工程质量评定表。

五、项目分解案例二

(一)工程概况

某大桥共39孔，上部结构为5片装配式钢筋混凝土T形梁，支座为钢板固定支座与摆柱式活动支座。桥墩为双柱式，基础为钻孔灌注桩群桩基础。该桥T梁弯曲裂缝，宽度一般在0.15mm左右，裂缝最大宽度0.3mm，裂缝开展平均高度为70cm，最大高度90cm。全桥37%T梁翼缘板严重漏水，部分铰缝混凝土已经脱落，个别已经出现空洞现象。全桥整个桥面普遍存在4条纵向裂缝，部分伸缩缝损坏较严重。桥面局部坑槽、局部碎裂。全桥共有10%的横隔梁钢板连接部位开焊、扭曲，甚至断裂破坏。

该桥的加固方案为：桥面维持原净宽，设计荷载由原来的汽—13，拖—60提高到汽—20，挂—100。加固项目主要包括拆除全桥的桥面铺装混凝土，重新浇筑40号桥面铺装混凝土、涂防水层，摊铺5cm沥青混凝土；人行道与栏杆改为防撞墙；所有横隔梁的两片梁间凿除50cm，然后用钢筋与原横隔梁主筋焊接，现浇湿接缝；凿除T梁旧翼缘板之间50cm，在此设湿接缝。在跨中粘贴二层GFRP，在支座与L/4间粘贴U形箍，以提高T梁的斜截面承载能力；对主梁混凝土缺陷及大于0.25mm的裂缝，用环氧胶液灌注裂缝补强；为加强桥面铺装混凝土与主梁的连接，在主梁梁肋上植连接筋；全桥所有支座均更换为橡胶支座；更换9号孔4号梁；全桥设置11道伸缩缝，桥面除1~3号孔3孔连续外，其他均为4孔连续。

(二)工程项目分解

在对该桥进行项目分解时，将该桥作为一个单位工程，分解为四个分部工程：墩台加固、主梁加固、横向加固和桥面加固；其中墩台加固包括一个分项工程：支座垫石；主梁加固分解为三个分项工程：更换支座、T梁贴布和更换T梁；横向加固分解为横隔梁、伸缩缝加厚块和T梁间湿接缝；桥面加固分解为四个分项工程：桥面铺装混凝土、防撞墙、沥青混凝土桥面铺装和伸缩缝。各分项工程划分为若干个子分项工程，如图5-3所示。

(三)各分项工程工序分解

1. 支座垫石

包括顶升主梁、拆除垫石、钢筋加工与安装、模板安装、浇筑混凝土、拆模养生六道工序。

2. 更换支座

包括更换支座和T梁安装两道工序。

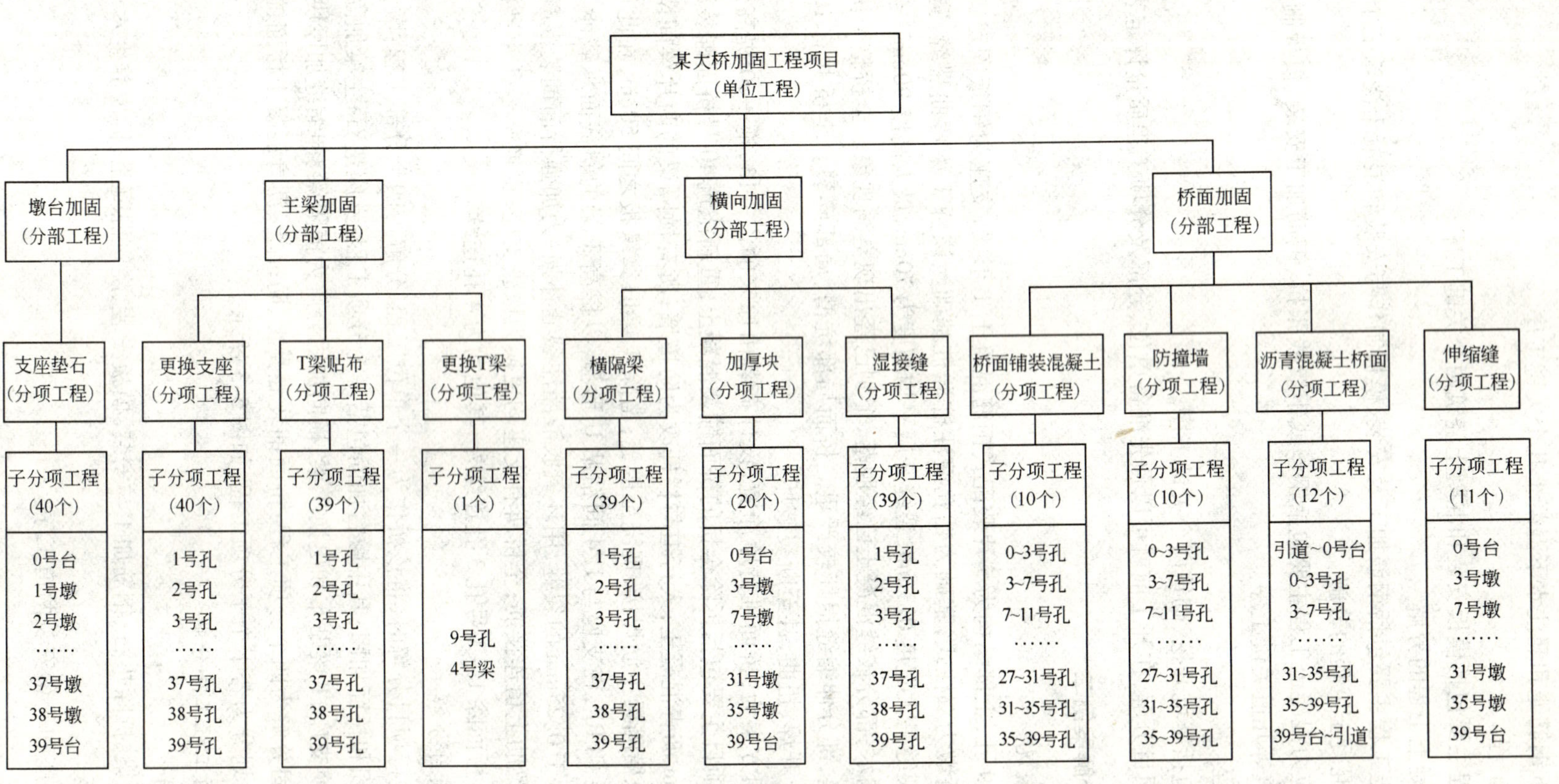

图5-3 某大桥加固工程项目分解体系

3. T 梁贴布

包括修补裂缝、T 梁表面打磨、环氧树脂胶配制、涂刷底胶、玻璃纤维布浸胶、贴布等六道工序。

4. 更换 T 梁

包括凿除原 T 梁、满堂支架、钢筋加工与安装、模板安装、浇筑混凝土、拆模养生六道工序。

5. 横隔梁

包括按设计凿除原横隔梁混凝土、钢筋加工与安装、模板安装、浇筑混凝土、拆模养生五道工序。

6. 伸缩缝加厚块

包括按设计凿除横隔梁和翼缘板混凝土、钢筋加工与安装、模板安装、浇筑混凝土、拆模养生五道工序。

7. T 梁间湿接缝

包括按设计凿除翼缘板混凝土、钢筋加工与安装、模板安装、浇筑混凝土、拆模养生五道工序。

8. 水泥混凝土桥面铺装

包括 T 梁顶面凿毛、安装桥面铺装钢筋网、安装桥面连续钢筋、浇筑混凝土、拆模养生五道工序。

9. 防撞墙

包括钢筋加工与安装、模板安装、浇筑混凝土、拆模养生四道工序。

10. 沥青混凝土桥面铺装

包括桥面铺装混凝土凿毛、桥面防水层、摊铺沥青混凝土三道工序。

11. 伸缩缝

包括切除伸缩缝处沥青混凝土、安装橡胶伸缩缝、浇筑钢纤维混凝土、养生四道工序。

第二节　工程文档数量的预估和预立卷

在施工阶段，工程文档可以划分为综合文件、质量检验评定文件、试验检测文件和竣工图纸四个部分。其中质量检验评定文件和试验检测文件是工程文档的主体，约占总数的 90% 左右。虽然综合文件部分的文档具有不可确定性，但由于其数量相对较少，且可以直接按类型进行预立卷。竣工图纸部分因与设计图纸数量相差很小，故可以按设计图纸的数量估算。因此，工程文档数量预估的对象主要是质量检验评定文件和试验检测文件。

一、工程文档数量预估的意义

由于对文档页数进行了预估并对工程文档进行了预立卷，这样就可以初步确定一个公路工程施工项目案卷的数量、每个案卷的名称、卷内文档数量和文档的总页数。这些数据对公路工程竣工文件材料的收集、立卷和验收有指导意义，主要体现在以下两个方面。

1. 工程竣工档案验收工作有了量化标准

工程文档页数的预估和预立卷改变了过去工程文档验收缺乏量化标准的历史。通过工程文档的预立卷，可以使档案管理部门的相关人员从工程开工时就参与到工程文档的管理工作中来,实现工程文档工作的超前控制,便于工程施工过程中,对工程文档管理工作的指导。通过建立工程文档总目录,使各级工程文档管理人员都能对自己工作范围内的文档数量、案卷数做到心中有数,这样就使工程文档的管理工作得到了量化。在工程竣工时,档案管理部门进行竣工档案验收也有量化的标准。

2. 工程文档的管理工作有了计划性

工程文档中的质量文件与试验检测报表是随着工程施工的进行不断产生的,一般要求一项工程结束,工程文档完成归档。以往由于无法预先了解工程文档的案卷数和文档数,加上工程质量和试验检测文档的数量较大,故上级部门检查时只能抽取部分工程文档进行检查,究竟一个标段的工程文档的收集整理工作是否跟上施工进度,也无法全面了解。实现了工程文档的预立卷,明确了工程文档的数量和案卷的数量,就可以通过已归卷的文件数与计划文件数的比值反映工程文档收集整理工作的完成情况,并可以与工程施工进度相比较,使文档管理者对工程文档管理的总体进度有一个全面的了解,从而及时纠偏,确保工程文档管理工作始终在受控有序的状态下进行,提高工程文档的管理水平。

二、预估工程文档数量的基础

1. 预估质量文档数量的前提条件

工程质量文件量大类繁,是工程施工文档管理中的重中之重,但工程项目一旦确定,施工中将产生的工程质量文档的数量也基本确定下来。但工程项目划分不同,文档的数量也有较大的差异。因此,质量文档数量的预估关键在于标准的工程项目划分。

为了便于工程质量控制,根据建设任务、施工管理和质量检验评定的需要,应在施工准备阶段将建设项目逐级划分为单位工程、分部工程和分项工程。即将项目划分为若干个单位工程,每个单位工程划分为若干个分部工程,而每个分部工程又划分成若干个分项工程。如果有必要,还可以将分项工程进一步划分为若干的子项工程,将每个子项工程划分成若干细项。

由于工程质量控制通常以工序作为最小单位,当一道工序完成后,施工单位经自检合格,将该工序的质量保证资料提交给监理工程师审批签认后,转入下一道工序的施工。因此,工程文档也应以工序为单位进行管理和控制。但项目划分的不同,将会引起工程文档的内容和页数的不同,所以在同一个工程项目中,项目的划分必须按照同一标准进行,从而为工程文档的标准化提供条件。

2. 预估质量文档页数的前提条件

对于同一分项工程或工序,如果文档的格式或者填写方法不同,那么质量文档的页数也会不同。为了提高工程质量文档页数的预估精度,必须统一工程文档的格式和填写方法。目前,工程文档的生成已经逐步实现了微机化,但由于工程文档管理系统的不同,质量文件格式和填写方法也不尽相同,所以,无论是采用人工填写还是用微机生成,在同一个工程项目中,质量文档的格式和填写方法必须采用同一标准。

3. 试验检测文档数量预估的条件

试验检测是公路工程施工过程中为保证工程质量,按一定的抽检频率对工程材料和工程实体的物理性质进行试验与检测。试验检测文档作为试验检测工作的成果,其数量可以根据试验项目数和基本抽检次数来预估。

有了统一的工程项目分解标准和规范的质量文档,就可以对工程文档的数量进行精度较高的预估,实现工程文档的预立卷。

三、工程文档数量的预估

由于每道工序对应一份工程文件，每个分项或子项对应一套工程文件。通过工程项目的分解，可以得出分项工程、子项工程和工序的数量，工程文件的数量进而就明确下来。

试验检测文档数量取决于原材料的抽检次数，而原材料的抽检次数则与材料的用量、种类、品牌、产地、进场的批次和数量以及抽检的频率有关。混合料的抽检次数则与工程实体的数量有关。在开工前，一般都要对设计图纸和工程量进行审核，因此可以预估各种混合料和钢材、木材、石料等的用量。同时，根据各种混合料的配合比可以计算得到各种原材料的总用量，结合施工进度计划和材料进场计划，根据规定的抽检频率确定最基本的抽检次数。通过确定抽检次数，可以明确试验检测的基本工作量，确保试验检测工作符合规定的频率，避免试验检测工作的盲目性。值得指出的是，这里确定的抽检次数仅仅是一个理想的指导性的数据，实际执行过程中，实际抽检工作发生的次数往往要多些，尤其是原材料的抽检次数随着生产厂家（产地）、批次、品牌等的增加而增加，因此实际执行过程中应根据实际情况适当增加抽检的次数，以确保抽检次数满足规定的频率要求。

四、预估质量文档数量的步骤

在具有统一的工程项目分解标准、质量文档格式和填写方法的情况下，就可以按以下步骤预估质量文档页数，如图 5-4 所示。

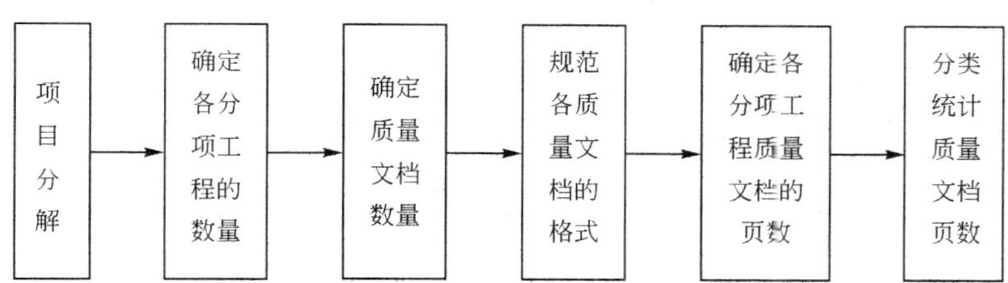

图 5-4　质量文档页数预估的步骤

五、工程文档页数的预估

通过工程项目分解得到工程文档的数量，通过规范工程文档格式与填写方法可以明确各文档的组成，从而可以为工程文档页数的预估奠定基础。

（一）竣工图纸案卷页数的预估

竣工图纸卷的页数与设计图纸基本是一致的，尽管在施工过程中会有设计变更，但变化不大，因此在开工前就可以确定竣工图纸的案卷数量，实现预立卷。

（二）路基工程质量文件案卷页数的预估

1. 路基土方填筑

每段路基土方填筑的质量文档页数可以由每层质量文档的页数和填筑层数来确定。每层路基土方填筑的质量文档中前 3 页是固定的，后面的压实度检测记录的页数取决于该段路基的长度和宽度，纵断高程、中线偏位、宽度、平整度等的检测记录的页数则取决于路段的长度。因此，每个路段的质量文档的页数是可以确定的，确定流程如图 5-5 所示。

1)收集基础数据

(1)工程数据:收集各路段的起讫点桩号、填筑高度、路基边坡坡度、路基顶面宽度、路面车道数、每层最大压实厚度。

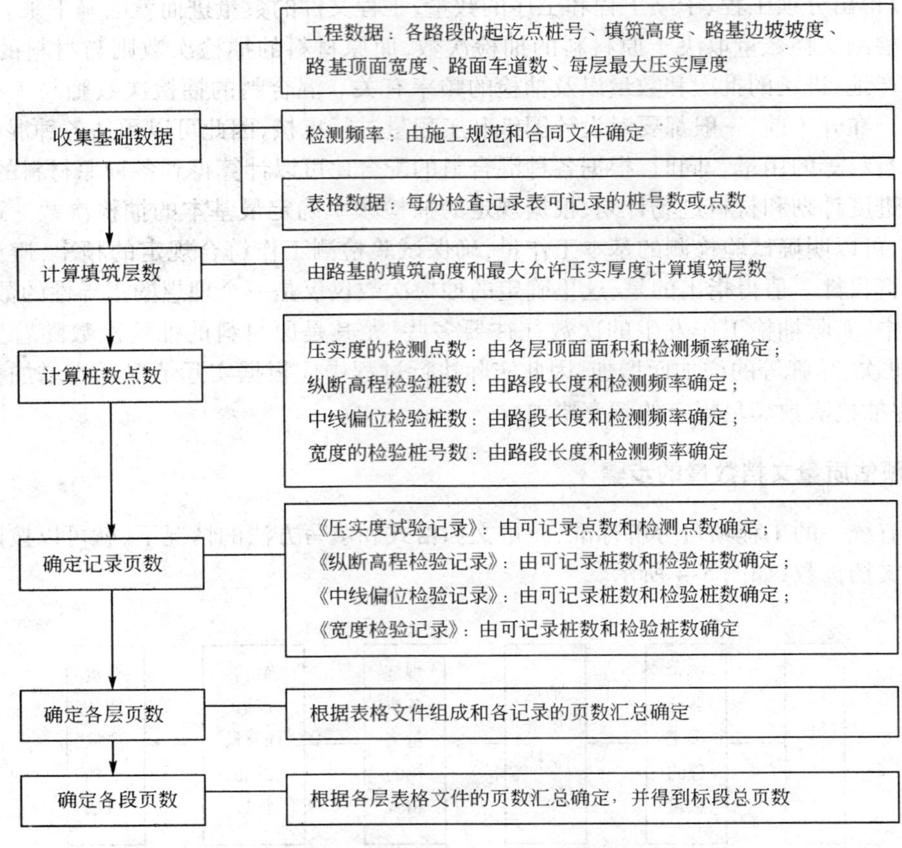

图 5-5　路基质量文档页数预估的步骤

(2)检测频率:由《公路路基施工技术规范》(JTG F10—2006)、《公路工程质量检验评定标准》(JTG F80—2004)和工程合同文件的相关规定确定。

(3)表格数据:每份《压实度试验记录表》、《纵断高程检验记录表》、《中线偏位检查记录表》、《宽度检验记录表》可记录的桩号数。

2)计算各段填筑层数

由路基的填筑高度和每层最大允许压实厚度计算出各段路基填筑层数。

3)计算每层检验的桩号数或点数

(1)压实度点数的确定。《公路路基施工技术规范》中规定:路基填筑过程中每 1 000m^2 至少需要检测 2 点,不足 1000m^2 检测 2 点,必要时可增加检验点。计算各层路基的顶面面积和压实度的检测频率可确定应检验的点数。

(2)纵断高程检验桩数的确定。在路基施工过程中,各层都要恢复中线和检验纵断高程,一般每 25m 一个桩,曲线处增加曲线主点桩。根据检测频率、路段长度和起讫点桩号可以确定需检验的桩数。

(3)中线偏位和宽度检验桩数的确定。在各层恢复中线后,每 50m 检验一个断面。根据检测频率、路段长度和起讫点桩号可以确定需检验的桩数。

4）确定各层表格的页数

根据前三步的计算，可汇总得到各层路基的内业文件的页数，进而得到各段路基内业表格的总页数，并汇总得到整个合同段土方路基内业文件的总页数。

2. 结构物

结构物的质量检验评定文档的页数比较固定，以盘锦至海城高速公路的路基工程施工项目为例，桥梁工程的各部位的质量文档页数如表5-12所示。

桥梁工程质量文档的页数表 表5-12

分部或分项工程名称	单位	页数	分部或分项工程名称	单位	页数
钻孔灌注桩	1根	14	桥面铺装	1孔	8
承台	1个	11	防护栏	1孔	11
薄壁墩或台	1个	11	桥头搭板	1块	11
台帽	1个	11	支撑梁	1孔	11
预应力梁板预制	1片	16	锥坡	1个	6
梁板安装	1孔	4	桥下铺砌	1孔	6
备注	对高速公路而言，表中的1孔均指左或右幅的1个桥孔				

那么只要知道了一座桥各部位的数量，就可以知道该桥的质量文档的总页数，其他结构物的质量文档的页数同理可得。

（三）试验检测文档页数的预估

无论是原材料还是半成品，试验的项目和每份试验检测报告的页数都是固定的，因此在进行试验检测文档数量预估的基础上，很容易就能确定试验检测文档的页数。

六、工程文档的预立卷

根据文档页数的预估、工程项目的划分和相关的工程信息，按工程文档的分类体系，预先确定工程文档的案卷，以后在工程施工的过程中产生的工程文档可直接归档。如同根据文档类型和数量预先准备好档案盒一样，实现工程文档的预立卷。

（一）预立卷的基础

实现工程文档的预立卷需要做好以下基础工作：

（1）明确每份质量文档和试验检测报告的页数。

（2）明确工程文档的立卷规则，如哪些文档可以组成一卷，一卷内可以容纳的文档的总页数，拆分案卷的规则等。

（3）明确各类案卷的保管期限和密级，形成科学技术档案归档目录中的相关信息。

因此可见，就目前的文档管理现状而言，实现工程文档的预立卷，需要做大量细致的基础工作。基础工作做细做实后，可以大大降低工程内业人员的工作强度。

（二）立卷方法

1. 综合文件卷文档的预立卷

由于综合文件卷中一部分文档的数量和总页数是已知的，如合同协议部分已经确定下来，可以直接立卷；而另一部分文档的产生具有不确定性，无法对文档的数量和页数进行预估，如上级下发的文件、本部报批的文件等，但数量相对较少，可以根据其组成内容和分类进行预立卷。然后在文件归档的过程中进行必要的调整，对案卷进行拆分和合并。

2. 竣工图纸卷文档的预立卷

一般说来，竣工图与施工图纸基本是一致的，如果施工图纸没有变动的，由竣工图编制单位在施工图上加盖竣工图章直接作为竣工图；凡有一般性图纸变更及符合杠改或划改要求的变更，可以在原图上修改，并加盖竣工图章；变更较大的应重新绘制竣工图并加盖竣工图章。由于施工图纸已经确定，因此，竣工图纸实现预立卷是很容易的。

3. 质量文件卷文档的预立卷

质量文件卷文档的预立卷工作相对烦琐些，需要利用工程信息和各类质量文档每份的页数来确定。以土方路基填筑为例：每层质量文件的页数由路段的长度和宽度来确定，每层路基顶面宽度由路基边坡坡度、顶面宽度和高度以及路面的车道数确定，每段的填筑层数由填筑高度和每层的最大压实厚度确定。处理的过程如下。

(1)确定工程基础数据。即确定各路段的起讫点桩号排列 PL1 和 PL2、路基宽度、路面车道数 N、最大压实厚度 h、填筑高度 H。

(2)各路段质量文档数和页数的预估。路段每层质量检验评定文档的页数可以根据路段的长度和车道数进行估算，每个路段的填筑层数可以根据路基的填筑高度和每层的最大允许填筑厚度来确定。

(3)生成案卷名称和案卷目录。根据相邻路段的文档页数之和判断是一个路段为一案卷，还是相邻几个路段组成一案卷，并根据起讫桩号生成案卷名称，写入案卷目录。其中案卷目录的信息为：序号、案卷题名、实际页数、计划页数、编制单位、备注。其中备注中可以建立电子文档与纸质文档的关联，即注明与该电子文档对应的纸质文档的档案盒号或档案袋号。

(4)生成科学技术档案归档目录。工程竣工时，根据案卷目录信息直接形成《科学技术档案归档目录》，包括序号、案卷题名、页数、编制单位、编制时间、保管期限、密级、备注等信息。其中页数为案卷目录中的实际页数，编制时间为科学技术档案归档目录的生成时间，保管期限和密级根据实际填写，备注中注明该案卷所在的光盘编号。

4. 试验检测卷文档的预立卷

根据原材料的种类、试验的项目和试验检测文件的预估数量进行预立卷。

(三)编制工程文档卷预归档目录

将综合文件卷、竣工图纸卷、质量文件卷和试验检测卷的预立卷的结果汇总成工程文档案卷预归档目录，并以此作为工程文档管理和验收的依据。

通过以上工作，使所有文档管理人员和技术人员都对施工期间产生的文件数量、案卷数量有清楚的了解，从而实现工程文档的计划管理。

第六章　工程文件的质量管理与控制

在施工过程中，工程质量文件不仅量大类繁，而且产生源多、往来频繁、管理难度较大，是工程项目文档管理工作中的重点。因此，施工过程中不仅要抓好工程文档的收集整理工作，还要对工程文档的质量加以严格的控制。

第一节　工程文件的质量要求

一、工程文件的质量要求

工程文件作为工程施工的原始记录，不仅是工程施工管理中信息传输的主要载体，而且在竣工投入使用后的养护维修、科研工作和科学决策中作为一种宝贵的信息资源发挥着重要作用。工程文件的质量包括两个方面：一是工程文件外观质量，即工程文件的用纸和表格形式的规范性；二是工程文件的内在质量，即工程数据信息的真实性和可靠性。工程文件主要由各种表格构成，为了加强工程施工管理和便于日后的利用，工程文件应满足以下几方面的质量要求。

1. 表格格式统一

尽管在不同的地区或项目中，工程表格的形式有所不同，但在同一个工程项目中，必须在开工前对用于整个工程的所有表格形式制定统一的标准，以保证在施工过程中各单位所用表格的规范性。这样不仅为工程内业工作的评价提供了统一的标准，便于工程管理，而且可以避免工程信息管理的混乱。

2. 填写方法规范

工程文件中的文字和数字应准确地反映工程信息，尤其是工程表格的填写方法必须符合要求。其中文字信息主要反映了工程项目、工程部位、施工单位、监理单位、签署意见、签名等信息，而数字则主要反映了工程质量和工程统计等信息。一般在开工前，应对工程文件的填写方法作统一规范并检查督促执行。

3. 数据真实可靠

数据的真实性和可靠性是工程档案的生命，是工程文件质量的根本所在。工程文件中虚假的数据不仅会造成工程管理中决策的错误，留下各种工程隐患，而且会使工程档案失去使用价值，更可能使利用者身受其害，造成不应有的损失。因此，确保数据真实可靠是工程文件质量管理的核心工作。

4. 外观整洁美观

对美的追求是人的天性，无论在工作中还是在生活中，都体现了人们对美的崇尚。一份外观整洁美观的工程文件不仅使阅读者感到赏心悦目，而且利于保存、方便日后使用者查阅，更能从另一方面反映一个单位或文件形成者的风貌。因此，在文件生成或整理时都应注意这一点。

二、工程文件质量对工程质量管理的影响

工程质量文件与试验检测文件是工程施工质量的原始记录，承包人上报的质量自检报告是业主和监理检查工程质量的重要依据，尽管监理和业主也要对工程实体和原材料进行抽检，但监理一般以不低于20%的频率抽检，业主的抽检频率就更少。如果仅仅靠监理和业主的抽检并不能完全保证工程文件与工程实体的一致性。而虚假的工程文件使监理和业主无法真正了解工程实际质量，容易造成工程质量隐患或更大的不可预测的损失。工程文件中数据的真实可靠性决定了工程文件的质量，而工程文件的质量决定了工程文件与工程实体的符合程度，只有当两者一致时，工程质量才能得到保证。工程质量管理不仅要对工程实体的质量进行管理，而且还要抓好工程文件的质量，使工程文件反映真实的工程信息。

三、工程文件的质量对施工单位的影响

工程文件的质量对施工单位有很大的影响。当监理对施工单位提交的工程自检报告产生怀疑时必然会加大抽检频率，造成时间的浪费和转序的拖延；当监理工程师或业主检查发现施工单位提供了虚假的工程数据，会导致停工整顿和对已检验工程的重新检验，隐蔽工程的剥露检验等，即使经重新检测证明工程质量合格，那么由此引起的时间和经济损失，仍是无法弥补的。工程文件的质量问题不仅会拖延施工进度，增加工程施工费用，而且会损害施工企业的形象和信誉。因此，作为施工单位的管理者应该重视工程文件的管理。

四、工程文件质量对工程档案价值的影响

工程文件在竣工后转化为工程档案而被保存起来，而档案的价值主要体现在情报价值和凭证价值两个方面。工程文件内容真实可靠性决定了工程文件的质量，也从根本上决定了工程档案的情报价值。从这个角度讲，工程文件质量是工程档案的生命，因为工程文件的真实性直接关系到工程文件的利用效果。虚假或错误的工程文件不仅使工程档案丧失情报价值，更严重的是，由于提供了虚假或错误的信息，可能会给使用者造成不同程度的损失。

但值得指出的是，虚假的工程文件主要对工程档案的情报价值影响较大，而对工程档案的凭证价值影响相对较小。虚假的工程文件中的数据信息虽然是假的，但仍然具有保存的价值，即凭证价值，它只不过是文件形成者造假的真实凭证。一旦工程出现问题，通过工程文件仍然可以落实责任。也就是说，无论工程文件中的数据信息真实与否，文件中各级人员的签字却是真的，相关人员的责任仍然不能免除，除非有人伪造工程文件。

因此，工程内业管理是一项严肃的工作，尤其目前实行的工程质量终身责任制度，更加深了工程界的人士对工程文件质量的重视程度。无论施工单位、监理单位，还是业主单位，都应对工程文件的内在质量负责，对自己的签字负责。

第二节　工程文件的质量现状分析

目前工程文件主要存在以下两大方面的质量问题。

一、工程文件缺乏统一规范性

目前，工程文件在表格形式、填写方法、组成规则等方面仍然不规范，在不同地区，甚至在

同一地区或同一个项目中也存在着差异。由于不同部门对工程文件的标准缺乏同一认识,结果造成工程文件的多次修改和返工,不仅加大了工程内业人员的工作量,浪费了工时,而且直接导致工程内业滞后于工程外业,造成了工程文件管理的混乱。主要原因如下。

(一)缺乏统一的标准和管理制度

目前,在一些工程项目中,工程文件疏于管理,缺少一个统一的管理办法或标准。在开工前,工程文件的表格形式、项目要求、整理次序没有及时地制定和下发,施工单位各自根据以往的经验来生成工程文件。而业主单位各部门又政令各异,使施二单位的工程文件经常返工,不仅浪费了大量人力物力,也使施工、监理单位的工程内业人员产生消极和抵触情绪。

(二)贯彻执行标准不认真

目前,工程文件的管理工作并没有真正走上标准化、程序化轨道,在贯彻、执行标准时不认真、不积极、不彻底,甚至有的工程已经完成近一半,还没有弄清楚主管部门对工程文件尤其是质量文件的具体要求。施工单位刚开工时,各方面不协调,需要做的工作很多,很容易忽视工程文件的管理,如果主管部门对此要求不明确、不具体,检查、督促不认真,施工单位就会产生上级不重视工程文件的错觉,最终导致工程文件不规范、不齐全。

可见,该问题主要是由于开工前准备工作不到位和贯彻执行标准不认真造成的。如果在开工前对工程文件的表格形式、填写方法和组成规则均作统一的规范,并作适当的培训,在施工过程中做经常性的检查指导,这些问题是完全可以避免的。

二、工程文件缺乏真实可靠性

为了适应我国改革开放逐步深化的需要,原交通部在总结历史经验的基础上,根据公路建设的特点,科学地制定了公路工程的质量保证体系即"政府监督、社会监理、企业自检"。按照监理程序的规定,自检合格的工程才能交由监理检验,检验合格以后才能进入下一道工序施工。单项工程验收合格后才能进行计量,并规定监理的平行试验和抽检的频率为施工单位的20%以上。按照现行的竣工验收方式,施工单位应先行自验,再交监理初验,然后再由业主、市交通质监站、省交通质监站,直至交通运输部交通质监总站检验。如此层层把关,应该交出质量绝对合格的产品。但是,现实并不如此,许多工程计量后仍要返工,路面铺完后仍发现路基沉陷,被评为优良工程的路面通车不久就大面积开裂。既然各道验收都能够顺利通过,如果仅从工程文件上分析肯定是合格的,显而易见,这些工程文件的真实性和可靠性是值得怀疑的。尤其是处于手工填写状态下的工程文件存在以下几个明显的问题。

(一)表格日期的逻辑性错误

对于公路工程施工来说,任何一个单位、分部和分项工程都有严格的施工工艺流程,工程管理工作应有一定的程序。工程文件作为工程施工的原始记录,应在时间上具有一定的逻辑关系。比如说,一道工序的施工过程中应有施工记录,完成后承包人应先自检,经自检合格后形成自检报告,报请监理工程师检验,监理工程师经检验合格后,形成监理抽检文件,并在施工单位的自检报告上签字,同意转入下一道工序的施工。那么在时间上应存在如下的逻辑关系:

(1)施工记录的日期应早于或等于自检报告的日期;

(2)承包人的递交日期应早于或等于监理的收件日期;

(3)监理签字的日期应早于承包人的收件日期,但应晚于或等于监理抽检报告的日期;

(4)检验申请批复单中的日期均应早于或等于中间交工证书监理工程师签字认可时的日期。

但在检查或查阅工程档案时却常常发现工程文件中的日期不符合施工程序和管理程序的逻辑关系。这一现象至少说明了在当时的工程施工过程中,内业与外业工作不同步或有关人员对工程施工程序和管理程序不熟悉。

(二)工程数据的逻辑性错误

工程文件中填写的数据之间都有一定逻辑关系,并不是各自独立存在的。如在沥青混凝土路面压实度检测报告中应填写路面芯样的高度、空气中重、水中重、体积、路面实测密度、路面标准密度和压实度等数据。在用同一台取芯钻机钻取芯样的情况下,一般直径基本是相同的(当然不排除钻芯钻头摆动造成的偏差),这些数据应满足以下逻辑关系:

(1)芯样的厚度与体积和重量应是成正比的,特别是高度相差较大(大于3mm)时,存在绝对关系。但高度相差较小时,由于芯样钻取的偏差、厚度测量的误差的存在和压实度的不同,这种逻辑关系则不一定成立。

(2)体积(cm^3)数值等于空气中重(g)减去水中重(g)。

(3)路面实测密度(g/cm^3)等于空气中重(g)除以体积(cm^3)。

(4)压实度(%)等于路面实测密度除以路面标准密度。

一般后三个关系出现错误的较少,主要在第一个逻辑关系方面出现的问题较多。在检查工程内业时,经常发现当两个芯样厚度相差较大时,出现芯样的厚度与体积和重量应成反比的现象,或按厚度计算的芯样体积与实测的体积相差很悬殊的情况。在有的记录中,尽管芯样厚度相差很小(小于2mm),压实度也几乎相同,但芯样的体积和重量却相差较大。

再比如钻孔灌注桩水下混凝土灌注记录中记录有混凝土深度、导管长度、已灌入混凝土的数量等数据,当桩径一定时,如果不考虑扩孔的影响,已灌入的混凝土体积与混凝土的高度成正比关系。但在检查时发现:如果按记录中已灌入的混凝土数量计算混凝土的高度,则导管已经从混凝土中拔出来了,或已经小于2m的最小埋置深度。而监理人员仍然在上面签了字。

类似以上两种情况的问题,在工程文件检查过程中经常能够遇到。这种现象的存在大大降低了工程文件的可信度。由此可见,编造工程数据的现象具有普遍性。

(三)数据处理方面的错误

对公路工程质量的评价是以试验检测数据为依据的,试验检测采集得到的原始数据类多量大,并且有各种各样的误差,有时杂乱无章,甚至还有错误,这些数据一般不能直接说明检测结果,更不能直接用于工程质量的评价。因此,必须先要对原始数据进行运算分析,舍弃可疑数据,并通过修正处理,找出检测对象中各参量之间的相互关系或变化规律,然后数据才能用于评价原材料或工程质量,服务于工程。但在工程施工过程中,时常有不按规定对试验检测数据进行分析和处理的现象发生,重要表现在以下几个方面。

1. 修约规则执行标准不一

修约规则包括修约间隔和进舍规则。修约间隔是指确定修约保留位数的一种方式。修约间隔的数值一经确定,修约值即应为该数值的整数倍。最基本的修约间隔为10^n(n为整数),它等同于确定修约到某数位。其他修约间隔还有0.1、0.2、0.5、1、2、5、10或100等,如修约间隔为0.2时,修约后的值应为0.2的整数倍。进舍规则一般规定拟舍弃数字的最左一位数字的情况来定:当小于5时,则舍去,保留的末位数字不变;当大于5,或等于5且后面的数字并非全部为0时,则进1,即保留的末位数加1;当等于5而后面无数字或全部为0时,若所保留的末位数字为奇数则进一,为偶数则舍去。负数修约以绝对值进行修约,然后在修约值前面加上负号。0.5单位修约时,将拟修约数值乘以2,按指定数位依照进舍规则修约，所得数值除以2。0.2单位修约时，将拟修约数字乘以5，按指定数位依照进舍规则修约，所得数值除以5。

但在对工程文件检查时发现，相同工程部位的同一个检测项目的数据并没有按修约规则进行处理。主要表现为保留的位数不一致，数字进舍不符合要求。

2. 未按数理统计方法处理

在对某工程部位进行试验检测时，通常会获得一组数据，由于质量的波动，自然会引起质量检测数据的参差不齐。在一组条件完全相同的重复试验中，会发现少数明显过大或过小的数据，这些数据称为可疑数据。可疑数据出现的原因有多种，可能是试验条件的变化，也可能是检测对象质量分布不均匀，或者由于测试操作者缺乏经验等。如果有可疑数据混入整个质量检测数据中，将可能导致对检测结果分析判断得出完全不同的结论。因此，在进行数据分析之前，必须对这些可疑数据作个别处理，或将其从整个数据中剔除。常用的处理准则有 3σ 准则、肖维勒准则、狄克斯准则和格拉布斯准则等。工程质量应通过检测数据的代表值来评价，而代表值的计算绝不是简单的平均计算，而是要按照数理统计的方法进行计算。如路基路面压实度的代表值应按式(6-1)进行计算。

$$K = \bar{k} - t_{\alpha}S/\sqrt{n} \geqslant K_0 \tag{6-1}$$

式中：$\bar{k}$——检验评定段内各测点压实度的平均值；

t_{α}——t 分布表中随测点数和保证率（或置信度 α）而变的系数；

S——检测值的均方差；

n——检测点数；

K_0——压实度标准值。

但在实际施工中，由于统计分析计算烦琐，一些承包单位的检测人员通常主观地判断剔除可疑数据，或者根本不进行可疑数据的剔除，而直接用于计算；或者直接用平均值作为代表值，使对工程质量的评定出现偏差。

（四）抽样方法不规范

1. 抽样方法不规范

公路工程目前采用的质量检测通常都具有一定的破坏性，一般情况下都采用抽样检验的方法进行检验。抽样是从总体中抽取样本的过程，并通过样本来了解总体。总的来说，抽样检验分为非随机抽样和随机抽样两类。非随机抽样因人的主观因素占主导作用，由此所得到的质量数据，往往会对总体作出错误的判断，所得检验结论的可信度较低。因此，一般要求采用随机抽样的方法。如在《公路路基路面现场测试规程》（JTJ 059—95）和《公路路面基层施工技术规范》（JTJ 034—2000）中规定了施工现场随机取样位置的确定方法。如石灰（水泥）稳定粒料、砂浆、混凝土试件试验都是以随机取样方法进行强度评定的。取样一定要有科学性和真实性，如果不按标准规定进行取样，试件就不能准确反映实际质量，直接影响混凝土强度的评定。公路现场测定采用随机取样是非常重要的，尽管我国已经推行多年，但由于各种施工规范、质量评定标准及相关试验方法要求不明确，且需要查表计算来确定，所以使用并不普遍。在实际施工过程中，主要采用非随机抽样的方法，降低了检测数据的可靠性。

2. 检测频率不足

检测频率不足的问题主要体现在两个方面：一方面是对工程实体的质量检测频率不足。例如路基或路面的压实度试验、土基的CBR试验、回弹弯沉试验等，由于劳动强度大，且费时费力，施工单位的质检人员往往并不严格按规定的频率进行检测。尤其是一些质检人员喜欢凭经验判断路基和路面的压实情况，懒于进行实际检测，有时只检测几点，有时甚至根本不测；对 CBR 试验则人为地减少试件组数，填写质检报告时，不足的部分数据则是靠编造来补齐，形成虚假的质检文件。另一方面是对原材料的抽检频率不足，造成不合格材料漏检。现行标准、规程和规范中对原材料试验取样频率有明确规定，但有些单位对石灰（水泥）稳定粒料组成设计试验、混凝土组成设计试验和钢筋机械性能试验，整个工期只有一次，没有随着料场的改变、批号的不同、品种的差异、施工条件的变化等因素的改变而重新试验。另外，不管进料数量多少，只取一次试验。如钢筋超过 60t、水泥超过 200t，仍只取一组试件，这是不符合规定的。如此材料试验取样频率不足，代表数量不明确，就有可能使某些不合格的材料混入其中，给工程留下隐患，给竣工验收造成不必要的麻烦。

3. 试件取样、制作、养生不规范

在施工过程中，石灰（水泥）稳定粒料、砂浆、混凝土试件如果不按标准规定进行取样、成型、养生，试件就不能准确反映实际质量，直接影响对混凝土强度的评定。有的承包单位在施工中存在少取、漏取和事后补做试件的现象；有的承包单位施工现场不具备试件标准养生的条件，又不送试验室进行标准养生，试件既不是同等条件养生，也不是标准养生；有的承包单位，试件试压时间超规定龄期现象严重；有的承包单位工地现场计量工作基础较差，拌制的砂浆、混凝土、石灰（水泥）稳定粒料强度波动较大；有的承包单位对试件的严肃性、科学性认识不足，制作试件时有集中制作和“吃小灶”现象。诸如此类不规范的做法，必然导致试验结果失真、没有可比性。

（五）试验检测数据雷同

公路工程试验检测数据的雷同现象主要表现在以下两个方面：一是同一工程部位的施工单位自检文件和监理抽检文件中的数据雷同；二是不同的工程部位的施工单位自检文件或监理抽检文件中的数据雷同。如在不同的路基压实度检测记录（灌砂法）中，含水量检测数据中的同一盒号的湿土重和干土重相同的现象多次重复出现。施工单位自检文件和监理抽检文件中的数据完全相同或部分相同（数值和排列顺序完全相同），甚至笔迹也完全相同。这种试验检测数据自然会引起人们对其真实可靠性的质疑。

（六）评分方法不规范

分项工程质量检验内容包括基本要求、实测项目、外观鉴定和质量保证资料四个部分。实测项目是按照合格率计算评分的。但在对分项工程质量评定表进行检查时发现，很多质量评定并未按这一规定进行评分，使质量评定的可靠度降低。

（七）质量凭证过时、失真

1. 合格证书和材质单过时

钢材、水泥、生石灰、沥青等一些主要原材料及成品、半成品、设备的质量一般是通过厂家的合格证（或材质单）、进场前检查试验单和进场时验收试验单来反映。由于目前市场机制不完善，经过多家转手销售，厂方合格证不能与销售同步，一般都是复印件，甚至是复印件的复印件；甚至某些材料早已使用，材料的合格证或材质证明还没有到达施工现场。

2. 原材料抽检试验滞后

由于试验人员数量不足、设备陈旧、仪器落后，进场时材料抽检试验不能与材料进场同步，只好事后补做试验。而材料试验单中的材料品种、数量或试验日期衔接不上，互相矛盾，致使原材料试验报告失真。

3. 试验报告单结论错误

由于一些试验部门跨行业服务，但对所跨行业之标准不熟悉，或试验人员工作疏忽，得出错误的试验结论，如公路工程对钢筋混凝土用水要求氯化物含量不超过600mL，但有些试验部门在氯化物含量达到900mL时，试验报告上的结论仍写"合格"，这样的报告不仅没有价值，而且误事。

第三节　确保工程文件真实性的措施

一、确保质检文件真实性的对策

（一）施工单位的对策

1. 树立质量第一的思想

随着公路工程建设的不断发展，管理水平日益提高，公路建设市场秩序逐步走上规范化的道路。市场竞争也更加激烈。施工单位只有把质量摆在首位，坚持走"以质量求生存，向管理要效益"的道路，才能在市场竞争中站稳脚跟。施工单位的领导必须牢固树立质量意识，加强对施工管理人员的质量意识教育，从法律角度提高他们的认识.使他们充分认识弄虚作假的危害性。从而提高工程文件的内在质量。

2. 建立完善的质量保证体系和约束机制

1987年3月国际标准化组织（ISO）正式发布ISO 9000《质量管理和质量保证》系列标准后，世界各国和地区纷纷等同或等效地采用该标准。我国于1992年发布了等同采用国际标准的《质量管理和质量保证》（GB/T 19000—ISO 9000）系列标准。这一标准为帮助企业建立、完善质量体系，提高质量意识和质量保证能力，提高管理素质和市场经济条件下的竞争能力奠定了基础。施工企业在领导的亲自主持下，合理地分配各级要素与活动，并落实到具体部门或个人。为了便于实施、检查和考核，还要把工作程序文件化，即把企业的各项管理标准、工作标准、质量责任制、岗位责任制编制成与各级要素和活动对应的有效运行的文件。通过建立质量责任制，来引导、约束质检人员、施工人员和试验人员，使他们养成按监理程序办事，及时认真填写质检文件的习惯，要让他们对不真实的质检文件承担相应的行政和经济处罚责任。同时要改善检测条件和检测手段，积极引用先进的检测设备和检测方法，确保检测质量，加大检测频率。

3. 加强试验检测和内业人员培训

提高工程实体和文件质量，加强试验检测内业人员素质的培养是关键环节。首先施工单位内部要加强试验检测和内业人员培训，行业管理部门和质量部门在适当时候也要多举办一些专业培训班，提高试验检测和内业人员的业务水平、技术素质，这是全面提高工程文件质量和工程质量的重要手段。

4. 定期标定试验仪器

主管部门应明确规定试验仪器的标定时间间隔，试验人员应主动与计量部门或仪器生产厂家联系，定期标定自己使用的试验仪器。未经标定或超期尚未标定的仪器不得使用，所测试的试验数据无效。

（二）监理单位的对策

1. 建立正规稳定的监理队伍

监理单位应有自己正规稳定的队伍，加强监理人员的质量意识和廉洁意识教育机制和措施;应建立质量责任制,注意提高监理队伍的整体素质和监理水平,与施工单位建立纯正的工作关系。

2. 加强工程文件的中间检查

监理单位要善于抓住监理工作的重点,加强对质检工作的中间督查,使工程文件与施工进度同步进行。要切实做到“严格监理、热情服务、秉公办事、一丝不苟”。

(三)业主单位的对策

在我国,业主对公路工程项目具有真正的领导权。一个项目工程实体和文件质量的好坏,与业主的领导有直接关系。

1. 制定标准,规范工作

制定一套完整的工程文件管理办法,使内业工作有一个统一的标准,做到有章可循,有法据可依。这样不仅可以使工程内业工作走上向标准化、程序化轨道,也可大大提高工程文件的质量水平,避免工程文件管理工作的混乱。

2. 通过法律手段进行管理

公路工程招投标制度和工程监理制度的实施,使公路工程项目的设计、施工和监理必须经过严格的招投标或议标,签订合同和协议后才开始实施,这为加强工程文档管理提供了契机。可以在承包合同和监理协议中加入工程文档管理方面的条款,明确工程文档的生成、收集、整理和归档工作方面的具体要求。明确承包商和监理方是工程档案积累的第一责任人,这就使工程文件的立卷、归档工作通过法律手段得到保证。

3. 利用经济手段进行管理

建立工程文档抵押金制度,明确规定把工程预留款的部分或全部作为工程档案抵押金,单独立账,不得挪作他用。这样就能引起承包单位的足够重视。确立了工程档案抵押金,这就使工程文件的生成、收集、立卷和归档工作通过经济手段得到控制,充分发挥经济杠杆的特殊作用,针对不同的工程文件质量情况进行奖罚,以此推动和促进工程文件质量的提高。

4. 加强试验检测工作质量的监控

(1)加强试验检测仪器的管理。主管部门应明确规定试验仪器的标定时间间隔,试验人员应主动与计量部门或仪器生产厂家联系,定期标定自己使用的试验仪器。未经标定或超期尚未标定的仪器不得使用,所测试的试验数据无效。

(2)确保工程内业与工程外业同步。工程文件是工程试验检测数据的原始记录,如果工程文件滞后于施工进度,则容易造成编造数据现象的发生。因此,质量监督部门应充分认识质量保证资料的重要性,要善于抓住监理工作的重点,加强对质检工作的中间督查,通过对目前已完工程与工程文件的对比,掌握工程内业与外业工作是否同步。在合同条款中对内业严重滞后的单位或个人应有相应的处理措施,做到有章可循,有据可依。

(3)加强试验数据采集过程的监控。目前大多数试验数据都是通过人工读取的方式进行采集,然后再手工录入到计算机辅助试验管理系统中进行处理,不仅功效低,同时受人为因素影响较大,而且试验检测过程缺乏监控,因此应引入计算机技术和网络技术实现数据自动采集,并建立区域性试验检测数据资源库,这样不仅可以实现试验数据采集过程的监控,而且可以实现资源共享。这将成为未来试验检测管理控制的发展模式。

(4)加强工程检测数据质量检查的监控。业主单位和政府监督部门应强化质量管理手段,加大质量管理力度,既要重视工程实体质量,也应重视工程文件的质量。公路工程都在露天作业,毫无隐蔽性可言,业主和政府监督部门应经常性深入施工现场,对工程实体进行实测，并与承包单位和监理单位的工程文件进行对照检查。同时监理单位和施工单位应加强内部管理，对试验检测的过程和工程文件进行有效的监控，从而确保工程试验检测数据的质量。

5. 加强自身队伍建设

首先，业主单位应加强人员的培训，提高专业水平；其次，应加强自身的廉正建设，对私自介绍分包队伍的业主人员应严肃处理；再次，业主单位应实事求是，绝不能把质量的好坏与关系的好坏等同起来，严格禁止施工单位虚报进度，杜绝超前计量，避免质检资料造假。

纵观全国的公路工程建设，就工程文件的真实性而言，高速公路控制得相对较好，而一些地方道路新建工程及大中修工程，由于工程技术标准相对较低，业主单位往往重视不足。如一些水泥混凝土路面工程，仅仅只有几个频率不够的抗压试验资料，其他一切资料都要造假。因此，加强地方道路工程内业文件的管理，是今后工程文档管理的重要内容之一。

二、工程文件质量检查的方法

(一)工程文件的质量责任分工

文件的形成者应对文件的质量负主要责任，工程文档的审核者对工程文件负监督责任。工程技术人员和工程管理人员是文件的形成者，他们对文件本身的质量负责，而文档管理人员对工程文件的整理和立卷质量负责。

(二)工程文档质量检查的方法

1. 检查数据的逻辑性

(1)签字时间的逻辑性。一份工程文件由多张表格组成，而各表格的形成日期有一定的先后顺序；比如施工记录的日期一定早于或等于质量自检的时间；而检验申请批复单的日期必然迟于或等于质量检验评定表的填写日期；而监理抽检的表格日期必然迟于或等于检验申请批复单的日期。中间交工证书的日期应迟于或等于监理抽检的表格日期。

(2)工程数据的逻辑性。一些工程数据间存在一定逻辑性，通过逻辑性检查将很容易发现其中的错误和内业工作中存在的问题。如沥青混凝土路面钻芯的重量和芯样的高度间的关系是成正比的，但测定密度采用的是水中重法，一些内业人员未做试验而直接编数据，结果只考虑了 $G=\gamma \cdot V$，而忽略了重量、体积与高度这一关系。

2. 检查数据的准确性

主要是检查工程质量自检人员检测的精度。对质检人员检验过的工程进行抽检，通过对抽检数据与提交的自检数据进行对比来检查数据的准确性。

3. 检查数据的真实性

(1)误差符号检查法。通过抽检数据与内业数据对比来检查，分别计算抽检数据与设计数据的误差和内业数据与设计数据的误差，当二者符号相反时，可以认定该内业数据是假的。

(2)逻辑关系检查法。工程数据间存在一定逻辑性，通过逻辑性检查很容易发现其中的错误和内业工作中存在的问题。因此，工程技术人员必须熟悉工程数据的逻辑关系。前面我们已经介绍了两个工程实例，工程实际中还应多观察多总结，掌握更多的检查技巧。

(3)思维定式检查法。通过人的思维定式来检查内业数据的真实性。一般来说，如果让一个人连续编写一组数据多次，则会出现周期性的重复，规律性也较强，这对熟悉工程数据的逻辑关系的内业人员造假是一种有效的检查方法。对于这种工程数据，如果仅拿出一两组数据很难发现其中的问题。但多组数据比较之后就可以发现其中的漏洞了,特别是用绘制控制图的方法可更直观地发现问题。

4. 检查数据的可靠性

数据的可靠性依赖于数据的真实性和准确性,同时还需要利用数理统计的方法进行处理分析后才能确定,特别是当数据量较大时必须借助于计算机系统来进行检查。因此,检测人员应有娴熟的计算机应用技能,才能快速地完成检测数据可靠性的检查。

第七章　工程文件的收集管理

第一节　工程文件的收集管理的分工

一、工程文件的收集

《公路工程竣工文件材料立卷归档管理办法》([2001]390 号)规定:凡是反映与公路工程有关的重要活动、具有查考利用价值的各种载体的文件材料,都应收集齐全,归入公路工程成套档案。其具体的范围按该办法的附件《公路工程竣工文件材料立卷归档范围及保管期限表》执行。

公路工程施工过程中产生的工程文档数量巨大而种类繁多,涉及的单位众多且管理水平不一,只有将众多的工程文件产生源组织起来形成一个完善文件收集管理体系,才能确保工程文档的系统性和完整性。

二、工程文件收集的分工

(一)工程文件收集管理的宏观分工

公路工程在项目准备阶段和工程交、竣工验收阶段形成的文件材料及工程管理性文件材料由交通主管部门和建设单位各承办机构负责收集。

公路工程勘察设计文件由勘察设计单位负责收集。

公路工程施工阶段形成的文件材料,凡实行总承包的,由各分包单位负责其分包项目全部文件的收集,然后由总承包单位进行汇总,并负责对分包单位的文件材料进行审核把关;凡由建设单位分别向几个单位发包的,由各承包单位负责收集其承包公路工程建设项目全部文件材料。

公路工程监理文件由监理单位负责收集,必须按文件材料形成的先后顺序或公路工程建设项目完成进展情况及时收集、整理公路工程文件材料。

(二)工程文件收集管理的微观分工

在同一个单位或部门的工程文件收集工作中,不同人员间的分工属于微观分工。在公路工程施工过程中,按工作性质可以将施工参与者分为三个类型:工程技术人员、工程管理人员和文档管理人员。三者在工程文件的收集与管理方面有着明显的不同,主要体现在以下几个方面。

1. 收集的范围不同

工程技术人员和管理人员只负责收集其工作范围内的工程文件,而文档管理人员则负责整个单位或部门范围内的工程文件的收集。

2. 收集的单位不同

工程技术人员和工程管理人员对文件的收集是以件为单位的,而文档管理人员则是以组为单位进行收集。这是因为工程技术人员和工程管理人员是文件的生成者同时又是临时的管理者。在其生成工程文件后,应对工程文件的流程负责,同时在文件完成信息传递的使命后,应妥善地进行保管,待其工作完成阶段性任务时,应将其手中的工程文件进行整理形成一组或一套文件,移交给文档管理人员。文档管理人员应将收集的工程文件按规定立卷,形成工程技术档案,在竣工时移交给档案部门。

第二节　工程文件的表格化管理

一、工程文件的表格化管理的定义

工程技术文件的表格化管理是指利用表格来处理工程技术文件收集、归纳和整理方面的信息,从而使工程文档管理工作有序化的过程。该方法对纸质文件的收集与整理是一种有效的方法。表格化管理的特点是:

(1)管理者与被管理者必须直接参与填写、核对、确认,使管理更加有效。

(2)与电脑化管理丝丝相扣,电脑化管理的文件形式几乎都以表格形式出现。

(3)清晰、简洁,所表达的内容一目了然。

二、表格及其使用方法

用于工程技术文件收集整理的表格主要包括《工程文件交接记录》、《文件袋或盒编号表》、《竣工档案案卷目录(预立卷)》、《工程文件收集台账》和《袋内文件目录》。这五张表格的用法如下。

1.《工程文件交接记录》

表格中主要有序号、文件题名、收件单位、收件人签字、日期和备注等项目,该表用于工程文件的交接工作,当收件人收到文件时在该记录表中登记名字和日期。如委托单位领取试验报告单时应在该表中登记;当文档管理人员转发上级文件时,领取文件者应在该表中登记,并可以使用《工程文件发放记录》,见表7-1。

工程文件发放记录　　　　表7-1

工程名称:××高速公路　　工程标段:第××合同段　　单位:××路桥公司

序号	文件题名	收件单位	收件人签字	收件日期	备注
1					
2					
…					
15					
16					

由于计算机应用已经普及,制表十分方便,为了便于收件人领取工程文件,可以预先将序号、文件题名和单位名称事先填好并打印出来,领取文件者在领取文件时只需签名和填写日期,从而使发放文件工作更加便利。

当向文档管理员移交成套的工程文件时,可以使用《工程文件交接记录》,见表7-2。该表主要包括序号、案卷题名、文件数量、页数、备注移交人和接收人的签字等内容。该表适用于工程技术人员或一个合同段内各施工队合同段经理部移交成套的工程文件，一般移交者在移交前编制该表一式两份，在文件交接时，接收人检查验收后，只需在表尾处签字和填写日期即可，使工程文件的交接更加方便。

文件交接记录 表 7-2

工程名称：××高速公路　　工程标段：第××合同段　　单位：路基××队

序号	案卷题名	文件数	页数	备注
1	K55 +610 ~ K55 +985 路基土方填筑	12	132	
2	K55 +985 ~ K56 +600 路基土方填筑	14	154	
3	K56 +600 ~ K57 +374 路基土方填筑	11	121	
4	K57 +374 ~ K57 +874 路基土方填筑	8	88	
5	K57 +874 ~ K58 +246 路基土方填筑	9	99	
6	K58 +246 ~ K58 +740 路基土方填筑	12	132	
…				
18				
19				
20				

移交人：×××　　××××年×月×日　　接收人：×××　　××××年×月×日

2.《文件袋或盒编号表》

文件袋或盒编号表是根据工程文件的范围、特点来编制的，供文档管理人员使用，参见表 7-3。一般情况下，工程技术人员所用文件袋数量十分有限，故无须使用该表。

文件袋（或盒）编号表 表 7-3

工程名称：××高速公路　　工程标段：第××合同段　　单位：××路桥公司

序号	文件袋盒编号	袋内文件题名	文件数	页数	备注
1	LJ-001	K55 +610 ~ K55 +985 路基土方填筑	12	132	
2	LJ-002	K55 +985 ~ K56 +600 路基土方填筑	14	154	
3	LJ-003	K56 +600 ~ K57 +374 路基土方填筑	11	121	
4	LJ-004	K57 +374 ~ K57 +874 路基土方填筑	8	88	
5	LJ-005	K57 +874 ~ K58 +246 路基土方填筑	9	99	
6	LJ-006	K58 +246 ~ K58 +740 路基土方填筑	12	132	
…	…	……	…	…	
18					

3.《竣工档案案卷目录（预立卷）》

在开工前，对工程项目进行分解后，就可以进行工程文件数量的预估和预立卷工作，并编制《竣工档案案卷目录（预立卷）》，见表 7-4。通过该表，能够对工程文件的收集和整理工作进行总体控制，该表主要供文档管理人员使用。在平时，可对照此表对在建项目的有关资料进行阶段性收集、整理和装订，这样就可以避免过去在工程竣工时竣工资料的整理和装订工作量过于集中的现象。

通过以上五种表格的应用，工程技术人员和文档管理人员对工程文件的管理既能细致到每个分项和子项工程，又能通观全局到每个单位工程，甚至整个工程项目。

竣工档案案卷目录(预立卷)

表 7-4

工程名称：××高速公路　　工程标段：第××合同段　　单位：路基××队

序号	案卷题名	文件数	页数	备注
1	K55+610～K56+600 路基土方填筑	26	286	
2	K56+600～K57+874 路基土方填筑	19	209	
3	K57+874～K58+740 路基土方填筑	21	231	
…	……	…	…	
18				

4.《工程文件收集台账》

工程文件收集台账是反映一个单位工程中各分部、分项质量文件收集状况的表，也是平时对工程文件进行总体控制的统计表，应结合具体的工程分项和材料抽检试验来制订，便于工程文件的收集与管理，并尽可能地减少填表的工作量，参见表 7-5。

5.《袋内文件目录》

该表详细记录了各文件袋内共有多少文件，以及文件编号、文件名、收入文件时间等信息。主要由工程技术人员收集文件时使用，在生成文件并将文件放入文件袋(或盒)中后，将文件名、归档日期、页数等信息记录于该表中。该表一般贴于文件袋(或盒)的表面，便于对袋内文件的管理，参见表 7-6。

三、表格化管理的优点

1. 条理清楚，工作有序

一般大、中型公路工程的技术文件有两大突出的特点：一是数量巨大，二是种类繁多。竣工文件中有施工合同、施工组织设计、隐蔽单、质检表、试验、测量资料等。内业人员面对如此大量繁杂的工程文件，常常感到无从下手。通过表格化管理，能使这些工程文件分门别类，条理清楚，使整理竣工文件这一较烦琐的工作变得稳而不乱。

2. 便于文件的整理和质量控制

通过表格化管理使竣工分项的评定、文件的整理更为及时，有利于施工单位及时总结控制工程质量。如表 7-8 和表 7-9 中"钻孔桩"一项，K55+985 小桥共有钻孔桩 18 根，如果分项完成时间是 1993 年 7 月 20 日，我们可以在 7 月 20 日左右收集好 18 根的钻孔记录表、钻孔桩终孔隐蔽检查记录、钢筋工程隐蔽检查记录、桩身混凝土浇筑记录以及钢筋和桩的质量评定表，经统计得分，上报反映当月完成项目的质量状况。如工程质量与预期目标产生偏差，就马上反馈给有关单位，以便采取措施纠正。

3. 有利于防止工程文件缺失、遗漏

通过表格化管理能有效地防止竣工文件缺项、漏项。工程一开工，工程项目的质检分项即已确定，可逐项地整理竣工文件，避免分项工程文件的缺失、遗漏。

4. 避免工程文件收发工作的混乱

表 7-5

路基质量检验文件台账

工程名称：××高速公路　　工程标段：第 14 合同段　　施工单位：××路桥公司　　施工队：路基 1 队

序号	路段桩号	计划层数	路基层编号																								袋编号
			1	2	3	4	5	6	7	8	9	10	11	12	13	14	15	16	17	18	19	20	21	22	23	24	25	
1	K55+610 ~ K55+985	12	●	●	●	●	●	●	⊙																			1
2	K55+985 ~ K56+600	16	●	●	●	●	●	●	●	●	●	●																2
3	K56+600 ~ K57+374	22	●	●	●	●	●	●	●	●	●	●	●	⊙	○													3
4	K57+374 ~ K57+874	14	●	●	●	●	●	●	⊙																			4
5	K57+874 ~ K58+246	14	●	●	●	●	●	●	⊙	○																		5
6	K58+246 ~ K58+740	11	●	●	●	●	⊙																					6
7																												
8																												
说明	1. 路基层按填筑的顺序由下至上编排； 2. “○” 表示该层路基正在填筑，“⊙” 表示该层路基已经填筑完成，“●”表示该层路基填筑的质量检验文件已经签认； 3. 在“●”的上方还可注明日期，记录完成日期以备忘																											

袋(盒)内文件目录 表7-6

工程名称:K55 +610 ~ K55 +985 路基土方填筑　　编号:________

编号	名称	归档日期	页数	编号	名称	归档日期	页数
1	第1层	5.26	11	8	第8层		
2	第2层	5.29	11	9	第9层		
3	第3层	6.01	11	10	第10层		
4	第4层	6.03	11	11	第11层		
5	第5层	6.07	11	12	第12层		
6	第6层	6.11	11	……	……		
7	第7层	6.13	11				

通过表格化管理使工程文件的收发更为准确及时,避免将来文件的收发双方以及分包单位之间因未收到有关指令文件而发生扯皮现象。

5. 便于文件保管和查阅,提高工作效率

通过表格化管理使文件的保管和查阅更为方便。由于文件袋内的文件都已经登录于袋内文件目录中。因此,只要看到袋面上(或袋内)的文件目录即可知道该文件袋中文件的情况。通过表格化管理能有效地提高工作效率,节约人力。这也适应了项目法施工中对人员优化精简的需求。

第三节　工程技术人员的文件收集与管理方法

在施工过程中,无论是施工单位的技术人员还是监理单位的监理人员,每天都要生成一定数量的工程文件,并将工程文件按一定的程序进行签认;同时还要在一定时间内临时保管这些文件。由于工期长,文件数量大,因此必须采用合适的方法进行管理。

一、工程技术人员文件收集工作的特点

1. 计划性

在施工准备阶段,工程技术人员通过对其负责的工程进行项目划分和原材料用量的估算,就可以初步明确其工作范围内将产生哪些文件以及文件的数量。这样就能对自己工作范围内的工程文件数量做到心中有数,实现工程文件收集工作的计划管理。

2. 及时性

施工过程中,每天要产生大量的工程文件,作为工程技术人员,必须及时地对这些工程文件的产生与签认流程进行监控,一旦工程文件完成了签认,就应及时地收集和妥善保管,避免工程文件的遗失。尤其是对那些非本人生成的,但又是构成其工作范围内工程文件内容的那部分文件,如原材料抽检试验报告、质量检测试验报告等,更应及时收集。

3. 记录性

工程施工过程的原始数据和信息需要以工程文件的形式进行记录和保存,而工程文件量大类繁的特点,使文件收集管理工作具有繁杂而琐碎的特征。尤其是在传统的工程文件管理模式下,更是如此。因此,制订相应的表格对工程文件收集管理工作进行记录是十分必要的。只有这样,才能使工程文件的收集管理工作具有条理性和明确性,避免文件管理出现混乱。

4. 综合性

工程文件的收集管理是技术人员日常工作内容的重要组成部分，与其他工作有着密切的联系，不是独立进行的。工程文件的收集管理与进度管理、质量管理应进行统一的综合管理，互为补充协调。因为工程文件本身是工程施工进度和质量信息的原始记录，其生成与签认的完成表明了一项工作内容的结束。文件的收集数量与预估数量这两个数字可以从绝对和相对两个方面反映工程的实际施工进度。所以，对工程文件的收集管理并非单一的文件管理，而是对工程进度和质量管理工作的重要补充。通过工程文件的收集管理记录，可以对工程施工进度和质量管理进行有效的控制。

二、工程文件收集管理案例一　土方路基填筑工程质量文件的收集与管理

在××高速公路路基与桥涵施工项目中，某技术人员负责 K55 + 100 ~ K57 + 006 段土方填筑工程的技术管理工作。该段内有 5 个构造物，将路基划分为六个自然段。通过路基填土高度和路基最大容许压实厚度，可以确定各段路基最少的填筑层数。进而可以确定各段路基质量检验文件的数量。同时路基填土的数量也得以确定。可以建立表 7-5 ~ 表 7-7，用于工程进度和工程文件管理。

1. 工程质量文件的收集管理

（1）文件目录的建立与填写。在施工准备阶段，建立《路基质量检验文件台账》，如表 7-5 所示；在施工过程中，工程技术人员只需在表中填写各文件的完成日期或符号即可。为了更便于备忘，建议填写日期。这样，通过该目录不仅可以随时了解工程文件的收集，又可了解工程的进展情况。

（2）文件的临时保管。为了便于文件的保管，技术人员应结合自己所管理的工程内容准备一些档案袋或档案盒，同时在档案袋面或盒面上建立文件目录，如表 7-6 所示，每装入一份工程文件，在对应的文件目录中填写日期或打“√”。这样不用打开档案袋或档案盒就可以知道袋或盒内文件的数量。

2. 路基填筑用土的抽检试验报告的收集与管理

一般规定，路基填筑用土必须符合工程技术规范要求，采用重型击实标准，土的塑性指数和标准击实试验，一般按取土场的每个土层至少一次或每 5 000m^3 一次，原地面 500m^3 一次，且标准击实试验应由有资质的试验室来做。建立的文件目录如表 7-7 所示。该表应在施工准备阶段建立，在施工过程中随路基土抽检及时填写，通过记录取土场、取样地点、路基土进场量、送检时间和报告返回时间，有效地控制路基土的抽检频率和试验报告的收集。

路基填筑用土抽检试验单台账　　表 7-7

工程名称：××高速公路　工程标段：第 14 合同段　施工单位：××路桥公司　施工队：路基 1 队

序号	取土场名称	取样地点	路基土进场量（m^3）	土样送检时间	报告返回情况	土样质量合格
1	××取土场	取土场	0	6.03	√	√
2	××取土场	工程现场	2461	6.16	√	√
3	××取土场	工程现场	7457	7.01	√	√
4	××取土场	工程现场	11300	7.10	√	√
5	××取土场	取土场	14386	7.27	√	√
6	××取土场	工程现场	18674	8.04	√	√
7	××取土场	工程现场	23114	8.15		
……	……					

将路基土抽检试验报告单放入档案袋或档案盒时，在袋或盒面上的文件目录中可以只填写抽检日期，这样通过文件目录就可以知道已收集的文件数量情况。

三、工程文件收集管理案例二　小桥工程施工文件的收集与管理

在××高速公路路基与桥涵施工项目中，某技术人员负责 K55 + 985 小桥的技术管理工作，已知该桥为 2×13m 简支空心板桥，薄壁式墩台，每个墩或台下设 6 根钻孔灌注桩，桥头按左右幅共设 4 块桥头搭板。则可以建立一个质量检验和材料试验文件台账如表 7-8 ~ 表 7-15 所示。

1. 工程质量文件的收集管理

(1)文件目录的建立与填写。在施工准备阶段，建立《桥涵质量检验文件台账》，如表 7-8 所示。然后，在施工过程中，工程技术人员只需在表中填写各文件的完成日期，或通过符号表示各工程部位的施工进展和文件生成情况。这样，通过该目录不仅可以随时了解工程文件的收集，又可以了解工程施工的进展情况。

桥涵质量检验文件台账　　表 7-8

工程名称：××高速公路　　工程标段：第 14 合同段

分项工程：K55 + 985 小桥　　施工单位：××路桥公司

序号	工程部位	文件情况	序号	工程部位	文件情况
1	0-1 桩	●	25	1 号墩右台身	
2	0-2 桩	●	26	2 号台台身	
3	0-3 桩	●	27	0 号台台帽	
4	0-4 桩	●	28	1 号墩左墩帽	
5	0-5 桩	●	29	1 号墩右墩帽	
6	0-6 桩	●	30	2 号台台帽	
7	1-1 桩	●	31	第 1 孔左幅梁板安装	
8	1-2 桩	●	32	第 1 孔右幅梁板安装	
9	1-3 桩	●	33	第 2 孔左幅梁板安装	
10	1-4 桩	●	34	第 2 孔右幅梁板安装	
11	1-5 桩	●	35	第 1 孔左幅桥面铺装	
12	1-6 桩	●	36	第 1 孔右幅桥面铺装	
13	2-1 桩	⊙	37	第 2 孔左幅桥面铺装	
14	2-2 桩	○	38	第 2 孔右幅桥面铺装	
15	2-3 桩		39	第 1 孔左幅防撞墙	
16	2-4 桩		40	第 1 孔右幅防撞墙	
17	2-5 桩		41	第 2 孔左幅防撞墙	
18	2-6 桩		42	第 2 孔右幅防撞墙	
19	0 号台承台		43	0 号台左幅桥头搭板	
20	1 号墩左承台		44	0 号台右幅桥头搭板	
21	1 号墩右承台		45	2 号台左幅桥头搭板	
22	2 号台承台		46	2 号台右幅桥头搭板	
23	0 号台台身		47	0 号台左幅围挡墙	
24	1 号墩左台身		48	0 号台右幅围挡墙	

续上表

序号	工程部位	文件情况	序号	工程部位	文件情况
49	2 号台左幅围挡墙		52	0 号台右幅锥形护坡	
50	2 号台右幅围挡墙		53	2 号台左幅锥形护坡	
51	0 号台左幅锥形护坡		54	2 号台右幅锥形护坡	
说明	1."○"表示该工程部位正在施工； 2."⊙"表示该工程部位已经完工； 3."●"表示该构造物的质量检验文件已经签认				

(2)文件的临时保管。为了便于文件的保管，技术人员应根据其管理的工程准备一些档案袋或档案盒，同时在档案袋面或盒面上建立文件目录，如表 7-9、表 7-10 所示，每装入一份工程文件，在对应的文件目录中填写日期或打"√"。这样不用打开档案袋或档案盒就可以知道里面文件的数量。

袋(盒)内文件目录 表 7-9

工程名称：K55 +985 小桥基础与下部 编号：________

编号	名称	归档日期	页数	编号	名称	归档日期	页数
1	0-1 桩	5. 26	14	16	2-4 桩		
2	0-2 桩	5. 29	14	17	2-5 桩		
3	0-3 桩	6. 01	14	18	2-6 桩		
4	0-4 桩	6. 03	14	19	0 号台承台		
5	0-5 桩	6. 07	14	20	1 号墩左承台		
6	0-6 桩	6. 11	14	21	1 号墩右承台		
7	1-1 桩	6. 13	14	22	2 号台承台		
8	1-2 桩			23	0 号台台身		
9	1-3 桩			24	1 号墩左台身		
10	1-4 桩			25	1 号墩右台身		
11	1-5 桩			26	2 号台台身		
12	1-6 桩			27	0 号台台帽		
13	2-1 桩			28	1 号墩左墩帽		
14	2-2 桩			29	1 号墩右墩帽		
15	2-3 桩			30	2 号台台帽		

袋(盒)内文件目录 表 7-10

工程名称:K55 +985 小桥上部构造及附属构造 编号:

编号	名 称	归档日期	页数	编号	名 称	归档日期	页数
1	第 1 孔左幅梁板安装	5. 26	4	13	0 号台左幅桥头搭板		
2	第 1 孔右幅梁板安装	5. 29	4	14	0 号台右幅桥头搭板		
3	第 2 孔左幅梁板安装	6. 01	4	15	2 号台左幅桥头搭板		
4	第 2 孔右幅梁板安装	6. 03	4	16	2 号台右幅桥头搭板		
5	第 1 孔左幅桥面铺装	6. 07	4	17	0 号台左幅围挡墙		
6	第 1 孔右幅桥面铺装	6. 11	4	18	0 号台右幅围挡墙		
7	第 2 孔左幅桥面铺装	6. 13	4	19	2 号台左幅围挡墙		
8	第 2 孔右幅桥面铺装			20	2 号台右幅围挡墙		
9	第 1 孔左幅防撞墙			21	0 号台左幅锥形护坡		
10	第 1 孔右幅防撞墙			22	0 号台右幅锥形护坡		
11	第 2 孔左幅防撞墙			23	2 号台左幅锥形护坡		
12	第 2 孔右幅防撞墙			24	2 号台右幅锥形护坡		

2. 原材料及水泥混凝土抗压强度抽检试验文件的收集与管理

(1)文件目录的建立与填写。桥涵工程的原材料包括钢筋(Ⅰ、Ⅱ级)、水泥、砂、碎石、片(块、料)石等,进行原材料抽检时应根据原材料的产地、规格、数量、进场的批次确定抽检的次数。且原材料的抽检又有多种试验项目,为了有效地对原材料抽检工作和试验报告单进行管理和控制,必须结合上述内容制订合适的表格。这里给出的样表,即表 7-11 ~ 表 7-15 在对原材料抽检试验进行管理的同时,也实现了对原材料抽检试验报告单的管理。

水泥混凝土抗压强度抽检试验文件目录结合各工程部位很容易得到,见表 7-11。

水泥混凝土抗压强度抽检试验单台账 表 7-11

工程名称:× ×高速公路 工程标段:第 14 合同段

分项工程:K55 +985 小桥 施工单位:× ×路桥公司

序号	工程部位	制件时间	试验时间	送检时间	返回情况	质量合格
1	0-1 桩	5. 08	6. 04	6. 03	√	√
2	0-2 桩	5. 14	6. 10			
3	0-3 桩	5. 09	6. 05	6. 03	√	√
4	0-4 桩	5. 14	6. 10			
5	0-5 桩	5. 08	6. 04	6. 03	√	√
6	0-6 桩	5. 12	6. 08	6. 07		
7	1-1 桩	5. 08	6. 04	6. 03	√	√
8	1-2 桩	5. 14	6. 10			
9	1-3 桩					
10	1-4 桩					
11	1-5 桩	5. 08	6. 04	6. 03	√	√
12	1-6 桩					
13	2-1 桩					
14	2-2 桩					
15	2-3 桩					

续上表

序号	工程部位	制件时间	试验时间	送检时间	返回情况	质量合格
16	2-4 桩					
17	2-5 桩					
18	2-6 桩					
19	0 号台承台					
20	1 号台左承台					
21	1 号台右承台					
22	2 号台承台					
23	0 号台台身					
24	1 号台左台身					
25	1 号台右台身					
26	2 号台台身					
27	0 号台台帽					
说明						

(2)文件的临时保管。水泥混凝土抗压强度抽检试验文件的数量可事先确定,可以参照建立质量文件目录的方法进行收集保管。对于原材料,应按种类分别装入不同的档案袋或盒中进行保管,在盒或袋面上设立文件目录,当数量较少时,可以并入一个盒或袋中,但不同原材料间应隔开,以便查找。原材料抽检次数虽然可以预估,但由于原材料进场的批次、数量和时间具有随机性,可以事先建立空目录,每次抽检试验报告单返回并签认、放入档案袋或盒中后,在目录中填写文件页数和日期。

四、工程文件收集管理案例三　路面工程施工质量文件的收集与管理

××高速公路路面施工项目,路面由沥青混凝土面层、水泥稳定碎石基层、二灰稳定砂砾底基层和砂砾垫层构成,路缘石为花岗岩料石,土路肩。第一合同段的起讫桩号为 K0+000 ~ K55+100。根据总监办下发文件的统一规定:路面工程每个合同段为一个单位工程,按每 1 000m 路段作为一个分部工程,路面面层、基层、底基层、垫层、路槽均按每1 000m 单幅为一个分项工程,每 200m 段为一个子分项工程,不足 200m 大于 150m 单独为一个子分项工程,小于 150m 并入下一子分项工程。路肩每 1 000m 双幅为一个分项,每单侧为一个子分项。路缘石每 1 000m 单幅为一个分项工程。

1. 工程质量文件的收集与管理

按上述项目分解的原则,可以容易地建立工程质量文件目录。一般每个技术人员负责的工程部位是不同的。因此,可以分别按面层(上、中、下面层)、基层、底基层和垫层、缘石和路肩分别列出工程文件质量目录。每个子分项工程的质量检验文件签认完成后,可在对应的文件栏内画"√"或填写日期。质量文件目录表见表 7-16。

钢筋抽检试验单台账

表 7-12

项目名称：× ×高速公路　　工程标段：第 14 合同段　　施工单位：× ×路桥公司　　施工队：桥涵 1 队

工地验收批次	进场时间	品种	直径（mm）	产地	代表数量（t）	存放地点	用途、供应范围（桩号、部位）	送检时间	试验项目			报告返回情况	质量合格
									拉伸试验	冷弯试验	可焊性试验		
1	6.02	Ⅱ	20	新抚钢厂	107.43	K55 +485	K55 +485 小桥桩基	6.03	√	√	√	√	√
2	6.16	Ⅰ	8	鞍钢小型轧钢厂	61.00	K55 +485	K55 +485 小桥桩基	6.16	√	√		√	√
……													
说明													

水泥抽检试验单台账

表 7-13

工程名称：× ×高速公路　　工程标段：第 14 合同段　　施工单位：× ×路桥公司　　施工队：桥涵 1 队

工地验收批次	进场时间	品种强度等级	品牌	产地	代表数量（t）	存放地点	用途、供应范围（桩号、部位）	送检时间	试验项目					报告返回情况	质量合格
									凝结时间	胶砂强度	安定性	标准稠度	细度		
1	6.02	P32.5	地球	本溪水泥厂	107.43	K55 +485	K55 +485 小桥桩基	6.03	√	√	√	√	√	√	√
2	7.16	P42.5	金盾	辽阳桦子水泥厂	61.00	K55 +485	K55 +485 小桥承台	7.16	√	√	√	√	√	√	√
……															
说明															

水泥用碎(砾)石抽检试验单台账

表 7-14

工程名称:××高速公路　　工程标段:第 14 合同段　　施工单位:××路桥公司　　施工队:桥涵 1 队

工地验收批次	进场时间	品种	规格(mm)	产地	代表数量(m^3)	存放地点	用途、供应范围(桩号、部位)	送检时间	试验项目编号											返回情况	质量合格
									1	2	3	4	5	6	7	8	9	10	11		
1	6.02	石灰石	5~25	前坎子料场	87.43	K55+485	K55+485 小桥桩基	6.03	√	√	√	√	√	√	√	√	√	√	√	√	√
2	6.02	石灰石	20~40	前坎子料场	91.00	K55+485	K55+485 小桥桩基	6.16	√	√	√	√								√	√
……																					
说明	试验项目编号: 1-筛分试验;2-针片状含量试验;3-压碎值试验;4-含泥量及泥块含量试验;5-含水率试验;6-密度与吸水率试验;7-吸水率及表面含水率试验;8-松方密度及孔隙率试验;9-碱活性检验;10-有机物含量试验;11-坚固性试验																				

水泥混凝土用砂抽检试验单台账

表 7-15

工程名称:××高速公路　　工程标段:第 14 合同段　　施工单位:××路桥公司　　施工队:桥涵 1 队

工地验收批次	进场时间	品种	规格(mm)	产地	代表数量(m^3)	存放地点	用途、供应范围(桩号、部位)	送检时间	试验项目编号												返回情况	质量合格
									1	2	3	4	5	6	7	8	9	10	11	12		
1	6.02	河砂	中砂	熊岳义勇村	87.43	K55+485	K55+485 桥桩基	6.03	√	√	√	√	√	√	√	√	√	√	√	√	√	√
2	6.08	河砂	中砂	熊岳义勇村	61.00	K55+485	K55+485 桥桩基	6.08	√	√											√	√
……																						
说明	试验项目编号: 1-筛分试验;2-含泥量试验;3-表观密度试验;4-毛体积密度、饱和面干密度与吸水率试验;5-堆积密度及紧装密度试验,6-含水率试验;7-泥块含量试验;8-有机物含量试验;9-云母含量试验;10-轻物质含量试验;11-坚固性试验;12-SO_3 含量试验																						

路面质量检验文件台账　　表 7-16

工程名称：××高速公路　　工程标段：第 14 合同段

监理单位：××监理公司　　施工单位：××路桥公司

序号	分项工程	子分项工程	文件收集情况											
			垫层		底基层		基层		下面层		中面层		上面层	
			左幅	右幅	左幅	右幅	左幅	右幅	左幅	右幅	左幅	右幅	左幅	右幅
1	K0 +000 ~ K1 +000	K0 +000 ~ K0 +200	√		√		√							
2		K0 +200 ~ K0 +386	√		√		√							
3		K0 +412 ~ K0 +600	√		√		√							
4		K0 +600 ~ K0 +800	√		√		√							
5		K0 +800 ~ K1 +000	√		√		√							
6	K1 +000 ~ K2 +000	K1 +000 ~ K1 +196	√		√		√							
7		K1 +196 ~ K1 +600	√		√									
8		K1 +600 ~ K1 +800	√		√									
9		K1 +800 ~ K2 +000	√		√									
10	K2 +000 ~ K3 +000	K2 +000 ~ K2 +200	√		√									
11		K2 +200 ~ K2 +400	√		√									
12		K2 +400 ~ K2 +600	√		√									
13		K2 +600 ~ K2 +800	√		√									
14		K2 +800 ~ K3 +000	√		√									
15	K3 +000 ~ K4 +000	K3 +000 ~ K3 +200	√		√									
16		K3 +200 ~ K3 +400	√		√									
17		K3 +400 ~ K3 +600	√		√									
18		K3 +600 ~ K3 +800	√		√									
19		K3 +800 ~ K4 +000	√		√									
20	K4 +000 ~ K5 +000	K4 +000 ~ K4 +200	√		√									
21		K4 +200 ~ K4 +400	√		√									
22		K4 +400 ~ K4 +600	√		√									
23		K4 +600 ~ K4 +800	√		√									
24		K4 +800 ~ K5 +000	√		√									
备注														

根据路面的分层和质量检验文件的页数确定档案袋或盒的数量，在袋或盒面上设文件目录，每装入一份文件在对应的目录中画“√”或填写日期。

2. 原材料抽检试验文件的收集与管理

高速公路面层的沥青混凝土和基层的稳定类结合料均采用厂拌的方式生产，因此，原材料的抽检由拌和站统一进行管理，此不赘述。

第四节　文档管理人员的文件收集与管理方法

一、工程文档管理人员工作特点

在公路工程施工过程中，文档管理人员要对整个合同段或几个合同段的工程文件进行管理，与工程技术人员的文件收集与管理工作有着较大的不同，具有以下特点。

1. 计划性

在施工准备阶段，应认真地阅读和领会业主和总监理工程师下达的与工程文档管理相关的文件，及时收集工程项目分解方案，并对各单位工程文件预估的数量进行检查和统计，从而制订工程文件预立卷方案。根据工程文件预立卷方案规划工地档案室的规模，购置必要数量的档案柜和档案盒，为工程文档的收集与整理做好准备。

2. 成套性

工程文件量大类繁，而文档管理人员有限，故不可能一份一份地收集所有文件。因此，对于数量较少的管理性的文书文件，可以逐份收集和整理，而对于数量较大的质量检验文件和试验检测文件，应整套地进行收集。即要求各工程技术人员在其工作的每个阶段将工程文件按预立卷方案进行整理，编制好案卷目录，使上交文件的排序正确，可以直接进行装订装盒。使工程文件的整理工作量得以分散，降低文档管理人员的工作压力。

3. 指导性

由于工程技术人员通常缺乏工程档案管理方面培训，对工程文件的填写方法、整理与立卷规则不熟悉。因此，文档管理人员应经常性地对工程技术人员的文件管理工作进行指导，使工程文件的收集与管理工作规范而有效，避免造成工程文件管理工作的混乱。

4. 监督性

为了加强工程文件的内在质量，文档管理人员在配合总工程师一起指导工程技术人员做好文件收集与管理工作的同时，还应加强检查和监督，使工程文件生成与工程施工外业同步，保证工程文件内容的真实性、收集的及时性和整理的规范性，确保工程档案的内在质量和外在质量。

二、工程文件预立卷方案的制订

工程施工文件包括管理性文件、工程质量文件、试验检测文件和竣工图等四个部分，应根据不同文件的特点制订立卷方案。

（一）管理性文件的预立卷方案

管理性文件包括上级下达的文件、交桩和复测报告、图纸会审记录、技术交底记录、会议记录和本单位申请报批的文件等。

1. 上级下达的文件

对于施工单位（承包人），上级单位主要指政府监督办公室、建设单位前线指挥部和总监理办公室。由于此类文件的数量相对较少，故可以分别按一卷进行预立卷，即设三个档案盒用于文件的收集和整理。

2. 交桩和复测报告

可暂时按一卷进行预立卷，然后根据实际的文件页数决定是否设分卷。

3. 图纸会审记录

图纸会审记录按单位工程立卷，即按每个单位工程进行预立卷，然后根据实际的文件页数进行分卷或并卷。

4. 技术交底记录

技术交底记录以单位工程为单元进行预立卷，然后根据实际的文件页数设分卷或做卷的合并。

5. 申请报批的文件

本单位申请报批的文件主要包括开工报告、施工组织总设计、阶段性进度计划、试验段实施方案和总结报告、计量支付申请等。

(1)开工报告、分项工程开工申请批复单以单位工程为单元进行预立卷。

(2)施工组织总设计可以单独立卷，阶段性进度计划以年度为单位进行预立卷。

(3)试验段实施方案和总结报告以单位工程为单元进行预立卷。

(4)计量支付申请文件以每期计量支付月报为单元进行预立卷。

(二)工程质量文件的预立卷方案

根据工程项目划分的方案和工程质量文件的预估数量进行预立卷。一般情况下，先按一个分项工程一卷进行预立卷，然后根据实际的文件页数进行分卷或并卷。

(三)试验检测文件的预立卷方案

根据试验检测文件的预估数量和原材料的种类、试验项目分别进行预立卷。

(四)竣工图的预立卷方案

可以根据施工图设计图纸的数量进行预立卷。

三、工程文件的收集与管理

(一)管理性文件的收集

管理性文件由文档管理人员直接进行收集和管理。由于管理性文件具有不确定性，故只能预先编制空目录，然后每收集一份文件，按不同的类别将文件登记于对应的目录中。由于这些文件可能被经常性查阅，可以根据需要复印若干件供查阅，而将原件归档。

(二)工程质量文件和试验检测文件的收集

根据工程文件的预立卷方案，建立工程文件案卷目录。按工程进行的不同阶段对工程质量文件和试验检测文件进行成套收集。如桥涵基础工程全部完成时，进行一次收集；下部构造完成时，进行一次收集；上部构造工程完成时，进行一次收集；工程结束时，再进行一次收集。试验检测文件与工程质量文件同期进行收集。

第八章　工程文件的整理与立卷

在施工过程中，工程质量文件不仅量大类繁，而且产生源多，往来频繁，管理难度较大，是工程项目文档管理工作中的重点。因此，施工过程中不仅要做好工程文档的收集整理工作，还要对工程文档的质量加以严格的控制。

第一节　路基工程施工文件的立卷要求

一、路基土石方工程

（一）成品路基检验记录立卷要求

路基成型后，对上路床顶面进行压实度、弯沉、纵断高程、中线位置、宽度、平整度、横坡度和边坡进行检验，作为分项工程质量检验评定的数据。分项工程质量评定以整公里为单元，成品路基施工检验记录也以整公里为单位立卷。

（二）路基填筑期间施工检验记录立卷要求

路基填筑压实度每层必须检测，并按《公路工程质量检验评定标准》（JTG F80—2004）附录 B 的规定进行评定。压实度的评定以一个工班完成的路段压实层为检验评定单元，评定结果填写在该评定单元最末一张检验记录表上。为避免出现路基填筑的偏位和宽度不足，松铺厚度过大等问题，在路基填筑的每一层，都必须对松铺厚度、中线位置和填筑宽度进行检查。检查记录以整公里为单元立卷。在整公里范围内，往往由于结构物或挖方段的阻隔，填筑可能分为几个施工段进行，施工检验记录可以每个施工段作为一件装订，件内文件按填筑层次排列。例如：某整公里路基分为 XK +105 ~ XK +351 和 XK +402 ~ XK +983 两个施工段进行填筑，资料可分为两件装订，件内文件按填筑层次排列。

（三）桥涵及其他构造物处填土施工检验记录立卷要求

桥台背后、涵洞两侧，锥坡与挡土墙等结构物背后的填土检验记录，桥涵以座为单元立卷；挡土墙以处为单元立卷。

（四）软土地基处理施工检验记录立卷要求

软土地基处理包括挖除换填、抛石挤淤、设置垫层、袋装砂井、塑料排水板、粉喷桩、碎石桩、砂桩、铺设土工织物等一系列施工方法。

软土地基处理方法较多，本节只列出砂垫层、袋装砂井、塑料排水板；粉喷桩、碎石桩、砂桩等处理方法的检验记录和分项工程质量评定格式，说明其立卷方法。软土地基处理检验记录按处理方法分类，以“处”为单位立卷，并以“处”为单位进行分项工程质量评定。

二、路基排水工程

路基排水包括坡面和路界内地表排水，路面和中央分隔带排水。坡面和路界内地表排水由边沟、排水沟、跌水和急流槽，盲沟和截水沟等结构物组成；路面和中央分隔带排水包括纵、横、竖向排水管，渗沟、缝隙式圆形集水管、集水井、路肩排水沟和拦水等结构物。本节只列出土边沟、浆砌排水沟、检查井、盲沟、管道基础和管节安装等结构物的检验记录和分项工程质量评定格式，说明其立卷方法。

(一)施工试验报告立卷要求

排水工程用砂浆、水泥混凝土配合比试验报告，抗压强度抽检试验报告的立卷，参照本书“桥梁工程施工资料”试验报告立卷的有关规定。

(二)施工检验记录立卷要求

按结构形式分类，以整公里为单元进行分项工程质量评定和立卷。

三、挡土墙、防护工程

(一)施工试验报告立卷要求

挡土墙、防护及其他砌石工程所用的砂浆、水泥混凝土配合比试验报告，抗压强度抽检试验报告的立卷，参照本书“桥梁工程施工资料”试验报告立卷的有关规定。

(二)施工检验记录立卷要求

1. 挡土墙

(1)一般挡土墙。

砌体或混凝土一般挡土墙施工检验记录以每处为单元立卷。

(2)大型挡土墙。

大型砌体或混凝土挡土墙施工检验记录以每处为单元立卷。分为基础和墙身两个分项工程，基础可按本书桥梁工程施工资料“浆砌片石基础”或“混凝土基础”进行评定；墙身按本节一般挡土墙要求评定。

(3)加筋土挡土墙。

大型加筋土挡土墙可划分为基础、面板预制、面板安装及加筋土挡土墙总体四个分项工程。基础、面板预制可按桥梁工程混凝土现浇部分有关规定评定；一般加筋土挡土墙可只进行分项工程质量评定，以每处为单元立卷。

2. 防护工程

护坡施工检验记录及锚喷支护施工检验记录立卷和分项工程质量评定均以处为单元。

四、小桥和涵洞

(一)施工试验报告立卷要求

小桥、涵洞用砂浆、水泥混凝土配合比试验报告，抗压强度试验报告的立卷，参照本书“桥梁工程施工资料”试验报告立卷的有关规定。

(二)施工检验记录立卷要求

涵洞(通道)、小桥施工检验记录以座为单元立卷。涵洞(通道)包括基坑、基础、台墩身、盖板预制、安装(或现浇)和洞口防护(锥坡、被交道)施工检验记录。小桥包括基础及下部构造、上部构造预制、安装(或现浇)、桥面、栏杆、人行道等施工检验记录。

分项工程质量评定：涵洞以每道作为一个分项工程评定；小桥按桥梁工程标准评定；跨径或全长符合涵洞标准的通道，以每座作为一个分项工程评定；跨径或全长符合小桥标准的通道，按小桥标准评定。

第二节　路面工程施工文件的立卷要求

路面工程包括底基层、基层、面层、垫层、联结层、路缘石、路肩和路面边缘排水系统等分项工程。

一、一般要求

路面各分项工程用原材料质量和抽检频率、施工技术要求，应分别满足《公路路面基层施工技术规范》(JTJ 034—2000)、《公路沥青路面施工技术规范》(JTG F40—2004)和《公路水泥混凝土路面施工技术规范》(JTG F30—2003)的规定。工程质量各项指标检验频率应满足《公路工程质量检验评定标准》(JTG F80—2004)的要求。

二、水泥(石灰)稳定粒料基层、水泥(石灰)土基层施工资料立卷要求

(一)施工试验报告

1. 混合料配合比试验报告

混合料应按《公路工程无机结合料稳定材料试验规程》(JTJ 057—94)的规定进行试验。报告应包括混合料的掺配比例，最大干密度和最佳含水量，承载比和抗压强度，延迟时间(指水泥稳定类和混合稳定类)的试验结果；配合比设计使用的原材料试验资料。混合料配合比试验报告按使用原材料、掺配比例和结构层次立卷，要求监理审批意见在前，试验报告在后。

2. 施工期间的试验报告

施工期间混合料含水量、含灰量、级配和无侧限抗压强度试验报告，按路面结构层次以分项工程为单元“整公里”立卷(按桩号顺序排列，设有中央分隔带的道路应左右幅分开)。

(二)施工检验记录

1. 水泥稳定粒料基层

压实度、高程、厚度、宽度、横坡度和平整度施检验记录以整公里为单元，按桩号(不按施工时间)立卷(设有中央分隔带的道路左右幅分开)。

为了分项工程质量评定的需要，将无侧限抗压强度抽检试验评定结果抄录在分项工程质量评定表中。

2. 石灰稳定粒料基层和水泥(石灰)土基层

施工检验记录立卷方法与“水泥稳定粒料基层”立卷方法相同。

三、沥青混凝土面层、沥青碎石面层施工资料立卷要求

(一)施工试验报告

1. 沥青混合料配合比试验报告

沥青混合料应按《公路工程沥青及沥青混合料试验规程》(JTJ 052—2000)的规定进行试验。沥青混合料目标配合比、生产配合比和标准配合比试验报告按混合料类型和结构层次分别立卷，要求监理审批意见在前，试验在后。

2. 施工期间抽检试验记录

如施工期间对沥青混合料的生产质量情况抽检和沥青混凝土路面钻芯密度抽检记录等，其文件按路面结构层次、桩号顺序以“整公里”为单元立卷(设有中央分隔带的道路应左右幅分开)。

(二)施工检验记录

1. 沥青混凝土面层

平整度、弯沉值、抗滑性能、宽度和中线偏位、厚度和横坡度检验记录，以整公里为单元按桩号(不按施工时间)和结构层次立卷(设有中央分隔带的道路应左右幅分开)。

2. 沥青碎石面层

施工检验记录与"沥青混凝土面层"立卷方法相同。

四、水泥混凝土面层

(一)施工试验报告

1. 水泥混凝土面层配合比试验报告

混合料应按《公路工程水泥及水泥混凝土试验规程》(JTG E30—2005)的规定进行试验。报告应包括以弯拉强度为设计指标的配合比设计计算书、试验室确定的配合比及强度试验报告、所用原材料试验报告。试验报告按混凝土强度、使用原材料配合比和结构立卷，要求监理审批意见在前，试验报告在后。

2. 施工期间的试验记录

施工期间对水泥混凝土抗折强度抽检试验记录，按桩号顺序立卷(设有中央有分隔带的道路应左右幅分开)。

(二)施工检验记录

板厚、平整度、抗滑构造深度、相邻板高差、纵横缝顺直度、中线平面偏位、宽度、高程横坡度的检验记录，以整公里为单元按桩号立卷(设有中央分隔带的应左右幅分开)。

五、路缘石

路缘石铺设分项工程质量检验评定表和施工检验记录以整公里为单元立卷。

六、路肩

主要包括分项工程质量检验用表、压实度检验用表、平整度用表、宽度用表、横坡度用表等。质量评定和施工检验记录以整公里为单元立卷。

第三节 桥梁工程施工文件的立卷要求

桥梁工程由基础及下部构造、上部构造、桥面系、防护工程和引道等分部工程构成。

一、一般要求

桥梁工程用原材料质量和抽检频率、施工技术要求，应满足《公路桥涵施工技术规范》(JTG/T F50—2011)的规定。施工质量各项指标的检验频率应满足《公路工程质量检验评定标准》(JTG F80—2004)的要求。

二、施工试验报告

(一)水泥混凝土和砂浆配合比试验报告

其混合料应按《公路工程水泥及水泥混凝土试验规程》(JTG E30—2005)的规定进行试

验。报告应包括配合比设计计算书、试验室确定的配合比及强度试验报告、所用原材料试验报告。试验报告按单位工程立卷，要求监理审批意见在前，试验报告在后。

（二）锚具、夹具、连接器和千斤顶检验报告

1. 锚具、夹具和连接器

预应力筋锚具、夹具和连接器验收批的划分：在同种材料和同一生产工艺条件下，锚具、夹具应以不超过 1 000 套组为一个验收批；连接器以不超过 500 套组为一个验收批。

锚具、夹具和连接器进场时，除应按出厂合格证和质量证明书核查其锚固性能类别、型号、规格及数量外，还应按下列规定进行验收：

（1）外观检查。应从每批中抽取 10% 的锚具且不少于 10 套，检查其外观和尺寸。如有一套表面有裂纹或超过产品标准及设计图纸规定尺寸的允许偏差，则应另取双倍数量的锚具重做检查，如仍有一套不符合要求，则应逐套检查，合格者方可使用。

（2）硬度检验。应从每批中抽取 5% 的锚具且不少于 5 套，对其中有硬度要求的零件做硬度试验，对多孔夹片式锚具的夹片，每套至少抽取 5 片。每个零件测试 3 点，其硬度应在设计要求范围内，如有一个零件不合格，则应另取双倍数量的零件重做试验，如仍有一个零件不合格，则应逐个检查，合格者方可使用。

（3）静载锚固性能试验。对大桥等重要工程，当质量证明书不齐全、不正确或质量有疑点时，经上述两项试验合格后，应从同批中抽取 6 套锚具（夹具或连接器）组成 3 个预应力筋锚具组装件，进行静载锚固性能试验，如有一个试件不符合要求，则应另取双倍数量的锚具（夹具或连接器）重做试验，如仍有一个试件不符合要求，则该批锚具（夹具或连接器）为不合格品。

2. 千斤顶检验

当千斤顶使用超过 6 个月或 200 次，或在使用过程中出现不正常现象，检修后均须重新检验。

3. 检验报告立卷要求

预应力用锚具、夹具和连接器、千斤顶等的检验，可到监理工程师指定的试验室进行委托检验。其检验报告按器具种类、检验时间的顺序立卷。

（三）桥梁支座和伸缩装置检验报告

进场的桥梁支座和伸缩装置必须有生产厂家的合格证和产品质量检验报告，并应按图纸和规范要求检验。进场后的产品抽检可委托监理工程师指定的试验室检验，检验报告按生产厂家、材料种类、检验时间顺序立卷。

（四）桩基无损检测报告、钻芯取样资料、桥梁荷载试验报告和梁板试验报告

以结构物为单元分别立卷。

（五）水泥混凝土抗压强度抽检试验记录

施工期间水泥混凝土抗压强度抽检试验记录，按单位工程立卷（项目较大时也可按分部、分项工程立卷）。

（六）水泥砂浆抗压强度抽检试验记录

施工期间水泥砂浆抗压强度抽检试验记录，按单位工程立卷。

三、施工检验记录

桥梁工程施工检验记录以分部工程为单元立卷。

（一）基础及下部构造

若基础及下部构造资料较多时，可分为几个分部工程立卷。卷内资料以墩（台）为单元，

按基础、墩(台)身、墩(台)帽或盖梁等分项工程顺序排列,并将分项工程质量评定表放在各分项工程检验记录表之前。现举例说明。

例8-1　××桥×墩基础及下部构造资料排列顺序:

1. 明挖基础

浆砌片石基础分项工程质量评定表,基坑检验记录表和结构物基底承载力试验记录表,浆砌片石基础检验记录。

2. 墩、台身

墩、台身砌体分项工程质量评定表,墩、台身砌体检验记录表。

3. 钢筋混凝土墩帽

钢筋加工及安装分项工程质量评定和检验记录表,钢筋混凝土墩帽分项工程质量评定和模板检验,混凝土浇筑检验记录,墩帽检验记录。

例8-2　××桥×墩基础及下部构造资料排列顺序:

1. 灌注桩基础

钢筋加工及安装分项工程质量评定和钢筋加工及安装检验记录、灌注桩分项工程质量评定和钻孔检验记录,灌注桩检验记录表和水下混凝土灌注记录。

2. 钢筋混凝土柱式墩

钢筋混凝土加工及安装分项工程质量评定和钢筋加工及安装记录,钢筋混凝土柱式墩分项工程质量评定和模板检验,混凝土浇筑检验记录和柱式墩检验记录。

3. 盖梁

钢筋加工及安装分项工程质量评定和钢筋加工原始记录,盖梁分项工程质量评定和模板检验记录,混凝土浇筑记录和盖梁检验记录。

(二)上部构造

1. 预制和安装施工检验记录

当文件较多时,可分为数卷归档,卷内文件以每孔作为一件。预制和安装检验记录一起装订。

(1)梁(板)预制施工检验记录的文件排列顺序(以后张拉预应力梁板预制为例):非预应力钢筋加工及安装分项工程质量评定和检验记录;预应力钢绞线(后张拉)分项工程质量评定和检验记录;预制梁(板)分项工程质量评定和检验记录,模板和混凝土浇筑检验记录。

(2)梁(板)安装的文件排列顺序:梁(板)安装分项工程质量评定,梁(板)安装检验记录表。

2. 总体及桥面施工检验记录

以分部工程作为立卷单元,包括桥面铺装、混凝土护栏、伸缩缝安装等项目施工形成的检验记录和桥梁总体检验记录。当项目较大,文件较多时,也可以分项工程立卷。

(1)桥面铺装施工检验记录的资料排列顺序:钢筋加工及安装分项工程质量评定和检验记录;桥面铺装分项工程质量评定,平整度检验记录,横坡度和厚度检验记录,抗滑构造深度检验记录。

(2)混凝土护栏施工检验记录的文件排列顺序:钢筋加工及安装分项工程质量评定和检验记录;混凝土护栏分项工程质量评定和检验记录。

(3)伸缩缝施工检验记录的文件排列顺序:伸缩缝安装分项工程质量评定和安装检验记录。

(4)桥梁总体检验记录的文件排列顺序:桥梁总体分项工程质量评定和检验记录。

(三)防护工程

防护工程包括护坡、护岸,导流工程,石笼防护,砌石工程等。施工文件以分部工程为单元立卷,若文件较多时,也可以分项工程立卷。

(四)引道工程

引道工程包括路基、路面、挡土墙、小桥、涵洞、护栏等。参见按路基工程立卷方法。

第四节 隧道工程施工文件的立卷要求

隧道工程由洞身开挖、洞身衬砌、总体及洞口、隧道路面等分部工程构成。

一、一般要求

隧道工程用原材料质量和抽检频率、施工技术要求,应满足《公路隧道施工技术规范》(JTJ 042—94)的规定。施工质量各项指标的检验频率应满足《公路工程质量检验评定标准》(JTG F80—2004)的要求。

二、施工试验报告

1. 水泥混凝土配合比和砂浆试验报告

混合料应按《公路工程水泥及水泥混凝土试验规程》(JTG E30—2005)的规定进行试验。报告应包括配合比设计计算书、试验室确定的配合比及强度试验报告、所用原材料试验报告。试验报告按单位工程立卷,要求监理审批意见在前,试验报告在后。

2. 水泥喷射混凝土配合比试验报告

试验报告应包括配合比设计计算书、试验室确定的配合比和所用原材料试验报告、现场喷射试验效果文件。试验报告按单位工程立卷,要求监理审批意见在前,试验报告在后。

3. 施工期间的试验记录

(1)施工期间水泥混凝土抗压强度抽检试验记录,按单位工程立卷。

(2)施工期间水泥砂浆抗压强度抽检试验记录,按单位工程立卷。

(3)施工期间喷射混凝土强度抽检试验记录、评定和试验结果汇总用表,按单位工程立卷。

(4)施工期间喷射混凝土配合比检测报告用表,按单位工程立卷。

三、施工检验记录

(一)洞身开挖施工检验记录

洞身开挖可根据具体情况分为几段,每段作为一个分项工程。每个分项工程所形成的文件作为一件装订,件内包括:分项工程质量评定、隧道开挖断面检验记录、地质检测记录、现场监控测量记录等文件。

(二)洞身衬砌施工检验记录

1. 锚喷支护施工检验记录

以分项工程为单元立卷。卷内包括分项工程质量评定、锚喷支护检验记录、钢筋加工安装检验记录等文件。

资料排列顺序为:分项工程评定、锚喷支护检验记录用表;钢筋加工及安装用表。

2. 衬砌施工检验记录

以分项工程为单元立卷。卷内包括分项工程质量评定、钢筋加工及安装、浇筑混凝土模板检验和混凝土浇筑检验、衬砌工程检验等文件。

资料排列顺序为:分项工程质量检验、浇筑混凝土模板检验、衬砌工程检验用表;钢筋加工及安装用表;混凝土浇筑检验用表。

(三)总体及洞口

总体及洞口包括隧道总体、洞口开挖、洞门和翼墙浇筑、排水等分项工程,以分项工程为单元立卷。隧道总体包括分项工程质量评定表和检验记录用表。

洞口开挖、洞门和翼墙浇筑、排水等分项工程文件,分别按本书有关章节的要求立卷。

(四)隧道路面

隧道路面包括基层和面层分项工程,其文件按本书"路面工程施工文件"的要求立卷。

第五节　互通立交施工文件的立卷要求

互通立交由桥梁工程、主线路基路面工程和匝道三个分部工程组成。

一、桥梁分部工程试验报告和施工检验记录立卷要求

桥梁以每座为一个分部工程,由基础及下部构造、上部构造预制或浇筑、桥面、栏杆或护栏、人行道等分项工程组成。其试验报告和施工检验记录参照本章第十一节"桥梁工程施工文件"立卷的原则立卷。

二、主线路基路面工程试验报告和施工检验记录立卷要求

参见路基路面工程的立卷方法。

三、匝道分部工程试验报告和施工检验记录立卷要求

匝道以每条为一分部工程,由路基、路面、通道、护坡、挡土墙、护栏、标志、标线等分项工程组成。其试验报告和施工检验记录参照本章第一节"路基工程施工文件"、第二节"路面工程施工文件"及第六节"交通安全设施施工文件"立卷的原则立卷。

第六节　交通安全设施施工文件的立卷要求

交通安全设施由标志标线、防护栏、栅、紧急电话、照明设施等部分工程组成。

一、标志工程

交通标志由标志面、标志底板、支柱和基础、紧固件组成。标志底板、面板、支柱在工厂加工制作,现场安装。混凝土基础一般在现场浇筑完成。

(一)一般要求

标志的制作方法和使用的原材料应符合现行国标《道路交通标志和标线》(CB 5768)和原交通部《公路交通标志板技术条件》(JT/T 279)的规定。施工质量各项指标的检验频率应满足《公路工程质量检验评定标准》(JTG F80—2004)的要求。

(二)构件质量检验报告

构件进场时,除应按出厂合格证和质量检验报告单核查其类别、型号外,还应对其外观质量,底板形状和几何尺寸,图案文字和原材料质量进行检验。对构件的质量检验可到监理工程

师指定的试验室进行委托试验。

（三）施工检验记录

施工检验记录包括分项工程质量评定、检验记录。

二、标线、突起路标

（一）一般要求

交通标线所用原材料应符合现行《路面标线涂料》（JT/T 280）规定。施工质量各项指标的检验频率应满足《公路工程质量检验评定标准》（JTG F80/1—2004）的要求。

（二）原材料质量检验报告

1. 标线

对于进场的标线涂料和玻璃珠，除应按出厂合格证和质量检验报告核查其类别、型号和性能之外，还应取样到监理工程师指定的试验室进行下列委托试验。

常温标线涂料检验项目包括密度、黏度、细度、施工性能、不粘贴干燥时间、遮盖率、色晶坐标和反射比、渗色、耐磨性、耐水性、耐碱性、漆膜柔韧性、固体含量和逆反射系数等。

热熔型涂料检验项目包括密度、软化点、不粘贴干燥时间、色品坐标、反射比、抗压强度、耐磨性、耐水性、耐碱性、耐候性、流动度和逆反射系数等。

玻璃珠检验项目包括密度、颗粒分析、折射率和耐水性等。

2. 突起路标

视线诱导标由反射器、立柱、支架、底板、连接件、突起路标等构件组成，构件一般由工厂加工，运至现场安装。

（三）构件质量检验报告

构件进场时，除应按出厂合格证和质量检验报告单等核查其类别、型号外，还应对原材料和外观质量、几何尺寸、材料性能和镀层质量进行检验，构件质量检验可到监理工程师指定的试验室进行委托试验。

（四）施工检验记录

1. 标线

包括标线分项工程质量评定、施工检验记录。

2. 突起路标

视线诱导标施工检验记录包括分项工程质量评定、施工检验记录。

三、护栏、轮廓标

波形梁护栏工程由波形梁、立柱和高强连接螺栓组成。构件在工厂加工后，运至现场安装。

（一）一般要求

波形梁护栏构件的制作方法和使用的原材料应符合现行《高速公路波形梁钢护栏》（JT/T 281）的规定。施工质量各项指标的检验频率应满足《公路工程质量检验评定标准》（JTG F80—2004）的要求。

（二）构件质量检验报告

构件进场时，除应按出厂合格证和质量检验报告单核查其类别、型号外，还应对原材料质量、外形尺寸、高强连接螺栓性能、防腐镀层质量进行检验。构件质量检验可到监理工程师指定的试验室进行委托试验。

（三）施工检验记录

施工检验记录包括分项工程质量评定、施工检验记录。

四、隔离栅工程

隔离栅工程由编制金属网（或钢板网）、刺铁丝、立柱、水泥基础墩组成。

（一）一般要求

隔离栅构件的制作方法和使用的原材料应符合现行《隔离栅技术条件》（JT/T 374）的规定。施工质量各项指标的检验频率应满足《公路工程质量检验评定标准》（JTG F80—2004）的要求。

（二）构件质量检验报告

构件进场时，除应按出厂合格证和质量检验报告单核查其类别、型号，还应对原材料质量、外形尺寸、防腐镀层厚度进行检验。构件质量检验可到监理工程师指定的试验室进行试验。

（三）施工检验记录

隔离栅施工检验记录包括分项工程质量评定、施工检验记录。

五、施工文件立卷要求

施工文件以分项工程为单元立卷，若文件较少时，构件合格证、构件质量委托检验报告和施工检验记录可合为一卷归档。

第七节　工程质量评定表的整理与立卷

工程质量评定按原交通部《公路工程质量检验评定标准》（JTG F80—2004）和原交通部［2004］第3号令发布《公路工程竣工验收办法》的规定进行，以分项工程为评定单元，采用100分制评定方法进行评分。在分项工程评分的基础上，逐级计算各相应分部工程、单位工程评分值、合同段和建设项目评分值。在本节中只介绍工程质量评分方法和评定结果汇总表。

一、分项、分部、单位工程和建设项目工程质量评分方法

（一）分项工程评分方法

分项工程质量检验内容包括基本要求、实测项目、外观鉴定和质量保证文件四个部分。只有在其使用的材料、半成品、成品及施工工艺符合基本要求的规定且无严重外观缺陷，质量保证文件真实并基本齐全时，才能对分项工程质量进行检验评定。

涉及结构安全和使用功能的重要实测项目为关键项目（在实测项目栏中以“△”标识），其合格率不得低于90%（属于工厂加工制造的桥梁金属构件不低于95%，机电工程为100%），且检测值不得超过规定极值，否则必须进行返工处理。

实测项目的极值是指任一单个检测值都不能突破的极限值，不符合要求时该实测项目为不合格。

采用《公路工程质量检验评定标准》（JTG F80—2004）中附录B至附录I所列方法进行评定的关键项目，不符合要求时则该分项工程评为不合格。

分项工程的评分值满分为100分，按实测项目采用加权平均法计算，见式（8-1）。存在外观缺陷或资料不全时，给予减分，见式（8-2）。

$$分项工程得分 = \frac{\sum[检查项目得分 \times 权值]}{\sum 检查项目权值} \tag{8-1}$$

$$分项工程评分值 = 分项工程得分 - 外观缺陷减分 - 资料不全减分 \tag{8-2}$$

1. 基本要求检查

分项工程所列基本要求，对施工质量优劣具有关键作用，应按基本要求对工程进行认真检查。经检查不符合基本要求规定时，不得进行工程检查的检验和评定。

2. 实测项目计分

对规定检查项目采用现场抽样方法，按照规定频率和下列计分方法对分项工程的施工质量直接进行检测评分。

检查项目除按数理统计方法评定的项目以外，均应按单点（组）测定值是否符合标准进行评定并按合格率计分，分别以式（8-3）和式（8-4）计算。

$$检查项目合格率(\%) = \frac{检查合格的点(组)数}{该检查项目的全部检查点(组)数} \times 100\% \tag{8-3}$$

$$分项工程得分 = 检查项目合格率 \times 100 \tag{8-4}$$

3. 外观缺陷扣分

对工程外表状况应逐项进行全面检查，如发现外观缺陷，应进行减分。对于较严重的外观缺陷，施工单位须采取适当的措施进行整修处理。

4. 资料不全扣分

施工单位应有完整的施工原始记录、试验数据、分项工程自查数据等质量保证资料，并进行整理分析，负责提交齐全、真实和系统的施工文件和图表。工程监理单位负责提交齐全、真实和系统的监理文件。质量保证文件应包括以下6个方面。

（1）所用原材料、半成品和成品质量检验结果；

（2）材料配比、拌和加工控制检验和试验数据；

（3）地基处理、隐蔽工程施工记录和大桥、隧道施工监控文件；

（4）各项质量控制指标的试验记录和质量检验汇总图表；

（5）施工过程中遇到的非正常情况记录及其对工程质量影响分析；

（6）施工过程中如发生质量事故，经处理和补救后，达到设计要求的认可证明文件等。

对分项工程的施工文件和图表残缺，或缺乏最基本的数据，或有伪造涂改文件者，不予检验和评定。文件不全者应予减分。减分幅度可按以上所列各款逐款检查，视文件不全情况，每款扣1～3分。

（二）分部工程和单位工程评分方法

《公路工程质量检验评定标准》（JTG F80—2004）附录A所列分项工程和分部工程区分为一般工程和主要（主体）工程（注有“*”的工程），分别给予1和2的权值。进行分部工程和单位工程评分时，采用加权平均值计算法确定相应的评分值，见公式（8-5）。

$$分部(单位)工程得分 = \frac{\sum[分项(分部)工程评分值 \times 相应权值]}{\sum 分项(分部)工程权值} \tag{8-5}$$

（三）合同段和建设项目工程质量评分方法

各合同段工程质量评分采用所含各单位工程质量评分的加权平均值，见公式（8-6）。

$$合同段工程质量评分值 = \frac{\sum(单位工程质量评分值 \times 该单位工程投资额)}{合同段总投资额} \tag{8-6}$$

工程各合同段交工验收结束后，由项目法人对整个工程项目进行工程质量评定，工程质量评分采用各合同段工程质量评分的加权平均值，见公式(8-7)。

$$工程项目质量评分值 = \frac{\sum(合同段工程质量评分值 \times 该合同段投资额)}{\sum 施工合同段投资额} \quad (8\text{-}7)$$

二、工程质量等级评定方法

(一)工程质量等级评定

施工单位、工程监理单位和建设单位应按相同的工程项目划分进行工程质量的监控和管理，并组织工程质量等级的评定。

1. 分项工程质量等级评定

分项工程评分值不小于75分者为合格，小于75分者为不合格；机电工程属于工厂加工制造的桥梁金属构件不小于90分者为合格，小于90分者为不合格。

评定为不合格的分项工程，经加固、补强或返工、调测、满足设计要求后，可以重新评定其质量等级，但计算分部工程评分值时按其复评分值的90%计算。

2. 分部工程质量等级评定

所属各分项工程全部合格，则该分部工程评为合格；所属任一分项工程不合格，则该分部工程为不合格。

3. 单位工程质量等级评定

所属各分部工程全部合格，则该单位工程评为合格；所属任一分部工程合格，则该单位工程为不合格。

4. 合同段和建设项目质量等级评定

合同段和建设项目所含单位工程全部合格，其工程质量等级为合格；所属任一单位工程不合格，合同段和建设项目为不合格。

(二)工程质量鉴定时的等级评定方法

公路工程质量鉴定由该建设项目的质量监督机构或竣工验收单位指定的质量监督机构负责组织。公路工程质量鉴定工作包括工程实体检测、外观检查和内业文件审查。公路工程质量鉴定依据质量监督机构在交工验收前和竣工验收前的工程质量检测文件，同时可结合监督过程中的检查文件进行评定(必要时工程质量检测工作可委托有相应资质的检测机构承担)。质量监督机构的工程质量鉴定报告应在竣工验收前完成。

工程质量等级应按分部工程、单位工程、合同段、建设项目逐级进行评定，分部工程质量等级分为合格、不合格两个等级；单位工程、合同段、建设项目工程质量等级分为优良、合格、不合格三个等级。

分部工程得分大于或等于75分，则分部工程质量为合格，否则为不合格。

单位工程所含各分部工程均合格，而且单位工程得分大于或等于90分，质量等级为优良；所含各分部工程均合格且得分大于或等于75分，小于90分，质量等级为合格；否则为不合格。

合同段(建设项目)所含单位工程(合同段)均合格，而且工程质量鉴定得分大于或等于90分，工程质量鉴定等级为优良；所含单位工程均合格，且得分大于或等于75分、小于90分，工程质量鉴定等级为合格；否则为不合格。

不合格分部工程经整修、加固、补强或返工后可重新进行鉴定。但出现过重大质量事故，造成大面积返工或经加固、补强后造成历史性缺陷的工程，其相应的单位工程、合同段工程质量不得评为优良，并视其对建设项目的影响，由竣工验收委员会决定建设项目工程质量是否可评为优良。

三、工程质量评定结果汇总表

按分项工程、分部工程、单位工程和建设项目分别制订检验评定用表，如表8-1～表8-5所示。工程汇总表（表8-5）用于相同结构的分部工程或单位工程汇总，也可用于分段多次评定的分项工程汇总，以便进行上一级工程质量评定。由于大桥、长隧道权值为2，中桥、其他隧道权值为1，故列出权值、加权得分两列，结果是加权平均分。

分项工程质量检验评定表（表8-1）仅是给出的样表，具体的内容应结合各分项工程的实测项目表分别制订对应的表格。

分项工程质量检验评定表　　表8-1

分项工程名称：　　所属分部工程：　　所属建设项目：

工程部位：　　施工单位：　　监理单位：

<table>
<tr><td colspan="2">基本要求</td><td colspan="8"></td></tr>
<tr><td rowspan="4">实
测
项
目</td><td>项次</td><td>检查项目</td><td>规定值或允许偏差</td><td>检查方法和频率</td><td>检查实测值或偏差值</td><td>平均、代表值</td><td>合格率（%）</td><td>权值</td><td>实得分</td></tr>
<tr><td></td><td></td><td></td><td></td><td></td><td></td><td></td><td></td><td></td></tr>
<tr><td></td><td></td><td></td><td></td><td></td><td></td><td></td><td></td><td></td></tr>
<tr><td colspan="3">合计</td><td colspan="4"></td><td>13</td><td>100</td></tr>
<tr><td>外观鉴定</td><td colspan="2"></td><td>减分</td><td></td><td rowspan="2">监理意见</td><td colspan="4" rowspan="2"></td></tr>
<tr><td>质量保证资料</td><td colspan="2"></td><td>减分</td><td></td></tr>
<tr><td>质量等级评定</td><td colspan="9">评分：　　质量等级：</td></tr>
</table>

检测负责人：　　检测：　　记录：　　复核：　　日　期：　　年　月　日

注：机电工程的功能试验检查项目，规定值或允许偏差是指功能或试验要求；实测值或实测偏差是指结果，即"通过"或"不通过"。

分部工程质量检验评定表　　表8-2

分部工程名称：　　所属单位工程：

所属建设项目：　　工程部位：

施工单位：　　监理单位：

<table>
<tr><td rowspan="3">施工单位</td><td colspan="5">分 项 工 程</td><td rowspan="3">备注</td></tr>
<tr><td rowspan="2">工程名称</td><td colspan="4">质量评定</td></tr>
<tr><td>实得分数</td><td>权值</td><td>加权得分</td><td>等级</td></tr>
<tr><td rowspan="4"></td><td></td><td></td><td></td><td></td><td></td><td></td></tr>
<tr><td></td><td></td><td></td><td></td><td></td><td></td></tr>
<tr><td></td><td></td><td></td><td></td><td></td><td></td></tr>
<tr><td colspan="2">合　计</td><td></td><td></td><td></td><td></td></tr>
<tr><td>质量等级</td><td colspan="3"></td><td colspan="2">加权平均分</td><td></td></tr>
<tr><td>评定意见</td><td colspan="6"></td></tr>
</table>

检验负责人：　　计算：　　复核：　　年　月　日

单位工程质量检验评定表　　　　表8-3

单位工程名称：　　　　所属建设项目：

路线名称：　　　　工程地点桩号：

施工单位：　　　　监理单位：

施工单位	分部工程					备注
	工程名称	质量评定				
		实得分数	权值	加权得分	等级	
	合　计					
质量等级				加权平均分		
评定意见						

检验负责人：　　　　计算：　　　　复核：　　　　年　月　日

建设项目或标段质量检验评定表　　　　表8-4

合同段名称：　　　　所属建设项目：

施工单位：　　　　监理单位：

单位工程名称	实得分	投资额	实得分×投资额	质量等级	备注
合计					
合同段实测得分			内业资料扣分		
合同段鉴定得分			质量等级		

检验负责人：　　　　计算：　　　　复核：　　　　年　月　日

工 程 汇 总 表　　　　表8-5

工程	实得分	权值	加权得分	等级	备注
加权平均分				质量等级	

计算：　　　　复核：　　　　年　月　日

四、工程质量评定结果汇总表的立卷

为了汇总分项工程检验结果，及时评定工程质量，也为了今后资料的使用方便，应将分项工程质量评定表与其施工检验记录一起立卷。

第八节　工程质量自检报告和试验检验结果汇总表

一、工程质量自检报告

自检报告的内容包括：

(1)自检体系的建立，质量保证措施及落实情况；

(2)对三场(料场、预制场、拌和场)的管理；

(3)原材料检验、中间工序和成品检查制度及执行情况，检测频率是否满足规范要求；

(4)对隐蔽工程的检查，对质量事故的处理；

(5)对工程质量的自我评价(包括标段单位工程优良率、质量评分值及工程遗留问题)。

二、原材料质量控制文件

(一)原材料的质量控制程序

原材料质量控制应把好三关。首先对材料生产厂(场)家进行实地考察，看其生产设备、规模、管理状况和料源等生产条件是否满足材料生产的质量要求，并取回试样进行产品质量检验。其次，在确定材料供应商之后，要签订供货合同，规定质量和规格要求，明确责任，以合同的形式保障所供材料的质量。第三是对进场材料进行严格验收。按照供货合同和有关技术规定，对其质量进行检查验收，并做好记录，严禁不合格材料进入施工现场。

(二)原材料出厂质量证明的立卷要求

原材料出厂质量证明包括合格证和出厂试验单，是原材料质量的重要保证资料，应妥善保管、整理归档。当质量合格证、出厂试验单是复印件时，应注明原件存放单位，并由存放单位和经办人签字盖章。质量合格证和出厂试验单应按类别、品种、用途和单位工程分别整理归档。

(三)原材料抽检试验报告的立卷要求

原材料在进场和施工应用期间必须按照施工合同文件和现行有关规范的规定作抽检试验，认定其质量是否合格，并形成试验报告。试验报告必须加盖工地试验室资质专用章，若委托其他试验室做试验，应加盖被委托试验室资质专用章，否则无效。资质专用章加盖在试验报告右下角报告日期位置。试验报告应按原材料的类别、品种、用途和单位工程分别整理归档，并配“原材料试验结果汇总表”，装订时放在报告的首页做汇总用。

(四)施工抽检试验结果汇总表

(1)原材料试验结果汇总表(表8-6～表8-15)；

(2)水泥混凝土、水泥砂浆抗压强度试验结果汇总表(表8-16、表8-17)；

(3)路面________基层无侧限抗压强度试验结果汇总表(表8-18)；

(4)路面________层含灰量(EDTA滴定法)试验结果汇总表(表8-19)；

(5)路面________层沥青含量试验结果汇总表(表8-20)。

原材料试验结果汇总表(样表) 表8-6

材料名称:钢筋 合同号:

承包单位: 合同段桩号:

工地验收批次编号	品种	直径(mm)	生产厂家	代表数量(t)	存放地点	屈服强度(MPa)	抗拉强度(MPa)	伸长率(%)	冷弯	用途、供应范围(桩号、部位)

编制人: 技术负责人: 年 月 日

原材料试验结果汇总表(样表) 表8-7

材料名称:水泥 合同号:

承包单位: 合同段桩号:

工地验收批次编号	品种强度等级	生产厂家	代表数量(t)	存放地点	凝结时间(h)		胶砂强度(MPa)		安定性	细度(%)	用途、供应范围(桩号、部位)
					初凝	终凝	抗折	抗压			

编制人: 技术负责人: 年 月 日

原材料试验结果汇总表(样表) 表8-8

材料名称:石灰 合同号:

承包单位: 合同段桩号:

工地验收批次编号	品种等级	生产厂家	代表数量(t)	存放地点	钙镁含量(%)	未消化残渣含量(%)	消石灰细度		消石灰含水量(%)	用途、供应范围(桩号、部位)
							①	②		

编制人: 技术负责人: 年 月 日

原材料试验结果汇总表(样表)　　表8-9

材料名称:水泥混凝土用碎(砾)石　　合同号:

承包单位:　　合同段桩号:

工地验收批次编号	品种规格	产地生产厂家	代表数量(t)	存放地点	颗粒分析	堆积密度(kg/m^3)	表观密度(kg/m^3)	含泥量(%)	有机质含量	三氧化硫含量(%)	压碎值(%)	小于2.5mm颗粒含量(%)	针片状含量(%)	碱活性	用途、供应范围(桩号、部位)

编制人:　　技术负责人:　　年　月　日

原材料试验结果汇总表(样表)　　表8-10

材料名称:路面________用碎(砾)石　　合同号:

承包单位:　　合同段桩号:

工地验收批次编号	品种规格	产地生产厂家	代表数量(t)	存放地点	颗粒分析	毛体积密度(g/m^3)	小于0.075mm颗粒含量(%)	吸水率(%)	有机质含量	三氧化硫含量(%)	压碎值(%)	洛杉矶磨耗值(%)	软弱颗粒含量(%)	针片状含量(%)	破碎砾石含量(%)	与沥青的黏附性	磨光值	坚固性(%)	冲击值(%)	用途、供应范围(桩号、部位)

编制人:　　技术负责人:　　年　月　日

原材料试验结果汇总表(样表)　　表8-11

材料名称:水泥混凝土用细集料　　合同号:

承包单位:　　合同段桩号:

工地验收批次编号	品种规格	产地生产厂家	代表数量(t)	存放地点	颗粒分析	堆积密度(kg/m^3)	表观密度(kg/m^3)	云母含量(%)	含泥量(%)	有机质的含量	轻物质的含量(%)	坚固性(%)	三氧化硫含量(%)	碱活性	用途供应范围(桩号、部位)

编制人:　　技术负责人:　　年　月　日

原材料试验结果汇总表(样表)　　表 8-12

材料名称:路面________用细集料　　合同号:

承包单位:　　合同段桩号:

工地验收批次编号	品种规格	产地生产厂家	代表数量(t)	存放地点	颗粒分析	表观密度(kg/m^3)	砂当量(kg/m^3)	坚固性(%)	吸水率(%)	液限(%)	塑性指数	用途供应范围(桩号、部位)

编制人:　　技术负责人:　　年　月　日

原材料试验结果汇总表(样表)　　表 8-13

材料名称:矿粉　　合同号:

承包单位:　　合同段桩号:

工地验收批次编号	品种	产地或生产厂家	代表数量(t)	存放地点	筛分析	表观密度(kg/m^3)	亲水系数	含水率(%)	加热安定性	用途供应范围(桩号、部位)

编制人:　　技术负责人:　　年　月　日

原材料试验结果汇总表(样表)　　表 8-14

材料名称:道路石油沥青　　合同号:

承包单位:　　合同段桩号:

工地验收批次编号	品种规格	产地生产厂家	代表数量(t)	存放地点	针入度(0.1mm)	延度(cm)	软化点(℃)	溶解度(%)	闪点(℃)	薄膜加热试验	含蜡量(%)	用途供应范围(桩号、部位)

编制人:　　技术负责人:　　年　月　日

原材料试验结果汇总表(样表)　　表 8-15

材料名称:________工程用土　　合同号:

承包单位:　　合同段桩号:

序号	借土场名称或挖方段桩号	土的名称代号	液限(%)	塑限(%)	塑性指数	最大干密度(kg/m^3)	最佳含水量(%)	承载比(%)	用途供应范围(桩号、部位)

编制人:　　技术负责人:　　年　月　日

水泥混凝土抗压强度试验结果汇总表(样表)　　表 8-16

承包单位:　　合同号:　　合同段桩号:

验收批次编号	混凝土设计强度 R(MPa)	试件组数 n	强度平均值 R_n(MPa)	强度最低值 R_{min}(MPa)	标准差 S_n	强度代表值(MPa)	代表工程部位

编制人:　　技术负责人:　　年　月　日

水泥砂浆抗压强度试验结果汇总表(样表)　　表 8-17

承包单位:　　合同号:　　合同段桩号:

验收批次编号	混凝土设计强度 R(MPa)	试件组数 n	强度平均值 R_n(MPa)	强度最低值 R_{min}(MPa)	标准差 S_n	强度代表值(MPa)	代表工程部位

编制人:　　技术负责人:　　年　月　日

路面________基层无侧限抗压强度试验结果汇总表(样表)　　表 8-18

承包单位:　　合同号:　　合同段桩号:

序号	检查路段桩号	压实度标准(%)	设计强度(MPa)	平均值(MPa)	强度代表值(MPa)	备注

编制人:　　技术负责人:　　年　月　日

路面________层含灰量(EDTA 滴定法)试验结果汇总表(样表) 表 8-19

承包单位: 合同号: 合同段桩号:

序号	施工段桩号		混合料名称	稳定剂种类	设计剂量(%)	实测结果						说明
						试验次数 n	平均值(%)	最大值(%)	最小值(%)	标准差	变异系数	
		左										
		右										
		左										
		右										

注:以"整公里为统计"单元。

编制人: 技术负责人: 年 月 日

路面________层沥青含量试验结果汇总表(样表) 表 8-20

承包单位: 合同号: 合同段桩号:

序号	施工段桩号		混合料名称	设计剂量(%)	实测结果						说明
					试验次数 n	平均值(%)	最大值(%)	最小值(%)	标准差	变异系数	
		左									
		右									
		左									
		右									

注:以"整公里为统计"单元。

编制人: 技术负责人: 年 月 日

三、施工检验结果汇总表

(1)路基压实度施工检验结果汇总表(表 8-21);
(2)路面基层、底基层施工检验试验结果汇总表(表 8-22);
(3)沥青混凝土路面(下、中、上)面层施工检验试验结果汇总表(表 8-23);
(4)水泥混凝土路面施工检验试验结果汇总表(表 8-24);
(5)路基、路面弯沉值检测结果汇总表(表 8-25)。

施工检验结果汇总表以合同段为单位进行立卷。

路基压实度施工试验结果汇总表(样表) 表 8-21

承包单位: 合同号: 合同段桩号:

序号	施工段桩号	上路床压实度				备注
		压实度标准(%)	测点数	平均值	代表值	

注:以"整公里为统计"单元。

编制人: 技术负责人: 年 月 日

路面________基层施工检验试验结果汇总表(样表)

表 8-22

承包单位： 合同号： 合同段桩号：

序号	施工段桩号		压实度标准(%)	压实度(%)			平整度			纵断高程			厚度(mm)				宽度			横坡度			强度(MPa)			验收批次编号
				测点数	平均值	代表值	检查尺数	合格尺数	合格率(%)	测点数	合格点数	合格率(%)	设计	测点数	平均值	代表值	检查断面数	合格断面数	合格率(%)	检查断面数	合格断面数	合格率(%)	设计	平均值	代表值	
		左																								
		右																								
		左																								
		右																								

注：以“整公里为统计”单元。

编制人： 技术负责人： 年 月 日

沥青混凝土路面________面层施工检验试验结果汇总表(样表)

表 8-23

承包单位： 合同号： 合同段桩号：

序号	施工段桩号		压实度标准(%)	压实度(%)			平整度		纵断高程			厚度(mm)			上面层厚度(mm)			宽度			横坡度		
				测点数	平均值	代表值	平均值	标准差	测点数	合格点数	合格率(%)	测点数	平均值	代表值	测点数	平均值	代表值	检查断面数	合格断面数	合格率(%)	检查断面数	合格断面数	合格率(%)
		左																					
		右																					
		左																					
		右																					

注：以“整公里为统计”单元。

编制人： 技术负责人： 年 月 日

水泥混凝土路面施工检验试验结果汇总表(样表)

表 8-24

承包单位： 合同号： 合同段桩号：

序号	施工段桩号		设计抗折强度(MPa)	混凝土抗折强度			平整度		纵断高程			厚度(mm)				宽度			横坡度			备注
				设计值	平均值	验收批编号	平均值	标准差	测点数	合格点数	合格率(%)	设计	测点数	平均值	代表值	检查断面数	合格断面数	合格率(%)	检查断面数	合格断面数	合格率(%)	
		左																				
		右																				
		左																				
		右																				

注：以“整公里为统计”单元。

编制人： 技术负责人： 年 月 日

________弯沉值检测结果汇总表(样表)　　表 8-25

承包单位：　　　　合同号：　　　　合同段桩号：

桩　号	左幅(0.01mm)				右幅(0.01mm)				备注
	测点数	标准差	平均值	代表值	测点数	标准差	平均值	代表值	

注：以"整公里为统计"单元。

编制人：　　　　技术负责人：　　　　年　月　日

第九节　竣工图编制要求

一、竣工图编制要求

(1)竣工图应能全面、准确地反映竣工路线、路基、路面、桥梁、隧道、涵洞、防护、互通式立交工程、安全设施等全部施工实际造型和特征。

(2)施工图没有变动的，由竣工图编制单位在施工图上加盖竣工图章作为竣工图；凡有一般性图纸变更及符合杠改或划改要求变更的，可在原图上修改，并加盖竣工图章作为竣工图。

(3)凡结构、工艺、平面布置等重大改变及图面变更面积超过 10% 的，应重新绘制竣工图并加盖竣工图章。

(4)重复使用的标准图、通用图，可以不编入竣工图中，但必须在图纸目录中列出图号，指明该图所在位置并在编制说明中注明。

(5)竣工图均按 A3 号纸(420mm × 297mm)大小装订，对某些大的或结构复杂的结构物图纸，应先绘制 A1 号图纸，然后再缩小到 A3 图纸上。

(6)竣工图、表的编号办法，参照原设计图纸，按实际竣工图纸的数量重新编图号和页码。

(7)竣工图所用图例和图幅应与原设计图一致。

(8)竣工图应逐张加盖竣工图章，竣工图章内容包括：× ×工程竣工图，施工单位名称、编制人、审核人、技术负责人和编制日期，图章规格尺寸为 70mm × 50mm。竣工图章用红色印泥盖在竣工图右下方，竣工图标之上空白处。

二、竣工图章的式样

竣工图章的式样如图 8-1 所示。

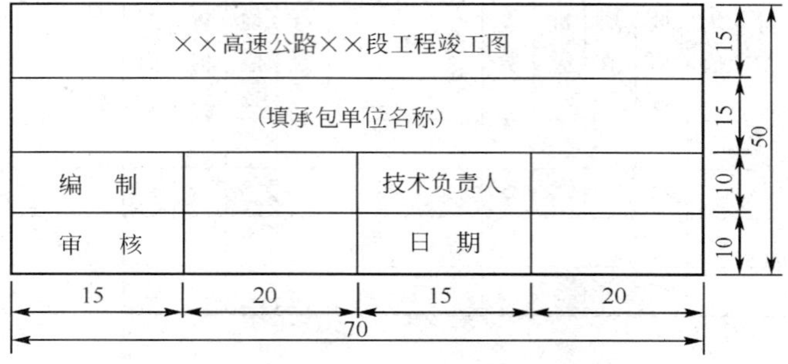

图 8-1　竣工图章的式样(尺寸单位：mm)

三、竣工图封面

竣工图封面如图 8-2 所示。

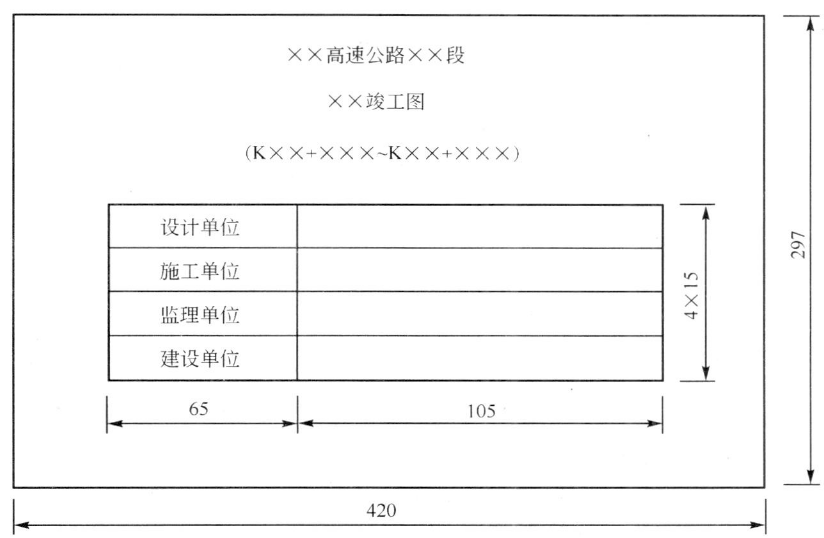

图 8-2　竣工图封面(尺寸单位:mm)

四、竣工图标题栏

竣工图标题栏如图 8-3 所示。

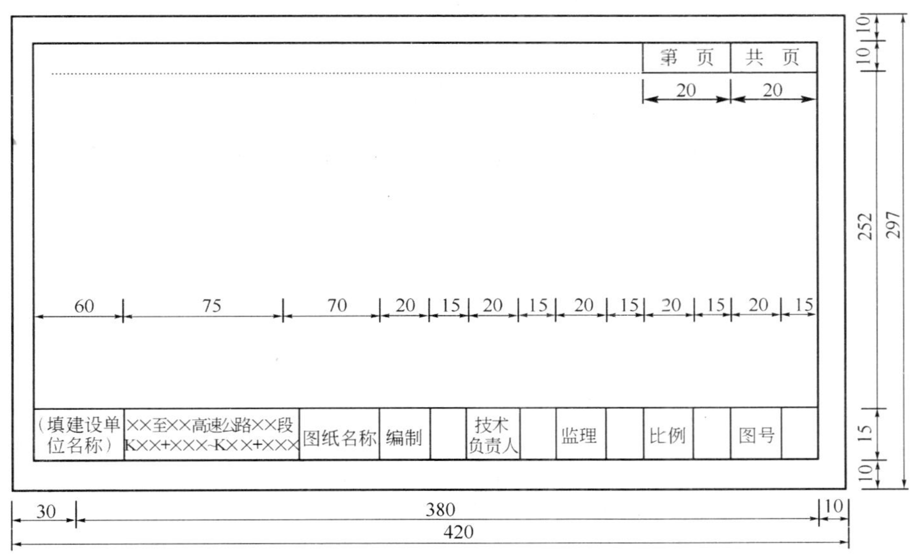

图 8-3　竣工图标题栏(尺寸单位:mm)

第九章　工程文档的移交与编号方法

公路工程建设单位各承办机构和公路工程的承包单位在项目完成时,应按《交通文件材料立卷归档办法》的要求,向建设单位移交经系统整理过的全部文件材料。

第一节　工程文档的排序与移交

一、工程文档的排序

施工阶段形成的案卷,依路线前进方向,按照路基、路面、桥梁隧道、涵洞、交叉工程、沿线设施及监理工作的顺序分别进行排序。

建设单位(业主代表)负责辖区内的档案资料按照立项、设计、施工准备、施工、竣工验收顺序,对移交的全部案卷进行系统整理排序。

房建形成的案卷,依路线前进方向,以建筑主体进行排序。

公路工程建设项目中,设备、科研形成的档案资料,由形成单位整理归档。

二、工程文档的移交

公路工程建设项目交工验收后3个月内,各参建单位应根据本办法要求向业主(代表)移交经系统整理过的全部档案资料。

业主(代表) 在公路工程建设项目竣工验收后3个月内,向使用单位及其他有关单位办理档案材料移交手续。

项目各单位在档案资料移交时,均要填写《科学技术档案归档接收签证单》(见表9-1)和《科学技术档案归档目录》(见表9-2)。

科学技术档案归档接收签证单　　表9-1

保管单位 / 案卷内容	卷	册	袋	盒	合计
文字材料				240	240
图纸				12	12
照片、声像				1	1
合计				253	253

归档单位:××高等级公路建设总公司　　负责人:×××　　经手人:×××

接收单位:××省高等级公路建设局　　负责人:×××　　经手人:×××

接收日期:　年　月　日

科学技术档案归档目录　　表 9-2

工程项目名称：盘锦至海城高速公路路基桥涵工程第 13 合同段（K55 +100 ~ K63 +700）竣工资料

序号	案卷题名	页数	编制单位	编制时间	保管期限	密级	备注
1							
2							
3							
……							
小计							

对移交的档案资料，交接双方经清点核查后，相互办理交接签字手续，同时移交内容相同的 Excel 电子文档，文件版本为 Excel 97 以上。

第二节　竣工文档的分类编号办法

一、文件材料分类与编号

单项工程竣工文件按形成的先后分成项目立项文件、设计文件、工程管理文件、施工文件、监理文件、竣工文件、科研文件七大类，其编号如表 9-3 所示。

文件材料分类与编号　　表 9-3

序号	文件材料分类	文件编号	序号	文件材料分类	文件编号
1	项目立项文件	1	5	监理文件	5
2	设计文件	2	6	竣工文件	6
3	工程管理文件	3	7	科研文件	7
4	施工文件	4			

二、档号编制原则

1. 档号

档号是以字符形式赋予档案实体的用以固定和反映档案排列顺序的一组代码，由档案分类号和案卷顺序号组成。

2. 分类号编制方法

分类号编制方法是以单项工程为单位，按照《交通部科学技术档案分类编号办法》中所确定的公路工程项目进行分类。

3. 档案分类号

公路工程竣工文件材料分为五级类目。其中第一至三级类目固定不变；四级类目为单项工程项目代号，项目代号可用阿拉伯数字表示（例如，国道 104，项目代号为“104”），也可用建设项目起止点汉语拼音第一个字母和某段起止点的汉语拼音第一个字母组成，中间加上“·”符号。例如，沈山高速公路沈阳至锦州段，则表示为（SS · SJ）；五级项目按单项工程竣工文件材料形成的先后分为七大类段：项目立项文件、设计文件、工程管理文件、施工文件、监理文件、竣工文件和科研资料，分类号见上表。

4. 档号的形式

GL5 · 1 · × × · ×—× ×

其中：

“GL” - 一级类目(公路)；

“5” - 二级类目(公路工程)；

“ · ” - 类级符号；

“1” - 三级类目(道路)；

“× ×” - 四级类目(单项工程项目代号)；

“×” - 五级类目(文件材料的七大类文件)；

“× ×” - 案卷顺序号。案卷顺序号不编虚位,从“1”开始编写(即“1”不编为“001”)。

5. 类级符号位置

类级符号置于分类代号的中间。例：盘锦至海城高速公路第 13 合同段施工文件的档号编写为：GL5 · 1 · PH · 4—× × ×。

三、档号章

1. 档号章的要求

档号章用红色印泥加盖在每件文件首页的左上角,距上边沿 10mm,左边沿 20mm 的位置。

2. 档号章格式与尺寸

档号章格式与尺寸如图 9-1 所示。档号章内的“档号内容”可刻制至四级类目(刻制字体用 4 号仿宋体),五级类目和顺序号可用黑色墨水的钢笔填写。

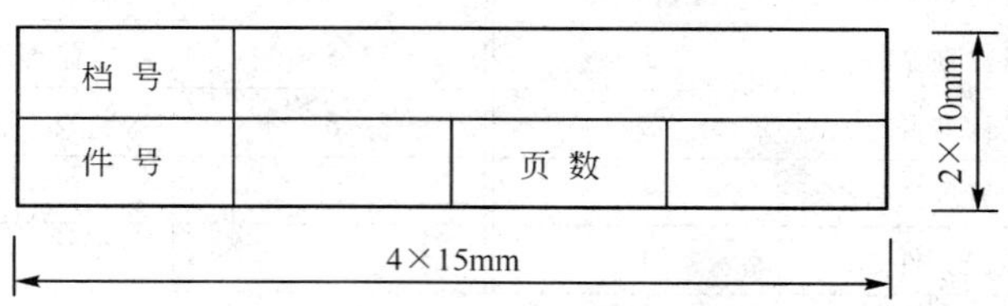

图 9-1 档号章的样式

第十章　现代公路工程文档管理技术

第一节　现代公路工程文档管理的模式

一、现代公路工程文档管理的目标

1. 实现文档管理的计划性

在施工准备阶段，通过项目分解和工程文件分类对工程文档数量进行预估，使文档管理工作得到量化，保证在工程竣工验收时工程档案的验收工作有一定的数量标准，确保工程文档的完整性。

2. 实现文档管理的实时性

通过计算机网络和现代通信技术的应用，使各部门或单位管理者可随时检查审阅本部门及下级各单位已归档的文档材料及其立卷情况，及时了解各单位的文档管理和工程进展情况，发现问题，及时纠偏。由于加强了日常的监督、检查和指导，可以确保文档收集工作的及时和准确，更利于立卷前的文档鉴定，保证整理立卷的质量，避免工程档案验收时出现返工现象，提高了工作效率，更能充分发挥档案管理部门的指导职能。

3. 全面的适应性

我国现行档案法规要求对重要的文档仍须采用纸质文档的形式，虽然电子签名技术已经得到法律的正式认可，但目前不能完全实现工程文档的数字化。而工程文档的管理和检索利用又迫切需要尽快实现工程文档管理的信息化。因此，在一定时期内，将采用工程文档的“双套制”，即电子文件和纸质文件并存，纸质文件作为法律凭证保存，而电子文件作为纸质文件的副本保存，便于工程文档利用者查阅。

随着我国经济的飞速发展，交通基本建设步伐日益加快，公路工程档案数量剧增与档案馆库房容量有限的矛盾，以及落后的检索手段与档案利用需求间的矛盾将日益突出。运用计算机及网络信息技术，实现文件资料的收集、整理、归档保管和检索的微机化与信息化管理，已经成为提高公路工程项目文档管理水平的必由之路，这将有力地推动电子文件和电子签名相关法规的完善和发展。

二、现代公路工程文档管理的模式

（一）工作模式

根据用户需求与目标分析，确定基于网络技术的的公路工程施工文档管理方案工作模式如图 10-1 所示，它工作的流程如下。

1. 开工前的文档管理

文档管理者在开工前输入工程项目信息并预估工程文档的数量及页数，实现工程文档的预立卷；文档检查者根据工程项目分解体系复核工程文档量；档案管理者检查工程文档的预立卷情况并给予指导。

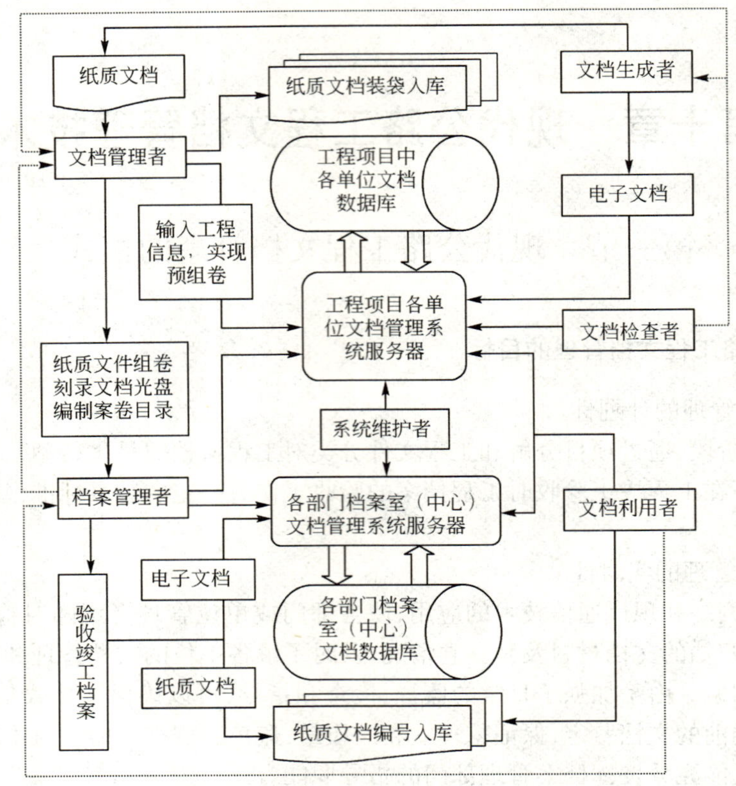

图 10-1　公路工程施工文档管理方案的工作模式

2. 施工中的文档管理

文档生成者利用预立卷信息生成工程文档的登记参数，输入工程数据信息自动生成工程文档，采用电子签名技术实现批量签认后，生成电子文档，通过网络上传并自动分类归卷，存入工程文档数据库，系统自动统计已经归档的文档的数量并定期生成统计报表；对重要的工程文档打印出纸质文档，分批移交给文档管理者。

文档管理者根据系统提供的统计报表定期上报统计数据，并结合工程的实际进度检查各文档生成者的完成情况，对文档生成者的工作实行监督和管理；同时对各下级单位提交和上级下发的纸质文档进行装盒（袋）编号并放入临时文档库房保存。

文档检查者通过网络登录到工程文档管理系统中，查阅工程文档中的工程数据，通过与实测数据的比较，检查文档中数据的真实性和准确性，确保工程文档的内在质量。

档案管理者通过各单位上报的统计报表汇总得到各管段或整个项目的文档收集情况，并可以通过登录工程文档管理系统服务器，检查各单位的工程文档立卷情况，发现问题及时予以纠正。

文档利用者不仅可以查阅已竣工项目的工程文档，在取得有关部门的批准后，可以通过网络对在建项目的工程文档进行查阅和利用。

3. 竣工时的文档管理

文档管理者通过工程文档管理系统自动生成和打印纸质工程文档目录、刻录电子文档光盘,按“双套制”方案提交工程档案。

档案管理者根据工程文档的统计数据,对工程竣工档案进行验收,接收纸质文档(含案卷归档目录)和电子文档光盘。

(二)管理模式的特点

(1)参与工程文档管理的各用户主要通过网络信息平台开展工作。

(2)通过工程文档数量的预估和预立卷,实现了工程文档的计划管理,使文档的日常管理和竣工验收得到量化;同时将纸质文档的立卷、装订和编码工作分散到施工过程中,减少了竣工时的工作压力,有效地缩短了工期。

(3)通过计算机网络实现了工程文档的生成、收集和归档的全程实时动态管理,保证了工程文档的内在质量和生成的及时性、完整性。

(4)采用 CD-ROM 光盘记录和备份文档,为工程文档的快速检索和利用提供了条件。

为了实现公路工程项目的信息化管理,对施工文档进行实时动态管理,根据各部门的文档管理工作量和对工程文档实行动态管理的需要,建立不同的网络平台。

(三)单中心的信息管理平台方案

在一个工程项目中仅设一个信息管理中心,公路工程项目指挥部、总监理办公室、驻地监理办公室、各合同段项目经理部及其下属单位均通过 PSTN(或采用 ISDN/DDN)接入 Internet,并登录到该信息管理中心查阅和提交工程文档或工程数据信息。网络拓扑结构如图 10-2 所示。

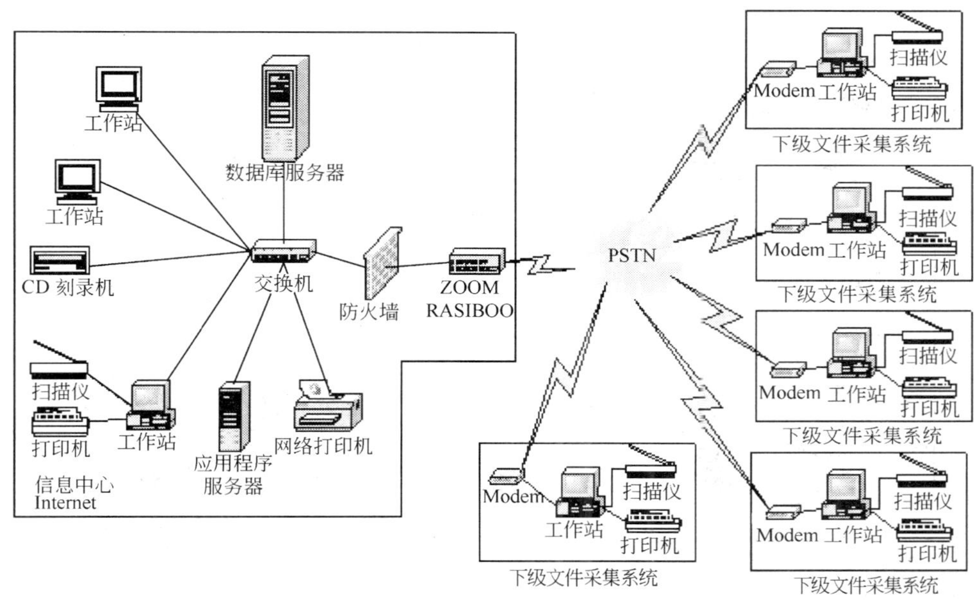

图 10-2　公路工程文档管理系统网络拓扑图

该方案的优点是组网简单方便、成本低、系统维护工作量小。因为该方案只要求在信息管理中心配备服务器,其他单位只需在原有微机的上加一个网卡和一个调制解调器(或一个内置式调制解调器),就可通过电话拨号上网等方式登录到信息管理中心完成相应的文档管理工作。该方案在服务器上安装系统主程序,各单位的微机上只安装一个终端程序,这样可以有效地降低组网成本和网络使用费用,减少系统维护的工作量。因此,该方案比较适合公路工程项目的信息管理,目前已经有成功的应用案例。但该方案的不足之处在于,一旦该中心服务器故障,则整个项目的信息管理都会受影响,因此对系统维护工作要求较高。

(四)多中心的信息管理平台方案

公路工程项目指挥部、总监理办公室、驻地监理办公室、各合同段项目经理部的文档管理工作量和信息量相对较大,可分别设一个信息管理中心,保证各工作人员可以随时登录到信息管理中心完成工程文档的管理工作。每个信息管理中心建立局域网并通过 PSTN/ISDN/DDN 接入 Internet。网络拓扑结构如图 10-3 所示。

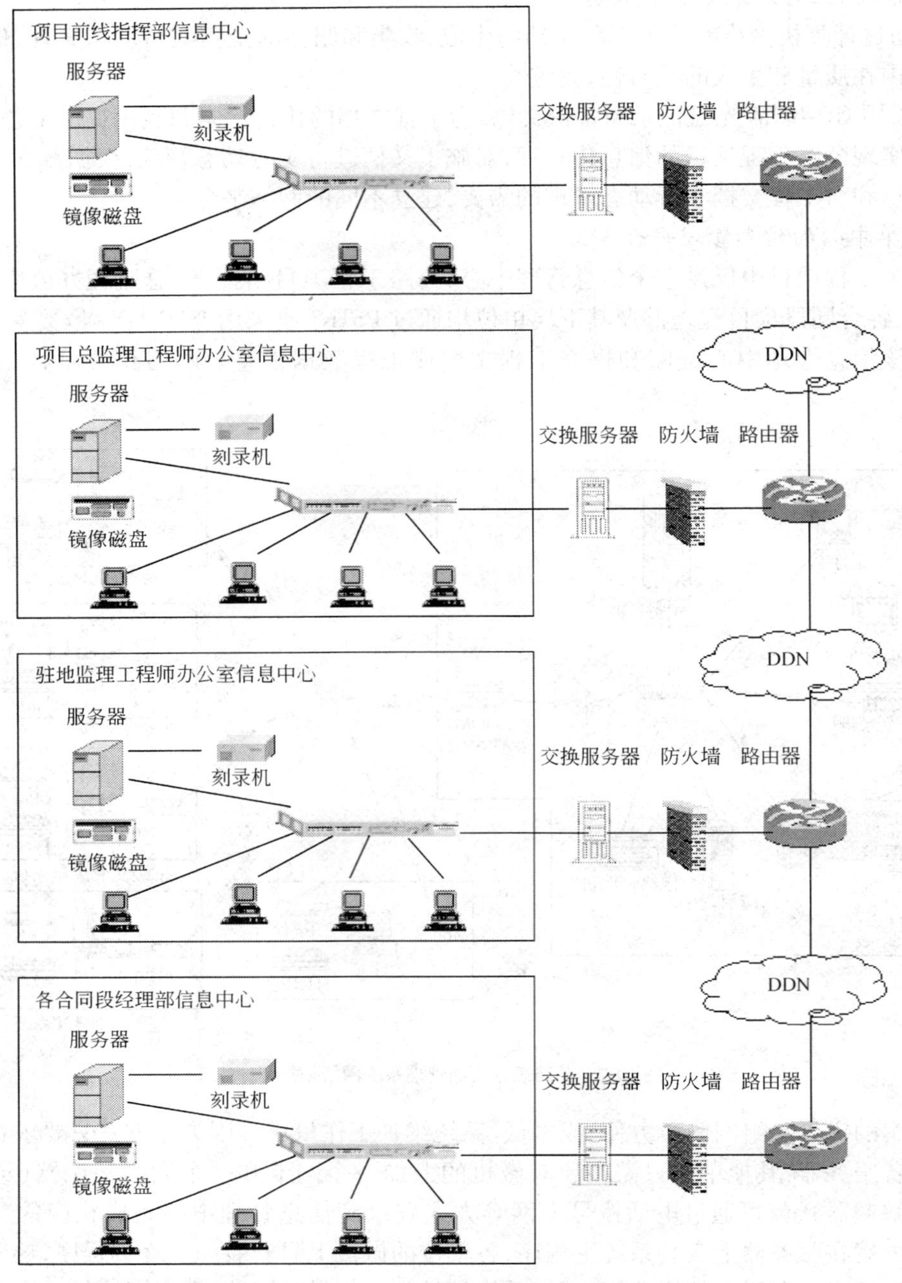

图 10-3 公路工程文档管理系统网络拓扑图

通过拨号上网的方式,各施工队可以登录到所属项目经理部的信息管理中心,各合同段的监理部可以登录到所属的驻地监理办公室的信息管理中心,完成各自的文档管理工作。

该网络平台的优点是:

(1)各局域网采用 ISDN/DDN,带宽恒定,文档信息传输迅速;如条件受限,也可采用 PSTN 接入 Internet,组网灵活。

(2)每个局域网中微机数量一般不超过 20 台,且文档存储工作量分散,对服务器的要求不高,一般的微机即可适用。

(3)文档管理工作较灵活,受网络工作状态的影响较小.一个信息管理中心的服务器故障,对整个项目的文档管理工作影响不大。

(4)利于业主、监理和施工单位对各自的文档管理工作进行实时性动态控制;符合现有的工作习惯,利于各单位内部文件的管理。

该网络平台的缺点是:

(1)与单中心信息平台方案相比,组网成本和网络使用费用相对较高。

(2)系统维护工作量较大,网络的工作状态受人为因素干扰的机率较大(如人为关闭等影响)。

(五)实现工程文档管理信息化应解决的技术问题

实现工程文档管理信息化应重点解决以下几方面的技术问题:

(1)文档的生成与自动立卷;

(2)文档的计划与动态管理;

(3)文档的网上查询与利用;

(4)文件签认手段的数字化;

(5)文档安全管理。

第二节　文档生成与自动立卷的实现

一、文档生成系统概述

(一)施工文档生成手段现状

目前,综合文件卷和试验检测卷中的文档生成基本实现了微机化。综合文件卷中文档主要是使用办公软件 WORD、WPS 等编辑生成,一些专用的软件诸如珠海同望公司的《公路工程计量与支付管理系统》、《公路工程项目管理系统》和《施工平面图制作系统》,沈阳中百公司的《公路工程管理系统》等,可以完成开工报告中施工平面图和施工进度图的绘制和中间计量与支付报表的生成。目前,试验检测卷的文档主要是使用大连万龙公司的《公路工程试验检测数据处理系统》来生成。质量文件卷的文档量大类繁,且表格形式和填写方法一直缺乏统一的标准和规范,目前虽然一些公司开发了相应的软件,但因无法适应工程的实际需要,并未得到广泛的应用,因此质量文档的生成仍处于人工填写的阶段。竣工图纸由于绝大部分利用设计图纸,目前工程中并不是特别急需,相关的软件如珠海同望的《图纸资料管理系统》等没有得到普及。虽然这些软件在功能上各有所长,但因各自独立,生成的文件格式也各不相同,不能生成必要的分类信息,无法实现文件的自动分类处理,文档管理十分不便。

(二)施工文档生成工作的简化

施工文档生成工作的简化有两层含义:一是用户只需输入基本信息,信息的处理和报表的生成由系统自动完成,避免重复性的输入,使用户的输入工作尽可能简化;二是系统在生成文档的同时能自动生成文件的分类信息,并实现工程文档的批量签认,使系统能够识别和自动分类,简化文档传输、处理和归档工作。文档的生成与处理流程如图 10-4 所示。

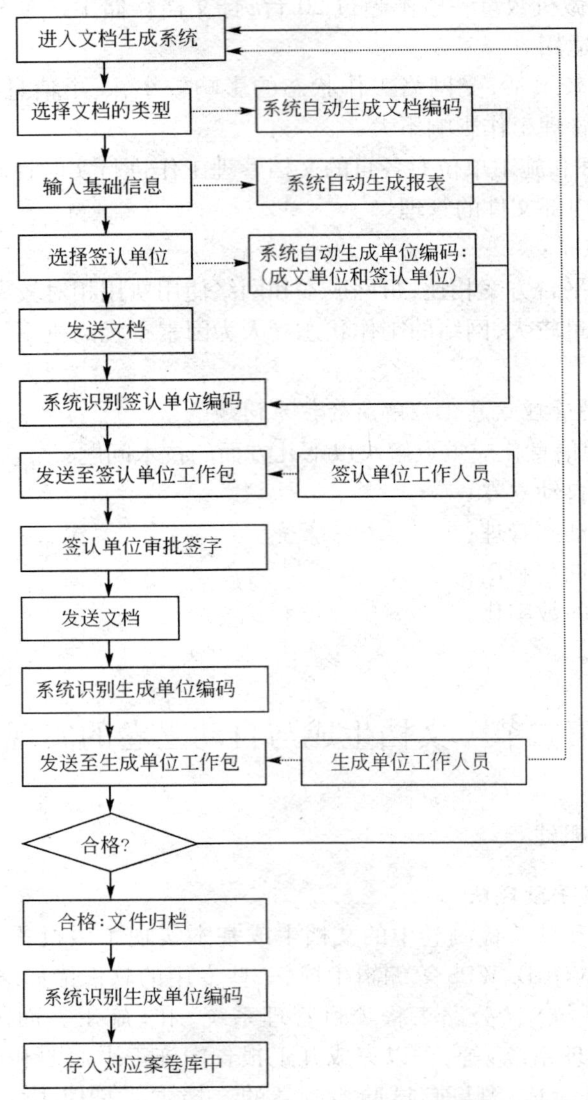

图 10-4　文档的生成与处理流程

(三)施工文档生成系统设计的基点

开发一套公路工程项目施工文档生成系统,实现文档的自动分类与立卷,能有效地解决目前人工填写文档和立卷带来的种种问题,提高内业人员的工作效率,实现文档管理的规范化和标准化。文档生成系统是一个十分复杂的系统,是对目前各种公路工程管理系统软件文档生成功能的集成,从案卷管理的角度说,它应能生成和接收综合文件、竣工图纸、质量文件和试验检测报告四个方面的文档,从而实现工程文档生成后的自动分类和立卷。该系统的功能设计与系统开发不是本章要研究的问题,但它却是公路工程施工文档管理方案得以实现的基础,因此施工文档生成系统的开发与设计必须从施工文档管理的角度出发,即考虑文档存储格式的标准化和文档分类与检索信息的自动生成问题,但这个问题在目前许多工程管理软件开发设计时并未得到重视,即使是目前最有影响力的办公软件 MSWORD 也未能从档案管理的角度推出一种适用的标准的文档格式。

公路工程文档生成系统与公路工程施工文档管理方案中的其他子系统的逻辑关系如图 10-5所示。

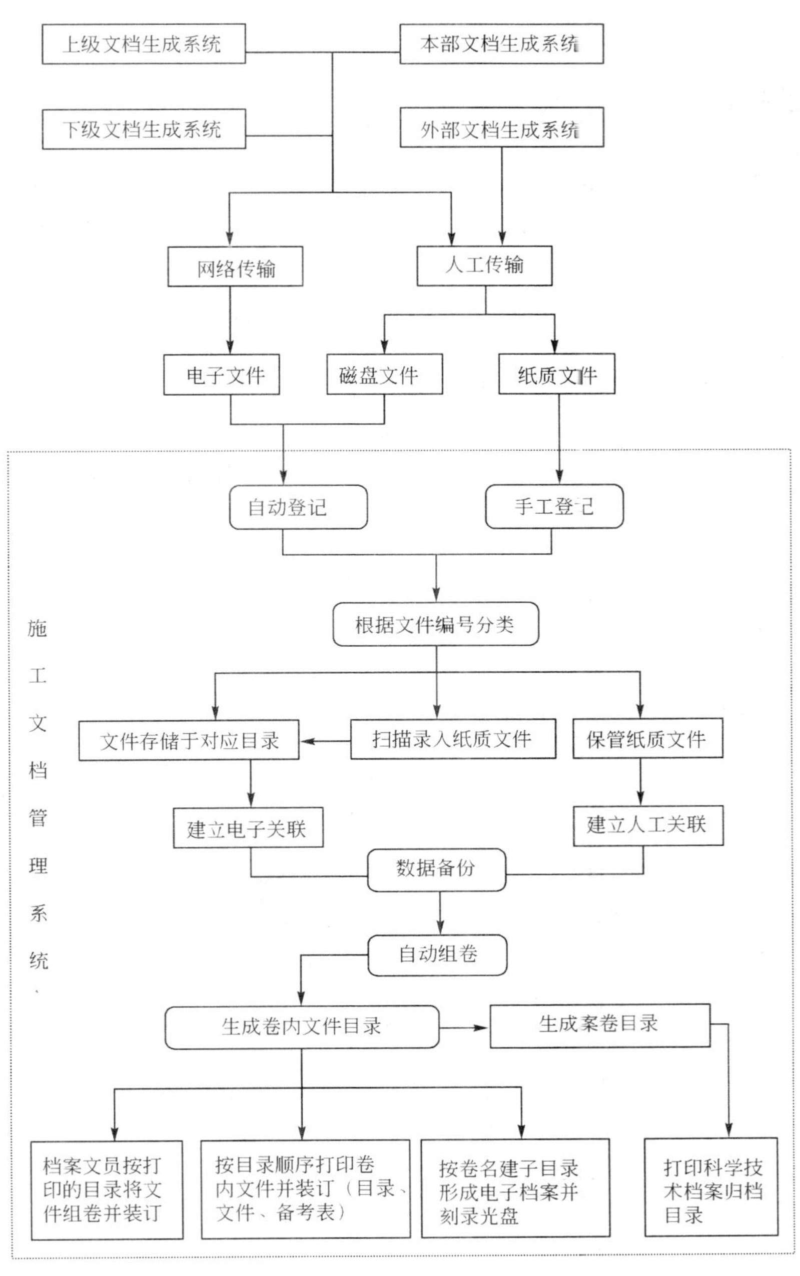

图 10-5　文档生成系统与管理系统逻辑关系图

二、施工文档的编码

（一）编码体系的要求

有效的文档管理是以友好的用户界面和较强表达能力的文件编码为前提的。在项目实施前,就应建立该项目的文档编码体系。最简单的编码形式是用序数,但它没有较强的表达能力,不能表示文件的特征。一般项目编码体系有如下要求：

（1）统一的、对所有文件适用的编码系统；

（2）能区分文件的种类和特征；

（3）能随便扩展；

（4）对人工和计算机处理有同样效果。

（二）编码规则

编码技术是实现文档自动化管理的基础,通过编码的识别实现文档的自动分类、处理和归档等操作。公路工程施工文档管理方案采用文档编码与单位编码来自动识别文档的分类与经办人。

现行的《公路工程竣工文件材料立卷归档管理办法》要求将公路工程施工文档按综合文件卷、竣工图纸卷、质量文件卷和试验检测卷分别整理立卷。而质量文件卷中的文件量大类繁,编码较复杂,为了便于系统识别,其他三卷的编码规则应与质量文件卷一致。编码构成如下:文档编码=类编号+分类编号+子类编号+目编号+分段或桩位编号+文档编号。

类编号－由1位数字构成;1为综合文件卷,2为竣工图纸卷,3为质量文件卷,4为试验卷。

分类编号－由2位数字构成,即01~99。

分段或桩位编号－由2位数字构成,即01~99,主要针对质量文件卷而设置,指路基或路面的分段,桥涵等构造物的编号;其他三卷取01,即整个合同段。

子类编号、目编号－均由2位数字组成。

文档编号－由3位数字构成,即001~999。

（三）编码的生成

即使公路工程项目施工过程实现了信息化管理,但公路建设涉及面广,而社会各部门文档管理的信息化程度各不相同,以纸张为载体的文档的使用是不可避免的。即使是电子文档,由于各部门使用的文档管理系统不同,格式也各不相同。因此,公路工程施工过程中,必然要面对两类文档:系统内部文档和系统外部文档。两类工程文档的处理流程如图10-6和图10-7所示。

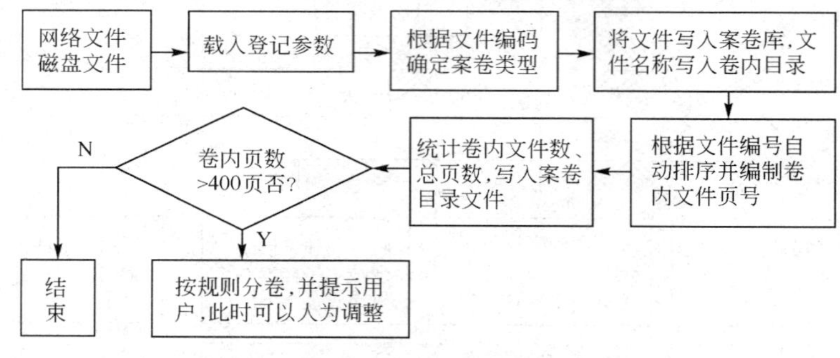

图10-6　系统内部文档立卷流程图

三、工程文件的自动立卷

根据文档页数的预估和工程项目的划分，输入相关的工程信息，按工程文档的分类体系，预先确定工程文档的案卷，如同根据文档类型和数量预先准备好档案盒一样，实现工程文档的预立卷。以后在工程施工的过程中产生的工程文档可直接归档，而用户要做的只是点击系统的一个按钮，文档的归档工作将由系统自动完成。

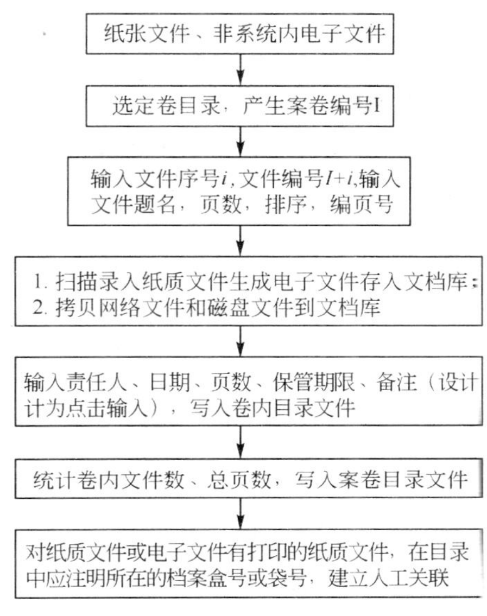

图 10-7　系统外部文档著录流程

（一）自动预立卷的基础

实现工程文档的预立卷需要做好以下基础工作：

（1）明确每份质量文档和试验检测报告的页数，作为一个工程文档管理系统，必须提供一套标准化的工程文档，用户可以根据工程实际情况选用。

（2）用户需输入必要的工程信息，从而自动生成案卷名称和预估卷内文档数量和页数。

（3）明确工程文档的立卷规则，如哪些文档可以组成一卷，一卷内可以容纳的文档的总页数，拆分案卷的规则等。

（4）明确各类案卷的保管期限和密级，使系统能够自动生成科学技术档案归档目录中的相关信息。

因此可见，实现工程文档管理的自动化和智能化，需要做大量细致的基础工作。

（二）综合文件卷文档的预立卷

由于综合文件卷中一部分文档的数量和总页数是已知的，如合同协议部分已经确定下来，可以直接立卷，而另一部分文档的产生具有不确定性，无法对文档的数量和页数进行预估，如上级下发的文件、本部报批的文件等，但可以根据其组成内容和分类进行预立卷。然后在文件归档的过程中进行必要的调整，对案卷进行拆分和合并。

（三）竣工图纸卷文档的预立卷

一般说来，竣工图与施工图纸是基本一致的，如果施工图纸没有变动的，由竣工图编制单位在施工图上加盖电子竣工图章直接作为竣工图；凡有一般性图纸变更及符合杠改或划改要求的变更,可以在原图上修改,并加盖电子竣工图章;变更较大的应重新绘制竣工图并加盖电子竣工图章。由于施工图纸已经确定,因此,竣工图纸实现预立卷是很容易的。

(四)质量文件卷文档的预立卷

质量文件卷文档的预立卷工作相对烦琐些,需要利用工程信息和每份质量文档的页数来确定。以土方路基填筑为例:每层质量文件的页数由路面的车道数和长度确定,每段的填筑层数由填筑高度和每层的最大压实厚度确定。处理的过程如下。

1. 确定工程信息

确定各路段的路面车道数、最大压实厚度、起讫点桩号、填筑高度。

2. 各路段的质量文档数和页数预估

路段每层的质量检验评定文档的页数可以根据路段的长度和车道数进行估算,每个路段的填筑层数可以根据路基的填筑高度和每层的最大允许填筑厚度来确定。

3. 生成案卷名称和案卷目录

根据相邻路段的文档页数之和判断是一个路段为一案卷,还是相邻几个路段组成一案卷,并根据起讫桩号生成案卷名称,写入案卷目录。案卷目录的信息如下:序号、案卷题名、实际页数、计划页数、编制单位、备注。

其中:备注中可以建立电子文档与纸质文档的关联,即注明与该电子文档对应的纸质文档的档案盒号或档案袋号。

4. 生成科学技术档案归档目录

工程竣工时根据案卷目录信息直接生成《科学技术档案归档目录》,包括以下信息:序号、案卷题名、页数、编制单位、编制时间、保管期限、密级、备注。

其中:页数为案卷目录中的实际页数,编制时间为科学技术档案归档目录的生成时间,保管期限和密级由系统自动生成,备注中注明该案卷所在的光盘编号。

四、文档的动态管理

工程文档的动态管理是靠网络技术来实现的。通过计算机网络,各级工程文档管理人员可以随时了解工程文档的情况,既可以了解工程文档收集整理的总体情况,也可以浏览各案卷的具体组成以及文档的内容,真正做到实时的动态管理。工程文档的动态管理的实现,加强了对工程文档管理工作的日常监督、检查和指导,确保工程文档的收集工作及时性、完整性和准确性,更利于立卷前的档案鉴定,保证文档整理立卷的质量,避免档案验收时出现返工现象,提高了工作效率,充分发挥档案管理部门的指导职能,为档案管理部门对工程文档管理工作的全程监控提供了条件。

(一)文档管理的统计信息

1. 文档管理统计的内容

无论是项目的管理者,还是工程文档的管理者,都希望对所做工作的总体情况有一个清晰的了解,以便及时发现问题和解决问题,作出各种合理的决策,避免工作的盲目性,使所做的工作始终处于受控有序的状态下。为了实现这一目标,应为项目管理者和文档管理人员提供如下信息:

(1)案卷的总数及各类案卷的数量;

(2)计划收集的文档总数;

(3)每个案卷中计划收集的文档总数;

(4)目前已经收集的文档总数;

(5)目前每个案卷中已收集的文档总数;

2. 文档管理统计信息的表现形式

为了更直观地提供工程文档的信息,可以采用以下方式:

(1)统计表:采用表格形式列出文档的统计信息。各案卷内文档的统计信息采用表格形式列出,可以全面地了解文档管理工作的进展情况。

(2)统计图:采用面积图、折线图、条形图、柱状图、环形图和饼状图等列出文档的统计信息。适合显示案卷数量的统计信息,列出各类案卷的组成与完成情况。

(3)树状图:采用目录树的形式列出案卷的组成,用案卷名称后面括号中的百分数显示该案卷的文档收集工作的完成情况。

3. 文档统计信息的处理

系统的运行速度取决于数据的处理工作量,尤其是通过互联网登录到项目指挥部、各级监理部门和各合同段经理部的局域网上浏览统计信息时,速度常受网络速度的影响,为提高系统的效率,在用户浏览文档统计信息前,系统应定期自动完成统计报表的生成工作,供用户查询。因此可以采用逐级归纳和浓缩的金字塔形的报表系统方案,其形式如图 10-8 所示。

各合同段下属的施工单位负责工程质量数据信息采集和生成工程文档的工作,并将生成的工程文档汇总到合同段的项目经理部。

各合同段项目经理部和监理部的文档的统计信息随着文档的归档而自动统计生成,按固定的时间间隔自动生成统计报告(表格和统计图),并将文档的统计信息逐级上传至驻地监理工程师办公室、总监理工程师办公室和项目指挥部,统计出整个项目的文档管理工作总体情况,并生成整个项目的统计报表。

按该方案处理文档管理的统计信息,项目指挥部可以直接浏览各驻地办和各标段的统计报表。用户也可以根据需要得到指定的几个标段的统计信息。

(二)工程文档内容的浏览

上级部门的管理者和工作人员从各合同段上传的工程文档统计信息中只能了解工程文档管理工作的总体情况,但有时还需要浏览各合同段的工程文档的内容,以便更好对工程文档的质量加以监控。通过网上浏览可以轻松地完成这一工作。

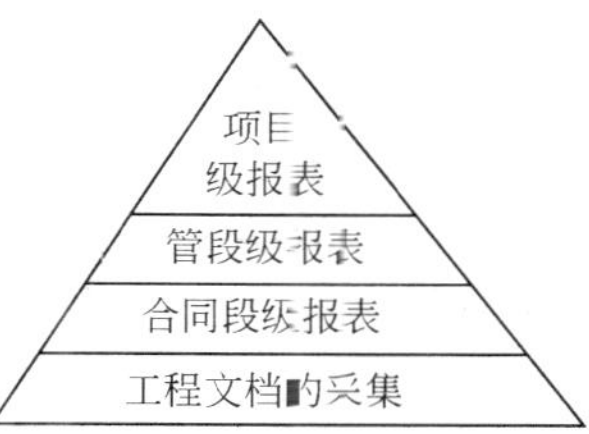

图10-8 金字塔形报表系统

1. 实现网上浏览的基础工作

为使上级管理部门能通过互联网浏览各合同段的文档内容,系统应为用户提供一个信息平台,使用户在登录后,可以通过检索或目录树快捷地找到目标文档并浏览其中的内容。因此,系统必须自动建立与各工程文档文件链接的网页。目前已经广为应用的超星数字图书馆、重庆维普科技期刊数据库和清华同方的 CNKI(中国知识基础设施工程)是非常成功的文档检索与浏览的范例,关于这一基础工作不再赘述。

2. 网上浏览的工作流程

各级部门的工作人员可以远程登录到合同段经理部的网站上浏览文档内容。网上浏览的工作流程如图 10-9 所示。

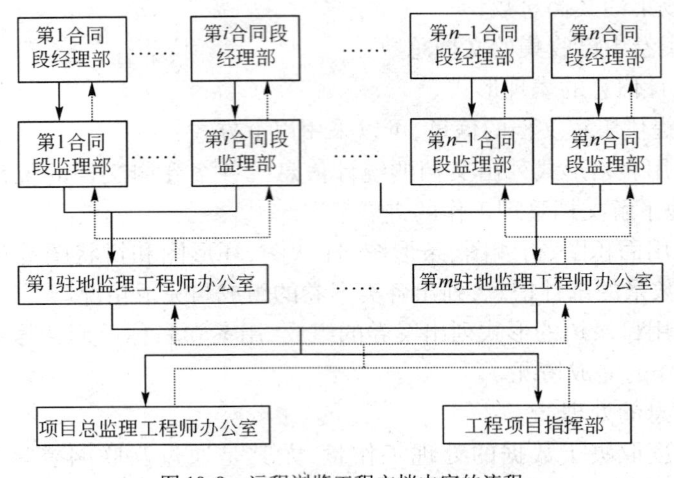

图 10-9　远程浏览工程文档内容的流程
——上传；┈┈浏览

第三节　文件签认手段的数字化

一、电子签名的定义

电子签名也称作数字签名,它能起到鉴别真伪的作用。电子签名作为公开密钥加密技术的应用,用符号及代码组成电子密码进行"签名",从而代替书写签名或印章,达到鉴定签名人的身份以及对一项数据电文内容信息的认可。在电子商务活动交易过程中,交易各方通过电子签名,直接证实交易的真实与有效性。

二、电子签名技术在国内外的发展与应用

电子签名是伴随着电子商务的发展而迅速发展起来的。为了保障交易安全,使电子商务得到更快、更健康的发展,国际社会纷纷接纳电子签名。

2000 年 4 月 14 日日本的通产、邮政、法务三省向日本国会提交了"关于电子签名及认证业务的法案"(电子签名—认证法),该法案赋予电子签名与按手印和签名相同的法律效力,以建立企业间 EC(Electronic Commerce)的社会支援体制,促进电子商务的深层次发展。今后,电子签名可同已有的盖章和签名一样,作为交易记录等证据的一部分在法院裁决中使用。

2000 年 6 月 30 日,美国总统克林顿在费城用一张智能卡签署了《电子签名法》。该法案被称为当时美国国会通过的最重要的、具有里程碑意义的电子商务立法。《电子商务法》明确承认了电子签名、电子合同和电子记录的法律效力,规定电子邮件签名将与普通合同签字在法庭上具有同等的法律效力。

同年,德国公布了电子签名草案,计划在整个欧盟建立一套电子商务电子签名标准,力争要求各欧盟成员制定法律来保证电子签名与手写签名应具有相同的效用。而随着《电子通信法案 2000》中第七章的生效,电子签名在英国取得了与手写签名一样的法律效力。黎巴嫩内阁亦通过一项有关电子签名和数据文件的规定,使电子签名在各种公务和商务文件中合法化。而新加坡、马来西亚等国都对电子签名的一般效力、责任作了明确规定。

目前,我国《合同法》已经将数据电文包括电子数据交换和电子邮件列为合同的书面形式之一,从而为电子签名的合法化奠定了基础。2004 年 8 月 28 日,我国正式通过了《中华人民共和国电子签名法》,确定了电子签名与手写签名具有同等的法律地位,从而使电子签名技术在公路工程中的应用具备了可行性。

三、电子签名的技术方式

目前使用的电子签名主要有三种方式。

1. 智慧卡式

使用者拥有一个像信用卡一样的磁卡,内存储有关自己的数字信息,使用时只要在电脑扫描器上一扫,然后加入自己设定的密码即可。

2. 密码式

使用者设定一个密码,由数字或字符组合而成。有的公司提供硬件,让使用者利用电子笔在电子版上签名后存入电脑。电子版不仅记录下了签名的形状,而且对使用者签名时用的力度、签字的速度都有记载,别人很难通过模仿蒙混过关。

3. 生物测定式

以使用者的身体特征为基础,通过某种设备对使用者的指纹、面部、视网膜或眼球进行数字识别,从而确定对象是否与原使用者相同。

目前,许多公司大都是将两种或三种技术结合在一起运用,大大提高了电子签名的安全可靠性。

四、电子签名和验证的基本原理

电子签名技术建立在报文摘要和非对称密钥加密两种算法基础上。

1. 报文摘要算法

简单地讲,报文摘要就是对一个电子文件用某种算法产生出一个最能体现这个文件特征的字符串来,一旦文件有任何改变,这个字符串都会发生变化,也就是说文件有任何变化,特征字符串都不能再通过验证。报文摘要也被称为“数字指纹”。

2. 非对称密钥加密

非对称密钥加密也叫公开密钥加密(Public Key Encryption)。在非对称密钥加密体系中,每个人都有一对唯一对应的密钥:公开密钥和私有密钥,公钥对外公开,私钥由个人秘密保存;用其中一把密钥来加密,就只能用另一把密钥来解密。商户可以公开其公钥,而保留其私钥;客户可以用商户的公钥将发送的信息进行加密,安全地传送给商户,然后由商户用自己的私钥进行解密。公开密钥加密技术解决了密钥的发布和管理问题,是目前商业密码的核心。使用公开密钥技术,进行数据通信的双方可以安全地确认对方身份,提供通信的可鉴别性。

3. 电子签名和验证基本过程

签名过程:对原文的报文摘要使用私钥加密,得到加密的报文摘要,即签名,如图 10-10 所示。

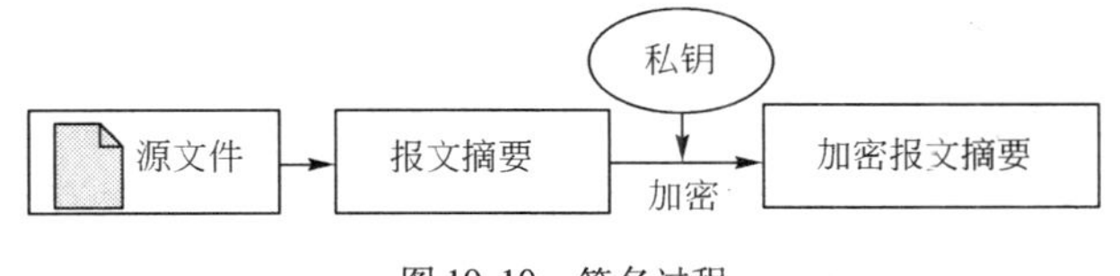

图 10-10　签名过程

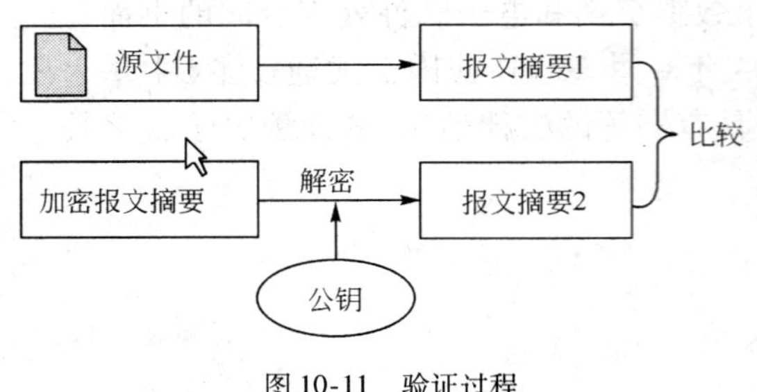

图 10-11　验证过程

验证过程:如图 10-11 所示,得到原文和签名后,计算原文的报文摘要(S1),使用加密者公开的公钥解密,得到加密前的报文摘要(S2),比较 S2 和 S1 是否一致,如果一致,则可验证:原文在签名后未改变;公钥的发布者是签名者。

4. 电子签名的签署过程

电子签名的签署有两种方式:即顺序签名和并行签名。

对于同一份电子文档,签名人可以顺序签名,也可以对文档的拷贝分别签名,再将多个签名合并,前者称为"顺序签名",后者称为"并行签名"。

5. 工程文档的签署方式的选择和管理流程

在公路工程项目管理过程中,文件的签字审批有严格的顺序,因此在公路工程信息化管理系统中,电子文件的签署应采用"顺序签名"的方式,现以工程开工申请报告的审批签署过程为例,介绍应用电子签名技术后的文件管理的工作流程,如图 10-12 所示。

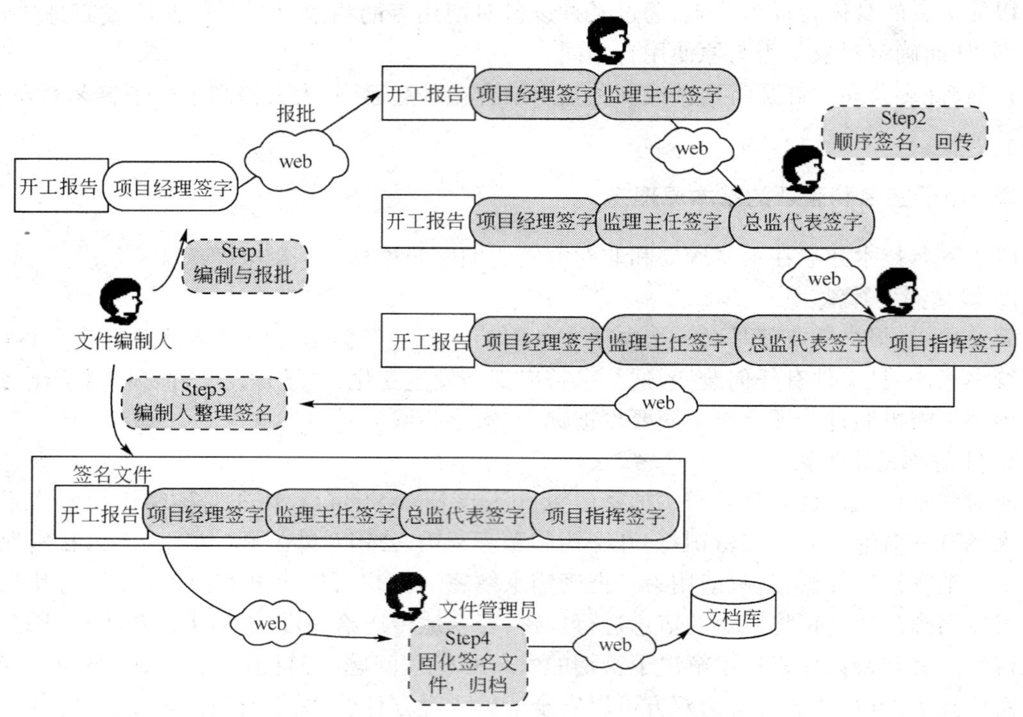

图 10-12　应用电子签名后文件的管理流程

五、电子签名的优越性

1. 电子签名是实现工程项目信息化管理的重要技术手段

目前公路工程项目管理中已经开始引入信息管理系统,但由于没有采用电子签名技术,不得不沿用传统签名,即通过信息管理系统生成并打印纸质工程文件,然后采手写方式签署,如果需要保存电子版的已签名文件,则要采用扫描的方式存储成图形文件。显然这种用传统签名的方式已无法适应自动化办公系统和工程项目信息化管理的需要,只能使工程文档管理过程复杂化,降低了信息管理系统自动化程度和工作效率,已经成为工程文档管理工作中的瓶颈,电子签名技术是解决这一问题的重要技术手段。

2. 电子签名可以有效降低工程项目管理工作的强度

众所周知,在工程招投标阶段,无论是招标文件、资格预审文件还是投标文件都需要法人代表逐页签署,特别是资格预审文件多达数百页,签署的工作量很大。如果采用电子签名,可以逐页签署,也可以批量签署。在电子文件经审核无误后,只要选定待签的文件,轻点几下鼠标即可通过批量签署的方式,一次性签署数百甚至数千页的多份文件,而且不会出现漏签或签错名的现象,不仅提高了工作效率和签字工作的质量,而且能有效地降低签署人的工作强度。

3. 电子签名可以改变工程项目管理工作中的时间分配

工程监理、项目经理和工程技术人员每天要完成大量的工程文档签认工作,成堆的工程文档需要逐页签署,要耗费大量的时间,结果往往为尽快完成文件签署而忽略了对文件内容的审阅,影响了工程文档的质量,这也是目前工程文件内在质量不高的主要原因。而利用电子签名技术进行批量签认,不仅可以加快文档的处理速度,降低管理者和工作人员的工作强度,而且可以改变管理工作中时间的分配,使工程管理人员和技术人员将更多的时间用于工程文件内在质量的审核上,从而有效地提高工程文件的质量。

显然,电子签名是实现工程项目信息化管理和无纸化办公的主要技术手段之一。与传统签名相比,电子签名技术应用于公路工程项目管理有着无可比拟的优越性。

《中华人民共和国电子签名法》的颁布和实施,确立了电子签名技术的合法地位。使电子签名技术在公路工程项目管理中的使用成为可能,同时也将引发一场公路工程文档管理的重大变革,有力推动公路工程项目管理信息化的进程。但人们对电子签名的认识不足,同时多年用钢笔签名已经成为习惯,尤其是缺乏引入电子签名技术的公路工程项目信息化管理系统,这些都是目前是阻碍电子签名技术推广和应用的主要因素。因此,要将电子签名技术真正广泛地应用到公路工程管理工作中,还要做大量的工作。

第四节　工程文档的安全管理

一、工程文档的安全性问题

工程文档的安全性涉及三方面的问题:如何确保工程文档的原始性、如何确保工程文档的保密性和如何防止工程文档的丢失。

1. 工程文档的原始性

工程文档作为公路工程施工的原始记录,不仅记录了工程施工的过程和工程的质量特征,同时也明确了施工过程中业主、监理和施工单位等多方在该过程中的责任。因此,一份工程文档从生成到最终归档,中间要经各方责任人签署相关的意见。一经归档,就不能随意改动,否则必须经各方共同决定才能更改。只有保持原始性的工程文档才能正确地记录和反映历史。

2. 工程文档的保密性

工程文档作为公路工程建设的历史记录,其中有些是有机密性的,因此对工程档案的查阅必须加以限制,任何人只能在其权限范围内自由查阅工程文档,否则必须经申请并得到批准后才能在允许的权限和时限范围内进行查阅。

3. 防止工程文档损毁

工程文档在保管过程中可能会因遭受火灾、水灾或盗窃、误操作或恶意破坏而丢失，纸质工程文档容易发生霉烂或水湿等现象，电子工程文档容易因存储介质受损、工作人员的误操作、计算机病毒或黑客恶意的攻击而丢失。因此加强工程文档的安全管理具有十分重要的意义。

二、工程文档原始性的保证措施

传统的纸质工程文档一经形成，其原始性就基本得以确定，而电子工程文档的易修改性是目前阻碍工程文档实现电子化的一个主要因素之一。因此，采用哪种文件格式创建和保存工程文档能有效地确保文件的原始性不被修改是至关重要的。本书推荐采用 PDF(便携文件格式)文件。

1. 便携文件格式(PDF)简介

PDF (Portable Document Format)是一种通用文件格式，称为便携文件格式，由 Adobe 公司开发而成，是全世界电子版文档分发的公开实用标准。无论创建文档使用什么样的应用程序和平台，Adobe PDF 都能够保存源文档的所有字体、格式、颜色和图形。Adobe PDF 文件为压缩文件，任何人都可以使用免费的 Adobe Acrobat Reader 共享、查看、浏览和打印。PDF 的优越性有如下几点。

(1)PDF 与 HTML 有很多相似之处。PDF 可以在 NETSCAPE 和 IE 中浏览；还可以立即打印出来(百分之百保持原件效果)，或抓下来留作后用。

(2)不需要下载整个 PDF 文件后再阅读。得到第一部分数据后，按翻页的功能继续下载其他的页面。也就是说看完第 1 页可以立即跳到第 7 页，不用浪费一丁点的时间去等下载。PDF 文件支持全文搜索，适合网上阅览，且为目前许多浏览软件所兼容。

(3)PDF 文件有绝佳的安全性。创建者可防止他人复制、改变、打印 PDF 上的文本和图像。

(4)PDF 文件体积小，一个文件的 PDF 格式是 HTML 格式大小的 1/5。

2. PDF 在工程施工文档管理中的应用

文档在形成、签认过程中所有的信息数据均以数据库记录形式存在，一旦所有的签认工作完成，立即形成 PDF 文件，存入工程文档库中，并将数据库的数据信息刻录成 CD-ROM 光盘加以备份，通过综合地运用 PDF 文件和 CD-ROM 的防更改特性，可以确保工程文档的原始性，同时也利于工程文档的检索和浏览。

三、工程文档保密性的安全措施

为保证文档信息的安全性和保密性，必须明确参与工程文档管理和需要浏览工程文档的工作人员的权限，并对进入系统的工作人员身份进行识别，使其只能在权限范围进行操作，确保工程文档的安全性和保密性。

(一)工程文档管理中人员权限的管理

只有对不同的工作人员的权限加以限制，才能有效地保证工程文档的安全性和保密性，并将工程文档的安全管理工作落到实处，做到责权分明。这就需要一套科学而周密的权限管理机制，一般可以从以下几个方面对权限进行分级。

1. 操作权限:查阅、增加、更新、删除

查阅是最基本的权限,凡是参与公路工程项目施工的相关人员都可查阅其工作权限范围内的工程文档。当用户要超范围查阅档案时,需向文档管理员提出申请,并经领导批示或按有关规定可以临时扩大该用户可操作的范围和时限,以确保工程文档的保密性。值得提出的是过去在对纸质文档的管理中,文档管理员一般对所有文档都能查阅,采用电子文档后,文档管理人员对文件内容的查阅也可以有所限制,比如一些机密性的文档可以通过设置密匙限定查阅,而此时文档管理人员做的仅仅是保管和提供检索信息。

增加、更新和删除是文档管理员才具有的权限,且只能对本部门的工程文档执行增加、更新和删除等操作。文档管理员对本部门工作人员提交的工程文档审核后,向工程文档数据库增加文档;文档管理员可以根据管理的需要对工程文档的检索信息进行修改,但无权修改文档内容;由于删除操作直接涉及工程文档的安全,故文档的删除必须经部门领导、文档管理员和文档责任人三者同时通过身份识别后,才能执行操作,且删除前系统将自动备份数据,一旦备份失败,删除操作将不被执行。

2. 密级范围:一般、秘密、机密、绝密

在公路工程施工过程中,不同工程文档的公开范围是不同的,可以根据需要设置。

一般:可以直接向社会公开的工程文档,如涉及工程进度、质量的宣传性文档。

秘密:可以直接在本项目范围内公开的工程文档,如上级下发的文件等。

机密:可以在本部门内部公开的工程文档,如质量文件卷、工程图纸卷和试验检测卷和综合文件卷中上级下发的文档。

绝密:仅在本部门领导层内公开的工程文档,如各施工单位内部的技术、工艺、管理或涉及财务等方面文件,可以限定本单位内部或少数人员间公开。

3. 类目范围:全部、部分

根据各工作人员的工作职责范围,可以限定其对综合文件卷、竣工图纸卷、质量文件卷和试验检测卷工程文档库中的全部或部分类目、案卷或文档的查阅权。

4. 行政范围:项目级、管段级、标段级

根据查阅者所在单位确定其可查阅的文档范围。一般上级单位有权对下级单位的工程文档(内部事务除外)进行查阅、监督和指导,同级别单位间或下级单位对上级文档(公开的文档除外)的查阅需申请并经许可后方可查阅。因此,项目的前指办、总监办的工作人员的查阅权限为项目级;驻地办工作人员的查阅权限为管段级;各合同段的工作人员查阅权限为标段级。

5. 单位范围:内部、外部

内部指本部门的工程文档,外部指其他单位的工程文档。

(二)权限管理的方案

一套合理的权限管理方案应同时满足两个要求:一是要满足各单位工作人员的工作需要;二是要满足工程文档的安全性和保密性要求。这一点也直接影响着一个公路工程文档管理系统的推广和使用。尽管工程项目施工中工程文档的管理有着具体规定,但由于不同的公路工程施工项目的实际需求有所不同,因此制订一套适合所有工程项目的权限管理方案是不现实的。在实际工作中必须结合工程实际,切实了解公路工程项目施工管理的要求,才能制订出合理的权限方案,表 10-1 给出了一个参考方案。

(三)工程文档管理中人员身份的识别

为了有效地识别进入系统中的工作人员的身份,本方案推荐指纹识别技术、数码证书识别和普通密码识别三种方式用于身份的识别。

1. 指纹识别技术

指纹识别技术目前已经很成熟且成本低廉，加载指纹信息是目前国际上流行的身份识别手段。目前我国的香港和澳门市民已经领取的智能身份证，就利用了指纹识别技术。这种身份证以耐用及安全可靠的材料及激光刻蚀技术印制而成，并加上防伪标识，以确保身份证高度安全，难以伪造。刻蚀在卡面及储存于晶片内的个人资料有持证人的相貌及其一对拇指指纹的模板，以便核实持证人的身份。建议对系统和数据安全性和保密性影响大的用户如档案管理员、系统管理员、部门领导等应采用指纹识别方式验证身份。

各级人员的权限设置方案 表 10-1

<table>
<tr><th rowspan="2">人员</th><th rowspan="2">单位</th><th colspan="4">查阅范围</th><th rowspan="2">追加范围</th><th rowspan="2">修改范围</th><th rowspan="2">删除范围</th><th rowspan="2">备　注</th></tr>
<tr><th>密级</th><th>类目</th><th>单位</th><th>行政</th></tr>
<tr><td rowspan="8">文档管理员</td><td rowspan="2">前指办
总监办</td><td>绝密</td><td>部分</td><td>内部</td><td rowspan="2">项目</td><td rowspan="2">内部</td><td rowspan="2">内部①</td><td rowspan="2">内部②</td><td rowspan="2"></td></tr>
<tr><td>机密</td><td>全部</td><td>外部</td></tr>
<tr><td rowspan="2">驻地办</td><td>绝密</td><td>部分</td><td>内部</td><td rowspan="2">管段</td><td rowspan="2">内部</td><td rowspan="2">内部①</td><td rowspan="2">内部②</td><td rowspan="2"></td></tr>
<tr><td>机密</td><td>全部</td><td>外部</td></tr>
<tr><td rowspan="2">经理部
监理部</td><td>绝密</td><td>部分</td><td>内部</td><td rowspan="2">标段</td><td rowspan="2">内部</td><td rowspan="2">内部①</td><td rowspan="2">内部②</td><td rowspan="2"></td></tr>
<tr><td>机密</td><td>全部</td><td>外部</td></tr>
<tr><td rowspan="2">施工队</td><td>绝密</td><td>部分</td><td>内部</td><td rowspan="2">标段</td><td rowspan="2">内部</td><td rowspan="2">内部①</td><td rowspan="2">内部②</td><td rowspan="2"></td></tr>
<tr><td>机密</td><td>全部</td><td>外部</td></tr>
<tr><td rowspan="8">部门领导</td><td rowspan="2">前指办
总监办</td><td>绝密</td><td>部分</td><td>内部</td><td rowspan="2">项目</td><td rowspan="2"></td><td rowspan="2"></td><td rowspan="2"></td><td rowspan="2"></td></tr>
<tr><td>机密</td><td>全部</td><td>外部</td></tr>
<tr><td rowspan="2">驻地办</td><td>绝密</td><td>部分</td><td>内部</td><td rowspan="2">管段</td><td rowspan="2"></td><td rowspan="2"></td><td rowspan="2"></td><td rowspan="2"></td></tr>
<tr><td>机密</td><td>全部</td><td>外部</td></tr>
<tr><td rowspan="2">经理部
监理部</td><td>绝密</td><td>部分</td><td>内部</td><td rowspan="2">标段</td><td rowspan="2"></td><td rowspan="2"></td><td rowspan="2"></td><td rowspan="2"></td></tr>
<tr><td>机密</td><td>全部</td><td>外部</td></tr>
<tr><td rowspan="2">施工队</td><td>绝密</td><td>部分</td><td>内部</td><td rowspan="2">标段</td><td rowspan="2"></td><td rowspan="2"></td><td rowspan="2"></td><td rowspan="2"></td></tr>
<tr><td>机密</td><td>全部</td><td>外部</td></tr>
<tr><td rowspan="4">其他工作人员</td><td>前指办
总监办</td><td>机密</td><td>部分</td><td>内部</td><td>项目</td><td></td><td></td><td></td><td></td></tr>
<tr><td>驻地办</td><td>机密</td><td>部分</td><td>内部</td><td>管段</td><td></td><td></td><td></td><td></td></tr>
<tr><td>经理部
监理部</td><td>机密</td><td>部分</td><td>内部</td><td>标段</td><td></td><td></td><td></td><td></td></tr>
<tr><td>施工队</td><td>机密</td><td>部分</td><td>内部</td><td>标段</td><td></td><td></td><td></td><td></td></tr>
</table>

注：①只能从检索和保管的需要出发修改工程文档内容以外的数据，如检索信息等，不能破坏工程文档的原始性。

②删除须经主管领导、文档责任人、系统管理员同时通过身份识别后方可操作，且删除前系统将自动备份，一旦备份操作失败，删除操作将不被执行。

2. “数码证书”技术

数字标识即“网上身份证”，是一份包含用户身份信息、用户密钥信息以及CA机构数字签名的文件，数字标识由“公用密钥”、“私人密钥”和“数字签名”三部分组成。在将数字标识发送给他人时，实际上给他们的是公用密钥，以便他们给您发送加密的邮件，只有您自己才可以使用私人密钥对加密邮件进行解密和阅读，保证了邮件的安全性。所以别人要给您发送加密邮件必须有您的数字标识。而目前香港市民换领智能身份证时可同时办理加入数码证书功能的“网上身份证”，网上电子交易时可作核实身份之用，为电子文件加密及签署时输入证书密码，可等同书面签署的法律效力。

3. 普通密码识别

普通密码识别是目前最常见的一种保密手段，在未广泛采用前两种技术前，对广大的文档利用者可以只通过密码进行身份识别。但随着智能身份证的普及，这种身份识别技术将很快被淘汰。

四、防止工程文档损毁的保证措施

1. 常规的防灾措施

一般公路工程施工中，文档的库房都相对比较简陋，在日常保管过程中，要注意库房环境和库内的卫生，注意防火、防潮和防虫。在遇到洪水或地震等自然灾害时，应及时将工程文档和相关的计算机设备转移到安全的地带。此外，应加强工程文档及相关的计算机设备、存储介质的保卫工作，严防任何盗窃和破坏事件的发生。

2. 电子文档的备份

备份是防止电子文档丢失的有效措施。数据备份功能是软件系统的一项重要的常规功能。一般有两种备份方式。

(1)人工备份：系统自动提示后，用户按提示确定备份路径和存储介质。

(2)自动备份：系统自动按用户预先设置好了的路径和存储介质进行备份。将文档及其相关信息备份到CD-ROM光盘，可使电子工程文档脱离计算机硬盘，能有效地防止因计算机病毒或黑客攻击造成的数据损失。

3. 网络信息安全技术

对于一个基于网络的公路工程施工文档管理方案，一个是不可避免的安全问题就是网络信息安全。目前常用的网络信息安全技术有虚拟专用网、防火墙技术、网络隔离计算机技术、漏洞扫描技术、入侵检测技术等。特别是入侵检测技术，它不仅可以帮助系统对付网络攻击，而且扩展了系统管理员的安全管理能力(包括安全审计、监视、进攻识别和响应)，提高了信息安全基础结构的完整性。它能够使系统管理员有效监控进入系统的用户和系统行为，因此被认为是防火墙之后的第二道安全闸门，它在不影响网络性能的情况下能对网络进行监测，防止对系统的内部攻击、外部攻击和误操作。

附录　公路工程竣工文件材料立卷归档管理办法

第一章　总　　则

第一条　为规范公路工程竣工文件材料立卷归档工作,保证公路工程专业档案质量,根据《中华人民共和国公路法》、《中华人民共和国档案法》及其《档案法实施办法》,制定本办法。

第二条　本办法所称公路工程竣工文件材料是指新建和改建公路工程(包括独立的公路桥梁、公路隧道和公路渡口)自建设项目立项开始直至竣工验收过程中所形成的具有保存、查考利用价值的各种形式和载体的历史记录。

第三条　各级交通、档案行政主管部门应根据统一领导、分级管理的原则,依法对所辖范围内公路工程竣工文件材料立卷归档工作进行监督和指导。

第二章　组织与职责

第四条　公路工程建设单位、勘察设计单位、施工单位、监理单位应当将公路工程竣工文件材料立卷归档工作,纳入公路工程建设项目的管理工作中,建立公路工程文件材料管理领导人责任制,配备专人负责公路工程文件材料的立卷归档工作,确保公路工程建设竣工文件材料的完整、准确与系统。

第五条　公路工程建设单位在建设项目发包给承包方时,应当在有关合同中明确公路工程竣工文件材料的形成、整理的组卷要求。

公路工程交工验收前,由公路工程建设单位或该建设项目批准初步设计单位的档案机构组织勘察设计、施工、监理及公路管理机构对有关竣工文件材料立卷归档工作进行预验收,并提出预验收报告。

公路工程交、竣工验收时,档案主管部门和交通主管部门的档案机构应派人参加,并提出公路工程档案验收意见。

第三章　公路工程文件材料的收集

第六条　凡是反映与公路工程有关的重要活动、具有查考利用价值的各种载体的文件材料,都应收集齐全,归入公路工程成套档案。其具体范围按本办法附件《公路工程竣工文件材料归档范围及保管期限表》执行。

第七条　公路工程文件材料按下列分工收集:

(一)公路工程在项目准备阶段和工程交、竣工验收阶段形成文件材料及工程管理性文件材料,由交通主管部门和建设单位各承办机构负责收集;

(二)公路工程勘察设计文件由勘察设计单位负责收集;

(三)公路工程施工阶段形成的文件材料,凡实行总承包的,由各分包单位负责其分包项目全部文件的收集,然后由总包单位进行汇总,并负责对分包单位的文件材料进行审核把关;凡由建设单位分别向几个单位发包的,由各承包单位负责收集其承包公路工程建设项目全部文件材料；

（四）公路工程监理文件由监理单位负责收集。

第八条 公路工程文件材料必须按文件材料形成的先后顺序或公路工程建设项目完成进展情况，及时收集、整理。

第四章 公路工程竣工文件材料的整理

第九条 公路工程竣工文件材料由建设单位组织勘察设计、施工、监理等单位，根据交通部《公路工程竣工验收办法》所确定的竣工文件编制的具体分工，分别整理组卷。

第十条 公路工程竣工文件材料归档前，均需按要求由文件材料形成单位分别进行整理组卷。组卷应遵循公路工程文件材料的自然形成规律和成套性的原则，分类科学，便于查找利用。

（一）公路工程征地拆迁文件、招标文件、投标文件及评标文件、承包合同、合同谈判和工程交、竣工验收阶段形成的竣工验收文件。工程决算及审计报告等有关文件材料应分别由交通主管部门和建设单位根据文件材料形成的阶段、性质、内容分类整理组卷。

（二）公路工程设计文件材料包括地质勘察资料、初步设计。方案设计、技术设计、总体规划设计、工程概预算、施工图设计等由设计单位按项目、阶段、单位和分部、分项工程、专业分别整理组卷。

（三）公路工程施工阶段形成的施工文件材料由施工单位负责组卷。其中开工报告、施工组织设计、施工计划、施工日志及中间验收等分别按合同段集中组卷。各项施工原始记录、监理工作记录按路线进行方向，结合单位工程（含分部、分项）及不同专业，分别整理组卷。

（四）公路工程监理工作形成的监理文件材料包括监理通知、开（停、复）工令、备忘录、有关会议纪要、施工质量检验分析、合同管理文件、计划进度管理文件、工程质量控制文件、工程技术管理文件、工程计量与支付文件、与总监及参建单位的来往函等由监理单位按阶段问题分类整理组卷。

第十一条 卷内文件材料按以下要求进行排列：

（一）管理性文件按问题或重要程度排列；

（二）项目技术文件材料按管理、依据、施工记录、检测实验、评定、证明顺序排列；

（三）设备文件材料按依据性、设备开箱验收、随机图样、设备安装调试和设备运行维修等材料排列；

（四）竣工图按里程、专业、图号排列；

（五）卷内文件材料一般文字材料在前，图样在后。

第十二条 案卷应由案卷封面和卷脊、卷内文件目录、卷内文件及备考表组成。

第十三条 案卷封面由下列项目组成：

（一）案卷题名，应包括公路工程建设项目的名称、起讫里程。单位工程（含分部、分项）名称及文件名称，如属桥梁、隧道等工程项目，还应同时标明结构、部位的名称。案卷题名应能准确反映出案卷的基本内容；

（二）编制单位，是指案卷形成单位；

（三）编制日期，是指案卷形成日期；

（四）保管期限，填写其划定的保管期限；

（五）密级，依据保密规定填写；

(六)档号,填写档案分类号和案卷顺序号。

卷脊需填写案卷题名和档号。

第十四条 卷内文件目录由下列项目组成:

(一)顺序号,填写文件排列的顺序号,用阿拉伯数字从1起依次标注;

(二)文件编号或图样图号,填写文件材料的原始编号或图号;

(三)责任者,填写文件材料的直接形成部门或主要责任者,可采取通用的标准简称;

(四)文件题名,应填写文件材料标题的全称,没有标题或标题不能说明文件材料内容的,应自拟标题;

(五)日期,是指文件材料的形成日期;

(六)页次,填写每份文件首页上标注的页号,最终件注起止号。页号的编号方法是在有文字或图样材料正面的右下角、反面的左下角填写页号。如所归档文件属符合档案保管要求的成本成册的材料,已编有页号的只需在卷内文件目录页次中填写册数。

卷内目录排列在卷内文件材料的首页之前。

第十五条 备考表排列在卷内文件材料的尾页之后。其内容应标明卷内文件材料的件数、页数以及在组卷和案卷使用过程中需要说明的问题。

第十六条 案卷的编制单位应当按照工程进展的顺序,对案卷进行系统排列,并用铅笔在封面和卷脊编写案卷流水号,根据本办法第九条保管期限的规定,将组成的案卷划分为永久、长期、短期三种保管期限,并依据交通部有关保密规定,标明案卷密级。

第十七条 归档文件材料,必须书写工整,字迹、线条清楚,纸张便于长期保管,格式统一。

禁止使用圆珠笔、铅笔等不易长久保存的书写工具书写。

凡由易褪色书写材料制成的文件材料应复印保存。

第十八条 公路工程竣工图归档应符合下列要求:

(一)竣工图应能全面、准确反映竣工路线、路基、路面、桥梁、隧道、涵洞、路基防护、互通式立交工程、安全设施等的全部施工实际造型和特征。

(二)施工图没有变动的,由竣工图编制单位在施工图上加盖竣工图章作为竣工图;凡有一般性图纸变更及符合杠改或划改要求的变更的,可在原图上修改,并加盖竣工图章作为竣工图。

(三)凡结构、工艺、平面布置等重大改变及图面变更面积超过10%的,应重新绘制竣工图并加盖竣工图章。

(四)重复使用的标准图、通用图可不编入竣工图中,但必须在图纸目录中列出图号,指明该图所在位置并在编制说明中注明。

(五)图纸可以按297mm×210mm或297mm×420mm折叠;底图不折叠,平放在专用底图柜内,大于1号的底图也可卷放装筒。

第十九条 公路工程归文字材料采用三孔一线方法装订,装订时靠装订边和下边取齐。对批语、签注意见写在文件装订线上的,应予以粘贴补宽,对纸张规格大小差别较大的文件应适当补贴或折叠。图纸可不装订,但每份需加盖档号章。档号章内容包括该份文件所在案卷的档号和在本案卷中所在页次。

第二十条 案卷卷皮、卷内表格规格按照《交通文件材料立卷归档办法》中所规定的科技档案卷皮和卷内表格样式及尺寸执行。

第五章　工程档案的移交与整理

第二十一条　公路工程建设单位各承办机构和公路工程的承包单位在项目完成时，应按《交通文件材料立卷归档办法》要求，向建设单位移交经系统整理过的全部文件材料。

公路工程建设单位在公路工程建设项目通过竣工验收3个月内向使用单位及其他有关单位办理移交手续。

第二十二条　公路工程建设单位负责按照立项审批、设计、施工、竣工、监理等不同阶段或性质，对移交的全部案卷进行系统整理和排列。其中施工阶段形成的案卷依路线进行方向，按照路基、路面、桥梁、隧道、涵洞、交叉工程、沿线设施及监理工作的顺序分别进行排列，并按照《交通文件材料立卷归档办法》的要求，编写科技档案归档目录一式三份。

第二十三条　公路工程建设单位和使用单位对接受的全部档案编制档号，并填写在卷面和卷脊上。档号由档案分类号和案卷顺序号组成。

分类号编制方法是以单项工程为单位，按照《交通部科学技术档案分类编号办法》中所确定的公路工程三级类目（即GL5·1）进行分类。建设项目大、形成案卷数量多的工程，按照项目建设的不同阶段，结合单位工程和分部分项工程的划分进一步加以细化。

第二十四条　收尾工程和后评价形成的文件按本办法有关规定整理归档。

第二十五条　大修及改善工程形成的文件材料参照本办法有关规定执行。

第六章　附　　则

第二十六条　本办法由交通部负责解释。

第二十七条　本办法自发布之日起施行。

附件

公路工程竣工文件材料归档范围和保管期限表

序号	归 档 文 件	保管单位	保管期限
一	可行性研究		
1	项目建议书及批复	交通主管部门、设计单位	永久
2	工程可行性研究报告及批复		
3	项目评估		
4	环境预测、调查报告		
二	设计基础材料		
1	工程地质水文地质、勘察设计、勘察报告、重要土岩样说明	建设单位	永久或长期
2	水文、气象等其他设计基础材料		
三	设计文件		
1	总体规划设计	交通部档案馆、交通主管单位、设计单位	永久
2	审批的设计及有关文件	交通主管部门、设计单位	永久
3	公路用地图	设计单位	长期
四	工程管理文件		
1	征用土地批准文件及红线图	建设单位	永久
2	公路建设用地呈报表	建设单位	永久
3	征地数量明细表	建设单位	永久
4	拆迁、补偿协议书	建设单位	永久
5	承、发包及委托合同、协议书、招标、投标、租赁文件	建设单位	永久
6	技术规范的补充文件和修改文件	建设单位	长期
7	施工执照	建设单位	永久
8	环保、劳动安全卫生、消防、规划等文件	建设单位、使用单位	永久
9	电、暖、煤气等供应协议书	建设单位、使用单位	永久
10	工程总结	交通部档案馆、交通主管部门、建设单位	永久
五	施工文件		
1	开工报告、工程技术要求、技术交底、图纸会审纪要	建设单位	永久或长期
2	施工组织设计、施工方案、施工计划、重要会审纪要	建设单位、使用单位	长期
3	分项工程开工申请单及附件	建设单位	永久
4	原材料及构件出厂证明、质量鉴定报告	建设单位、使用单位	长期
5	原材料试验报告	建设单位、使用单位	长期
6	设计变更、工程更改洽商单材料代用审批手续	建设单位、使用单位	永久
7	施工原始资料	建设单位、使用单位	永久
8	试验材料汇总表	建设单位、使用单位	长期

续上表

序号	归 档 文 件	保管单位	保管期限
9	中间检验报验单及试验资料	建设单位	长期
10	隐蔽工程验收记录	建设单位、使用单位	永久
11	工程记录及测试、沉降观测记录、事故处理报告	建设单位、使用单位	长期
12	单位工程、分项、分部质量检验评定报告	建设单位、使用单位	永久
13	施工总结、技术总结	建设单位	长期
14	机电设备安装及调试记录	建设单位、使用单位	长期
15	专项检测及监控材料	建设单位、使用单位	长期
16	工程声像资料	建设单位、使用单位	重要永久或长期
六	监理文件		
1	监理通知、开(停、复)工令许可证	建设单位	永久
2	备忘录、会议纪要	建设单位	长期
3	施工质量检验分析	建设单位、使用单位	永久
4	规程规范	建设单位	长期
5	合同管理文件	建设单位	长期
6	计划进度管理文件	建设单位	长期
7	工程技术管理文件	建设单位	长期
8	工程质量控制文件	建设单位	长期
9	工程计量与支付	建设单位	长期
10	与总监及业主的来往函	建设单位	长期
11	监理工作会议记录或纪要	建设单位	长期
七	竣工文件		
1	工程竣工申请报告	建设单位	永久
2	工程竣工验收报告	交通部档案馆、交通主管部门、建设单位	永久
3	竣工验收鉴定书、验收委员会名册	使用单位	永久
4	工程总结文件	建设单位、使用单位	永久
5	工程审计文件、材料	建设单位	永久
6	财务决算、工程决算、支付报表	建设单位	永久
7	竣工图		
(1)	总说明书	交通部档案馆、交通主管部门、建设单位	永久
(2)	路线平、纵面竣工图	使用单位	永久
(3)	路基、路面竣工图	建设单位、使用单位	永久
(4)	桥梁、涵洞竣工图	建设单位、使用单位	永久
(5)	隧道工程竣工图	建设单位、使用单位	永久
(6)	路线交叉工程竣工图	建设单位、使用单位	永久
(7)	沿线设施及其他工程竣工图	建设单位、使用单位	永久

续上表

序号	归 档 文 件	保管单位	保管期限
(8)	环保工程竣工图	建设单位、使用单位	永久
(9)	通用图	建设单位、使用单位	永久
八	科研		
1	课题报告、任务书、批准书	建设单位	永久
2	协议书、委托书、合同	建设单位	永久
3	研究方案、计划、调查研究报告	建设单位	长期
4	实验记录	建设单位、使用单位	永久
5	实验分析、计算、整理数据	建设单位、使用单位	永久
6	阶段报告、科研报告、技术鉴定	建设单位、使用单位	永久

参考文献

[1] 李云峰. 公路工程施工文档管理系统方案研究[D]。大连:大连理工大学,2003.

[2] 李美民,李远志. 公路工程施工资料编制实用指南[M]. 北京:人民交通出版社,2005.

[3] 李云峰. 公路工程内业资料的标准化[J]. 辽宁省交通高等专科学校学报,2001(3):14-15.

[4] 李云峰,杨福仁,苏毅. 监理抽检工作的计划与管理[J]. 辽宁省交通高等专科学校学报,2001(2):13-14.

[5] 戴维·比尔曼. 王健,等译. 电子证据[M]. 北京:中国人民大学出版社,2000.

[6] 冯惠玲,张辑哲. 档案学概论[M]. 北京:中国人民大学出版社,2001.

[7] 李云峰. 公路工程施工文档的预估与预组卷[J]. 辽宁交通科技,2004(6):17-19.

[8] 国家档案局. CAD电子文件光盘存储、归档与档案管理要求,1999.

[9] 国家档案局. 电子文件归档与电子档案管理办法,1999.

[10] 国家档案局,原国家计委. 基本建设项目档案资料管理暂行规定,1988.

[11] 国家档案局. 建设项目(工程)档案验收办法,1999.

[12] 国家档案局,原国家计委. 国家重点建设项目档案管理登记办法,1997.

[13] 洛阳市三星公路工程监理咨询有限公司. 公路工程监理实用手册[M]. 北京:人民交通出版社,2002.

[14] 徐丽萍,赵日新,高峰."大二环"道桥工程档案工作实践[J]. 中国档案,1998(12):19.

[15] 肖成顺. 工程档案与工程质量[J]. 中国档案,1999(7):25.

[16] 章倏萍. 采取切实措施确保重点工程档案齐全完整[J]. 浙江档案,1995(8):32-33.

[17] 李云峰,辛秀艳. 辽中辽河大桥加固工程项目分解体系的建立[J]. 辽宁省交通高等专科学校学报,2005(2):14-15.

[18] 奚伟,周羽. 支持CSCW的工程文档工作流管理模型及其实现方法[J]. 工程设计CAD与智能建筑,2001(3):22-25.

[19] 奚伟,周羽. 基于工作流的工程文档动态管理模型[J]. 清华大学学报(自然科学版),2001(10):44-48.

[20] 窦宪民,何培英. 图文并茂工程文档的实现[J]. 郑州轻工业学院学报(自然科学版),2001(4):23-25.

[21] 李云峰. 公路施工文档管理人员的素质要求与培养[J]. 职业技术教育研究,2005(5).

[22] 李端峰. 浅谈应用计算机网络技术建立基于过程控制的项目管理体系[J]. 交通信息产业,2001(7):23-25.

[23] 崔先雨,王燕,陆芳. 信息技术在档案管理中的应用[J]. 郑州牧业工程高等专科学校学报,2002(8):181-183.

[24] 交通部. 交通档案管理办法,1992.

[25] 交通部. 公路工程竣工档案验收办法,1995.

[26] 交通部. 交通部科学技术档案分类编号办法,1987.

[27] 交通部. 公路工程质量检验评定标准(JTG F40/1-2004)[M]. 北京:人民交通出版社,1999.

[28] 丁士昭．建筑工程项目管理[M]．北京:中国建筑工业出版社,1991.
[29] 交通部．公路工程基本建设项目设计文件编制办法,1987.
[30] 交通部．公路建设项目后评价报告编制办法,1990.
[31] 交通部．公路工程竣工文件材料立卷归档管理办法,2001.
[32] 交通部．交通档案管理办法,1992.
[33] 交通部．公路工程(交)竣工验收办法,2004.
[34] 阎朝科．更新观念,搞好重点工程档案的管理[J]．中国档案,2002(4):26-27.
[35] 许斌．依法管理建设工程档案[J]．中国档案,2000(7):27-28.
[36] 李纪友．对公路工程监理内业规范化的探讨[J]．广东林勘设计,2001(2):36-40.
[37] 张苏英．浅议施工企业项目档案管理[J]．企业档案,2001(2):32-33.
[38] 蓝先光．驻地监理组的组织建设与内业管理[J]．铁道建筑,1999(9):37.
[39] 冯熊伟．建好项目施工档案,增强企业竞争力[J]．中国档案,2000(6):25-26.
[40] 薛春刚．科技档案管理创新三题[J]．档案与建设,2002(8):45.
[41] 常蓝萍．浅议公路工程科技资料的全面质量管理[J]．测绘技术装备,2002(3):31-33.
[42] 戴一平．企业贯标与档案管理[J]．天津档案,2002(5):56.
[43] 徐贵珠．浅议做好文件材料收集与平时立卷工作[J]．天津档案,2002(4):49.
[44] 范巧燕．论企业工程竣工档案的实时化管理[J]．浙江档案,2002(4):25.
[45] 王伟,王再芳．李家峡水电站枢纽工程竣工档案资料编制综述[J]．青海水力发电,2002(1):37-40.
[46] 张春玲．浅谈国家重点工程的档案收集工作[J]．渭化科技,2001(1):60.
[47] 陈滨．台账在工程内业资料中的应用[J]．港工技术与管理,2002(2):32-34.
[48] 邢克俭,徐磊．高速公路工程计算机合同管理的案例——京沪高速公路河北段公路工程合同管理．
[49] 王松根,张须义．公路工程竣工资料编制指南[M]．北京:人民交通出版社,2001.
[50] 苏寅申．桥梁施工及组织管理[M]．北京:人民交通出版社,1999.
[51] 高速公路丛书编委会．高速公路建设管理[M]．北京:人民交通出版社,2000.
[52] 交通部．公路工程施工监理规范(JTG G10—2006)[M]．北京:人民交通出版社,2006.
[53] 交通部．公路工程质量检验评定标准(JTG F80/1—2004)[M]．北京:人民交通出版社,2004.
[54] 交通部．公路路基施工技术规范(JTG F10—2006)[M]．北京:人民交通出版社,2006.
[55] 王文涛．桥梁监理工程师指南[M]．北京:人民交通出版社,1999.
[56] 孙祥海,柳玉萍．严格把关,超前控制国家重点工程档案[J]．中国档案,2000(4):24-25.
[57] 丁海斌．电子文件管理基础(第2版)[M]．北京:中国档案出版社,2002.
[58] 申明亮．工程文档信息管理软件IMS的研制[J]．武汉水利电力大学学报,1995(3):343-344.
[59] 孙作功,徐伟,孔祥红．基于网络的建筑工程文档管理信息系统的研究与开发[J]．福建建筑高等专科学校学报,2002(1):60-63.
[60] 李美民,李远志．公路工程施工资料编制实用指南[M]．北京:人民交通出版社,2005.